高等职业教育精品教材·电子商务类

电子商务物流
（第 2 版）

主　编　谢　明　陈　瑶　李　平
副主编　陈　梅　吴丘林　黎　鹰　廖佑莲
主　审　邹　敏

北京理工大学出版社
BEIJING INSTITUTE OF TECHNOLOGY PRESS

内容简介

本书是在国内外电子商务、物流管理的新特点的基础上编写的,主要从电子商务物流的内涵和电子商务与物流的关系入手,阐述了电子商务实务、电子商务物流系统、电子商务物流系统分析与设计、电子商务物流配送管理、电子商务物流信息技术、电子商务物流成本管理、电子商务与供应链管理、电子商务时代的国际物流、电子商务物流法律等内容。

本书以注重实用为原则,注重电子商务物流实际操作能力的培养,体现"学中做、做中学"的特点,以实施项目任务的方式,通过相关情景案例的导入和分析,明确要学习的知识和技能,然后逐步实施,完成相关知识体系的构建。

本书可作为高等职业院校电子商务、物流管理、商务英语、市场营销、财务会计、计算机应用等专业的教材使用,也可作为电子商务、物流管理、商务管理、财务会计、计算机应用等相关专业的培训教材或各类自学者的参考用书。

版权专有　侵权必究

图书在版编目(CIP)数据

电子商务物流/谢明,陈瑶,李平主编. —2 版. —北京:北京理工大学出版社,2020.1 (2024.7 重印)

ISBN 978 – 7 – 5682 – 8081 – 5

Ⅰ. ①电⋯　Ⅱ. ①谢⋯ ②陈⋯ ③李⋯　Ⅲ. ①电子商务 – 物流管理　Ⅳ. ①F713. 365. 1

中国版本图书馆 CIP 数据核字(2020)第 009588 号

出版发行 /	北京理工大学出版社有限责任公司
社　　址 /	北京市海淀区中关村南大街 5 号
邮　　编 /	100081
电　　话 /	(010) 68914775(总编室)
	(010) 82562903(教材售后服务热线)
	(010) 68948351(其他图书服务热线)
网　　址 /	http://www.bitpress.com.cn
经　　销 /	全国各地新华书店
印　　刷 /	涿州市新华印刷有限公司
开　　本 /	787 毫米 × 1092 毫米　1/16
印　　张 /	14
字　　数 /	332 千字
版　　次 /	2020 年 1 月第 2 版　2024 年 7 月第 4 次印刷
定　　价 /	39.80 元

责任编辑 / 钟　博
文案编辑 / 钟　博
责任校对 / 周瑞红
责任印制 / 施胜娟

图书出现印装质量问题,请拨打售后服务热线,本社负责调换

前　言

当前，电子商务的发展日新月异，全球物流业方兴未艾，电子商务物流是一门融物流理论、电子商务知识和现代管理方法为一体的学科，具有信息化、自动化、网络化、智能化、柔性化等特点，电子商务物流具有高效化、准时化及低成本等优势，促使物流向社会化、系统化和专业化的方向发展。社会经济生活离不开电子商务和物流，电子商务向物流业提出了新的挑战，在新技术环境下，商流、资金流、信息流、物流正持续发生变化。首先，由于通过互联网客户可以直接面对销售商并获得个性化服务，所以传统的物流渠道必须进行企业组织重组，消除不必要的流通环节，增加网络经济所要求的物流运行机构。其次，网上交易的"远距离"很难被带入流通领域，物流始终是电子商务的瓶颈问题之一。在网上交易日趋火爆的今天，知识密集型、可信息化产品的网上交易日益扩展，这些已经数字化的产品，如书报、软件、音乐等，其物流系统在信息业的迅速发展中将逐渐与网络系统重合并最终被后者取代。但对于多数产品和服务来说，仍然要经过由商品实体化的流通渠道，在新的大数据、人工智能、机器人作业环境下，如何在用户网上购物后迅速组织物流，满足电子商务环境下用户的生活需求，是电子商务物流正在探索的问题。

物流是构筑企业核心竞争力的基础和第三方利润源泉，我国现代物流业正处于上升阶段，有着巨大的市场潜力和十分广阔的发展前景。据专家估计，在未来几年内，我国物流市场的发展空间至少在千万亿元以上。许多地方政府也纷纷将现代物流产业作为发展的支柱产业之一，物流产业的形态各不相同，涉及仓储、配送、货代、快运、信息等多种形式。物流作为电子商务发展的瓶颈之一，已引起全世界的广泛重视。在美国，亚马逊公司曾以其个性化的服务、快速的交易过程及高质量的物流配送著称。但在某个时期由于其业务量增长过快，交易中的物流环节告急。企业自建配送中心并投入大量员工，这对一个产品范围和销售市场都不断扩张的网上商店来说，绝非根本解决物流问题的有效途径。由此看来，如何建立现代物流管理体系，加强对物流的管理，使其顺利与网上交易过程对接，以适应电子商务的需求，已成为当前电子商务企业及机构不可回避的焦点问题，电子商务物流有不同于一般物流的特殊性，它除了要具备基本的服务能力，还要提供增值服务，它要求高效的组织结构及严格的物流成本控制能力，有效的管理需要电子商务与物流知识的结合。

本书体现了"就业导向、产教融合、校企合作、项目驱动"的特点，重视学生核心操作技能的培养，注重企业应用和行业特点的紧密结合，编写组人员多次赴电子商务、物流、商贸流通等行业企业进行调研，对电子商务、物流产业形态、物流行业发展、人员素质需求、员工操作规范等方面进行了调查和总结；对物流企业管理技术人员和一线操作人员进行了访谈，了解企业对员工在操作岗位上的具体要求，以及员工动手操作的技能对物流工作的影响程度。本书配有上机实验，供师生选择参考。另外，本书配有实训，供有实训周的学校参考选择。建议本课程的教学时间为 64 课时左右，实训可根据教学情况选择，建议为 30 课时左右。

由于电子商务物流发展迅速，很多新观点、新问题不断涌现，同时编者的水平有限，书中难免有不妥之处，恳请专家和读者批评指正。

编　者

目 录

项目一 电子商务与物流的关系 (1)

任务一 电子商务及其商业经营模式 (2)
1.1.1 电子商务的概念 (2)

任务二 电子商务物流的概念及特征 (16)
1.2.1 物流的概念及发展 (17)

任务三 电子商务与物流的关系 (20)
1.3.1 电子商务与物流 (22)
1.3.2 电子商务下的物流 (25)
1.3.3 案例分析 (30)

项目小结 (31)

习题与思考 (32)

项目二 电子商务物流基础理论 (33)

任务一 物流与电子商务物流系统 (34)
2.1.1 物流概述 (34)
2.1.2 电子商务物流系统 (37)

任务二 电子商务物流系统的模式、分析与评价及特点 (38)
2.2.1 电子商务物流系统的模式 (38)
2.2.2 电子商务物流系统分析与评价 (39)
2.2.3 电子商务物流系统与传统物流系统的区别及其特点 (40)

任务三 电子商务物流系统各环节的功能及电子商务物流模式 (41)
2.3.1 电子商务物流系统各环节的功能 (41)
2.3.2 电子商务物流模式 (51)

项目小结 (54)

习题与思考 (55)

项目三　电子商务物流系统设计 (56)

任务一　电子商务物流系统 (57)
- 3.1.1　电子商务物流系统概述 (57)
- 3.1.2　电子商务物流系统模型 (57)
- 3.1.3　电子商务物流系统的合理化 (58)

任务二　电子商务物流系统分析 (61)
- 3.2.1　电子商务物流系统分析的概念 (61)
- 3.2.2　电子商务物流系统分析的任务 (62)
- 3.2.3　电子商务物流系统分析的工作步骤和工具 (62)

任务三　电子商务物流系统设计的目标与案例 (66)
- 3.3.1　电子商务物流系统设计的目标 (66)
- 3.3.2　电子商务物流系统设计案例 (67)

项目小结 (83)

习题与思考 (83)

项目四　电子商务物流信息技术 (84)

任务一　电子商务物流技术 (85)

任务二　条形码技术、射频技术、EDI 技术和自动跟踪技术在物流中的应用 (85)
- 4.2.1　条形码技术 (85)
- 4.2.2　射频技术 (88)
- 4.2.3　EDI 技术 (92)
- 4.2.4　自动跟踪技术 (96)
- 4.2.5　物流自动化技术 (99)
- 4.2.6　电子商务的前沿技术与运作模式展望 (104)

项目小结 (110)

习题与思考 (110)

项目五　电子商务物流成本管理 (111)

任务一　电子商务物流成本的含义 (112)

任务二　电子商务物流成本的种类 (113)

任务三　电子商务物流成本管理方法 (116)
- 5.3.1　电子商务物流成本管理 (116)
- 5.3.2　电子商务物流退货成本控制 (119)

项目小结 (121)

习题与思考 (121)

项目六　电子商务物流管理 (122)

任务一　电子商务物流管理的含义、原则 (123)

6.1.1　对物流过程的管理 ………………………………………………… (123)
　　6.1.2　对物流中具体职能的管理 ………………………………………… (124)
　　6.1.3　对物流要素的管理 ………………………………………………… (125)
　　6.1.4　电子商务物流管理原则 …………………………………………… (126)
　任务二　电子商务物流管理的内容 ……………………………………………… (126)
　任务三　电子商务物流技术与电子商务物流管理信息系统 …………………… (128)
　项目小结 …………………………………………………………………………… (128)
　习题与思考 ………………………………………………………………………… (128)

项目七　电子商务与供应链管理 …………………………………………………… (129)

　任务一　供应链和供应链管理的基本概念 ……………………………………… (130)
　　7.1.1　供应链概述 ………………………………………………………… (130)
　　7.1.2　供应链管理概述 …………………………………………………… (131)
　任务二　供应链管理所涉及的内容，掌握供应链管理的基本方法 …………… (132)
　　7.2.1　供应链管理方法 …………………………………………………… (132)
　　7.2.2　电子商务与供应链管理 …………………………………………… (137)
　项目小结 …………………………………………………………………………… (138)
　习题与思考 ………………………………………………………………………… (139)

项目八　电子商务时代的国际物流 ………………………………………………… (140)

　任务一　国际物流概述 …………………………………………………………… (141)
　　8.1.1　国际物流的特点 …………………………………………………… (141)
　　8.1.2　国际物流的种类 …………………………………………………… (142)
　　8.1.3　国际物流发展的背景 ……………………………………………… (142)
　任务二　国际物流运作相关知识 ………………………………………………… (142)
　　8.2.1　国际物流运作 ……………………………………………………… (142)
　　8.2.2　国际物流系统 ……………………………………………………… (144)
　　8.2.3　国际物流组织和管理 ……………………………………………… (146)
　　8.2.4　国际物流和电子商务的关系 ……………………………………… (147)
　　8.2.5　电子商务下我国国际物流的发展战略 …………………………… (148)
　项目小结 …………………………………………………………………………… (148)
　习题与思考 ………………………………………………………………………… (149)

项目九　电子商务物流相关法律问题及发展趋势 ………………………………… (150)

　任务一　电子商务物流交易平台的有关法律制度 ……………………………… (151)
　　9.1.1　电子合同的法律问题 ……………………………………………… (151)
　　9.1.2　电子商务支付的法律问题 ………………………………………… (153)
　　9.1.3　电子商务下的货物运输保险 ……………………………………… (157)
　　9.1.4　我国现行的有关物流的主要法律、法规 ………………………… (158)

9.1.5　电子商务交易平台运行的法律制度……………………………………(160)
任务二　电子商务物流中存在的问题及解决措施…………………………………(162)
项目小结……………………………………………………………………………………(163)
习题与思考…………………………………………………………………………………(164)

电子商务物流上机实验……………………………………………………………………(165)

实验一　浏览知名电子商务网站……………………………………………………(165)
实验二　电子商务网站建设…………………………………………………………(165)
实验三　网店的搭建…………………………………………………………………(166)
实验四　网上信息发布………………………………………………………………(167)
实验五　B2C、B2B、C2C 模式体验…………………………………………………(168)
实验六　电子合同的签订……………………………………………………………(169)
实验七　数字证书的使用……………………………………………………………(170)
实验八　网上银行……………………………………………………………………(170)
实验九　物流配送……………………………………………………………………(171)

电子商务物流实训…………………………………………………………………………(172)

实训一　电子商务物流应用调研……………………………………………………(172)
实训二　电子商务网站分析…………………………………………………………(173)
实训三　利用 IE 浏览器进行信息检索………………………………………………(173)
实训四　Internet 信息服务软件的应用………………………………………………(174)
实训五　数据库技术的使用…………………………………………………………(175)
实训六　ERP 系统……………………………………………………………………(176)
实训七　电子商务与物流的关系调研………………………………………………(185)
实训八　电子商务的应用……………………………………………………………(186)
实训九　画出便利店或大型综合超市的流通途径和指定类别商品的流通渠道……(187)
实训十　购买商品的物流活动对交通运输的影响…………………………………(188)
实训十一　超市配送中心的设计……………………………………………………(189)
实训十二　供应链各环节物流策略比较研究………………………………………(190)
实训十三　物流运输合理化…………………………………………………………(191)
实训十四　电子商务技能实训………………………………………………………(192)

附录……………………………………………………………………………………………(207)

附录1　参考评分标准举例……………………………………………………………(207)
附录2　实训作业表格式………………………………………………………………(208)
附录3　跨境电子商务运营关键技术教学课程大纲…………………………………(208)

参考文献………………………………………………………………………………………(211)

项目一

电子商务与物流的关系

知识目标

(1) 了解电子商务的发展概况,了解电子商务对物流提出的要求。
(2) 了解电子商务物流的基本概念及特点,了解电子商务物流的意义及主要任务。
(3) 理解电子商务与物流系统的关系,了解电子商务环境下物流的发展趋势。

能力目标

(1) 会分析电子商务环境下物流企业的特征。
(2) 理解物流在电子商务活动中的地位和作用,并会分析物流企业的发展趋势。

项目任务

任务一　电子商务及其商业经营模式
任务二　电子商务物流的概念及特征
任务三　电子商务与物流的关系

任务导入案例

世界第一大零售商沃尔玛的物流配送

世界第一大零售商沃尔玛拥有 50 多年的历史,如今在全球拥有近 5 000 家连锁店,于 2001 年荣登世界 500 强第一的宝座。高效的物流配送体系是沃尔玛的制胜法宝之一。

(1) 高效率的配送中心:沃尔玛的供应商根据各分店的订单将货品送至沃尔玛的配送中心,配送中心则负责完成对商品的筛选、包装和分检工作。沃尔玛的配送中心具有高度现代化的机械设施,送至此处的商品 85% 都采用机械处理,这大大减少了人工处理商品的费用。同时,由于购进商品数量庞大,自动化机械设备得以充分利用,规模优势充分显示。

(2) 迅速的运输系统:沃尔玛的机动运输车队是其供货系统的另一个无可比拟的优势。1996 年,沃尔玛就已拥有 30 个配送中心和 2 000 多辆运货卡车,保证从仓库到任何一家商店的时间不超过 48 小时,相对于其他同业商店平均每两周补货一次,沃尔玛可保证分店货架平均每周补两次。快速的送货使沃尔玛各分店即使只维持极少存货也能保持正常销售,从而大大节省了存储空间和费用。由于这套快捷运输系统的有效运作,沃尔玛85%的商品通过自己的配送中心运输,而凯马特只有5%的商品通过自己的配送中心配送,其结果是沃尔玛的销售成本低于同行业平均销售成本2%~3%。

(3) 先进的卫星通信网络系统:沃尔玛投巨资建立的卫星通信网络系统使其供货系统更趋完美。这套系统的应用,使配送中心、供应商及每一分店的每一销售点都能连线作业,在短短数小时内便可完成"填妥订单—各分店订单汇总—送出订单"的整个流程,大大提高了营业的高效性和准确性。

任务一 电子商务及其商业经营模式

▶ **导入案例** ◀

电子商务作为数字经济的突出代表,在促消费、保增长、调结构、促转型等方面展现出前所未有的发展潜力,也为大众创业、万众创新提供了广阔的发展空间,成为我国应对经济下行趋势、驱动经济与社会发展创新的重要动力。近年来我国电子商务持续快速发展,各种新业态不断涌现,在增强经济发展活力、提高资源配置效率、推动传统产业转型升级、开辟就业创业渠道等方面发挥了重要作用。数据统计显示,2018年中国电子商务整体交易规模约为28.4万亿元,增长17.8%。随着电子商务行业的逐步完善,预计2019年中国电子商务交易规模将超过30万亿元,同比增长约为16.2%。

(资料来源:中国互联网经济研究院)

提出问题:
1. 什么是电子商务?哪些因素推动了电子商务行业的发展?
2. 电子商务包含哪些商业模式?

1.1.1 电子商务的概念

目前对电子商务的概念还没有一个统一说法,许多专家学者都尝试从不同角度界定电子商务的内涵和外延,这些定义使人们从不同角度各抒己见。狭义的概念仅仅将通过互联网进行的商业活动归属于电子商务,而广义的概念则将利用包括互联网、内联网和LAN等各种不同形式网络在内的一切计算机网络进行的所有商贸活动都归属于电子商务。从发展的观点看,在考虑电子商务的概念时,仅仅局限于利用互联网进行商业贸易是不够的,将利用各类电子信息网络进行的广告、设计、开发、推销、采购、结算等全部贸易活动都纳入电子商务的范畴较为妥当。当前的电子商务通过少数计算机网络进行信息、产品和服务的交易,未来的电子商务则可以通过构成信息高速公路的无数网络中的任一网络进行交易。传统企业进行电子商务运作,重要的是优化内部管理信息系统(Management Information

System，MIS）。MIS 是企业进行电子商务的基石，MIS 本质上是通过对各种内部信息的加工处理，实现对商品流、资金流、信息流、物流的有效控制和管理，从而最终扩大销量、降低成本、提高利润。如今，人们提出了通过网络实现包括从原材料的查询、采购，产品的展示、订购到产品的制造、储运以及电子支付等一系列贸易活动在内的完整的电子商务的概念。

综合各方面的不同看法，结合我国电子商务的实践，可以对电子商务的概念作如下表述：电子商务是各种具有商业活动能力和需求的实体（生产企业、商贸企业、金融企业、政府机构、个人消费者……），为了跨越时空限制，提高商务活动效率，而采用计算机网络和各种数字化传媒技术等电子方式实现商品交易和服务交易的一种贸易形式。

1. 电子商务的产生与发展

电子商务的产生有其深刻的技术背景和商业背景，生产力发展的客观要求和 IT 业技术发展既是它产生的原因，也是它发展的动力。

2. 电子商务产生的背景

1）环境压力成为电子商务发展的巨大动因

当今社会的宏观和微观环境正在创造一个高度竞争的、以客户为中心的商务环境，而且环境变化之迅速令人难以捉摸。企业在市场上生存的压力越来越大。当前企业面临的主要经营压力见表 1-1。

表 1-1 当前企业面临的主要经营压力

市场和经济压力	社会环境压力	技术压力
激烈的竞争	劳动力性质的改变	技术的迅速过时
经济全球化	政府管制的解除	不断出现的新的技术和创新
区域性贸易协定	政府补贴的减少	信息爆炸
一些国家劳动力廉价	道德与法律重要性的增加	技术性价比的迅速下降
市场上频繁而重大的变化	企业社会责任的增加	—
买方市场的形成	政策的迅速变化	—

面对压力，企业要想很好地生存，必须及时作出反应。传统的做法已于事无补，企业必须不断进行管理创新。战略系统的采用、商业联盟的建立、持续的改进和业务流程再造（BRP）已成为公认的企业对压力的有效反应，如图 1-1 所示。

在这方面，电子商务可以起到很有力的支持作用。例如，基于网络技术的电子商务可以加速产品或服务的开发、测试和实现的步伐，信息共享可以推进管理授权和员工内部协作，电子商务可以帮助减少供应链延迟和存货量，消除其他低效率现象等。电子商务与消费者的互动交流，是实现批量定制的理想工具。

2）技术进步成为电子商务产生和发展的基础条件

电子商务产生于 20 世纪 60 年代，发展于 20 世纪 90 年代，其产生和发展的重要条件主要是：

图1-1 企业对压力的反应

(1) 计算机的广泛应用。近30年来，计算机的处理速度越来越快、处理能力越来越强、价格越来越低，为电子商务的应用提供了基础。

(2) 网络的普及和成熟。由于互联网逐渐成为全球通信与交易的媒体，全球上网客户呈级数增长趋势，其快捷、安全、低成本的特点为电子商务的发展提供了应用条件。

(3) 信用卡的普及应用。信用卡以其方便、快捷、安全等优点成为人们消费支付的重要手段，并由此形成了完善的全球性信用卡计算机网络支付与结算系统，使"一卡在手，走遍全球"成为可能，同时也为在电子商务中实施网上支付提供了重要的手段。

3) 社会为电子商务发展提供了优良的环境

1997年5月31日，由美国 VISA 和 Mastercard 国际组织等联合制定的电子安全交易协议（Secure Electronic Transfer Protocol，SETP）出台，该协议得到大多数厂商的认可和支持，为开发电子商务提供了一个关键的安全环境。

同时，1997年欧盟发布《欧洲电子商务协议》，美国随后发布《全球电子商务纲要》，电子商务受到世界各国政府的重视，许多国家的政府开始尝试"网上采购"，这为电子商务的发展提供了有力的支持。

3. 电子商务的发展阶段

目前关于电子商务的发展阶段有两种划分方法：一种是"两阶段"论，即传统电子商务阶段和现代电子商务阶段（以 Internet 的应用为标志）；另一种是"三阶段"论。本书介绍"三阶段"论。

1) 20世纪60—90年代：基于 EDI 的电子商务

从技术的角度来看，人类利用电子通信的方式进行贸易活动已有几十年的历史。早在20世纪60年代，人们就开始用电报报文发送商务文件；到20世纪70年代，人们普遍采用方便、快捷的传真机替代电报。由于传真文件是通过纸面打印来传递和管理信息的，不能将信息直接转入信息系统中，因此，随着计算机技术的迅速发展，人们开始采用电子数据交换（Electronic Data Interchange，EDI）作为企业间电子商务的应用技术，这就是电子商务的雏形。

EDI 在 20 世纪 60 年代末产生于美国，当时的贸易商们在使用计算机处理各类商务文件时发现，由人工输入一台计算机中的数据 70% 来源于另一台计算机输出的数据，过多的人为因素影响了数据的准确性和工作效率的提高。人们开始尝试在贸易伙伴之间的计算机上使用数据自动交换，EDI 应运而生。

EDI 是按一个公认的标准将业务文件从一台计算机传输到另一台计算机的电子传输方法。由于 EDI 大大减少了纸张票据，因此，人们也形象地称之为"无纸贸易"或"无纸交易"。

从技术上讲，EDI 包括硬件与软件两大部分。硬件主要是计算机网络，软件包括计算机软件和 EDI 标准。

从硬件方面讲，20 世纪 90 年代之前的大多数 EDI 不是通过互联网，而是通过租用的线路在专用网络上实现的，这类专用网络被称为增值网（Value Added Network，VAN）。这样做的目的主要是考虑到安全问题。随着互联网安全性的日益提高，作为一个费用更低、覆盖面更大、服务更好的系统，互联网已表现出替代 VAN 而成为 EDI 的硬件载体的趋势，因此有人把通过互联网实现的 EDI 叫作互联网 EDI。

从软件方面看，EDI 所需要的软件主要是将客户数据库系统中的信息翻译成 EDI 的标准格式供传输交换。由于不同行业的企业根据自己的业务特点来规定数据库的信息格式，因此，当需要发送 EDI 文件时，必须把从企业专有数据库中提取的信息翻译成 EDI 的标准格式才能进行传输，这就需要相关的 EDI 软件。EDI 软件主要有转换软件（Mapper）、翻译软件（Translator）、通信软件等，此外还包括 EDI 标准。

基于 EDI 的电子商务存在一定的缺陷，例如它的解决方案都建立在大量功能单一的专用软/硬件设施的基础上，同时，基于 EDI 的电子商务仅在发达国家的大型企业内应用，在多数发展中国家和中小型企业中难以开展。

2）20 世纪 90 年代以来：基于国际互联网的电子商务

由于使用 VAN 的费用很高，仅大型企业才能使用，这限制了基于 EDI 的电子商务应用范围的扩大。20 世纪 90 年代中期后，国际互联网迅速普及，逐步从大学、科研机构走向企业和家庭，其功能也从信息共享演变为大众化的信息传播。从 1991 年起，一直被排斥在互联网之外的商业贸易活动正式进入这个"王国"，电子商务成为互联网应用的最大热点。人们可以凭借互联网这个载体，宣传自己的产品和服务，进行交易和结算，将商务活动中的物流、信息流和资金流等业务流程集合在一起。电子商务不仅可以降低经营成本，而且可以提高服务水平，增强企业适应市场的能力。这种基于互联网的电子商务，又被称为第二代电子商务。

3）现在的 E 概念电子商务

自 2000 年年初以来，人们对电子商务的认识逐渐扩展到 E 概念的高度，人们认识到电子商务实际上就是电子信息技术同商务应用的结合。电子信息技术不但可以和商务活动结合，还可以和医疗、教育、卫生、军事、政府等有关的应用领域结合，从而形成有关领域的 E 概念。电子信息技术和教育结合，产生电子教务——远程教育；电子信息技术和医疗结合，产生电子医务——远程医疗；电子信息技术和政务结合，产生电子政务，等等。对于不同的 E 概念，产生了不同的电子商务模式。随着电子信息技术的发展和社会需求的不断提出，人们不断地为电子信息技术找到新的应用。

4. 电子商务的发展对社会经济的影响

随着电子商务魅力的日渐显露，虚拟企业、虚拟银行、网络营销、网络购物、网上支付、网络广告等逐渐为人们所熟悉和认同，它们从另一个侧面反映了电子商务对社会和经济产生的影响。

1) 电子商务改变商务活动的方式

传统的商务活动中最典型的情景就是"推销员满天飞""采购员遍地跑""说破了嘴，跑断了腿"，消费者在商场中筋疲力尽地寻找自己需要的商品。现在，通过互联网，只要动动手就可以了。人们可以进入网上商场浏览、采购各类产品，而且还能得到在线服务；商家可以在网上与客户联系，利用网络进行货款结算服务；政府通过网络可以方便地进行电子招标、政府采购等。

2) 电子商务改变人们的消费方式

网上购物的最大特征是消费者的主导性，购物意愿掌握在消费者手中；同时消费者还能以一种轻松自由的自我服务的方式来完成交易，消费者的主权在网络购物中充分体现出来。

3) 电子商务改变企业的生产方式

电子商务是一种快捷、方便的手段，消费者的个性化、特殊化需要可以完全通过网络展示在企业面前。为了取悦顾客，突出产品的设计风格，制造业中的许多企业纷纷发展和普及电子商务，如美国福特汽车公司在1998年将分布在全世界的12万个计算机工作站与公司的内部网连接起来，并将全世界的1.5万个经销商纳入内部网，其最终目的是实现按照客户的不同要求供应汽车。2018年，福特汽车公司收购了两家技术公司，分别是硅谷技术公司Autonomic以及北卡罗来纳州软件平台供应商TransLoc。其中Autonomic主要提供测量、架构等交通工业领域的解决方案。此外，福特汽车公司表示要将移动性团队拆分为四个核心部门，以此加速移动性电子商务等服务的发展。

4) 电子商务给传统行业带来革命

电子商务可以在商务活动的过程中，通过人与电子通信方式的结合，极大地提高商务活动的效率，减少不必要的中间环节。各种线上服务为传统服务业提供了全新的服务方式；传统的制造业由此进入小批量、多品种的时代，使"零库存"成为可能；传统的零售业和批发业借此开创了"无店铺""网上营销"等新模式。

5) 电子商务带来一个全新的金融业

在线电子支付是电子商务的关键环节，也是电子商务顺利发展的基础条件，随着电子商务在电子交易环节上的突破，网上银行、银行卡支付网络、电子支票、电子现金等服务的出现，将传统的金融业带入一个全新的领域。1995年10月，全球第一家网上银行——安全第一网络银行（Security First Network Bank）在美国诞生。这家银行没有建筑物，没有地址，营业厅就是网页，员工只有10人。

6) 电子商务转变政府的行为

政府承担着管理和服务的功能，尤其是作为"看得见的手"，在调节市场经济运行、防止市场失灵带来的不足方面起着很大的作用。在电子商务时代，企业应用电子商务进行生产经营、银行实现金融电子化以及消费者网上消费，对政府管理行为提出新的要求；电子政府（或称网上政府）将随着电子商务的发展而发展，并发挥重要作用。一门新的学科——电子政务已在一些大学设立。

7）电子商务影响企业管理

电子商务对企业管理的影响是深远的，具体表现在以下3个方面：

（1）组织结构。电子商务对传统的企业组织形式带来了猛烈的冲击，它打破了传统职能部门依赖分工与协作完成整个任务的过程而形成了并行工程。在电子商务架构下，除了市场部和销售部与客户打交道外，其他职能部门也可以通过电子商务网络与客户频繁接触，原有各工作单元之间的界限被打破，重新组合成一个直接为客户服务的工作组。这个工作组直接与市场接轨，并以市场的最终效果衡量流程的组织状况。企业间的业务单元不再是封闭的金字塔式层次结构，而是相互沟通、相互学习的网状结构。这种结构可以使各业务单元广开信息交流渠道，共享信息资源，增加利润，减少摩擦。

在电子商务模式下，企业的经营活动打破了时间和空间的限制，出现了一种类似无边界的新型企业——虚拟企业。它打破了企业之间、产业之间、地域之间的一切界限，把现有资源组合成为一种超越时空、利用电子手段传输信息的经营实体。虚拟企业可以是企业内部几个要素的组合，也可以是不同企业之间要素的组合。其管理由原来的相互控制转向相互支持，由监控转向激励，由命令转向指导。

（2）管理模式。在电子商务架构下，企业组织信息传递的方式由单向的"一对多"到双向的"多对多"转换，信息无须经过中间环节就可以达到沟通的双方，工作效率明显提高。这种组织结构的管理模式叫作"第五代模式"，即21世纪的管理模式——信息模式。信息模式下的企业管理有3个主要特点：

①企业内部构造了内部网和数据库。所有业务单元都可以通过内部网快捷地交流，管理人员之间沟通的机会大大增加，组织结构出现分布化和网络化。

②中间管理人员获得更多直接信息，他们在企业管理决策中发挥的作用更大，使整个组织架构趋向扁平化。

③企业管理由集权制向分权制转变。电子商务的推行，使企业过去高度集中的决策中心组织改变为分散的多中心决策组织。单一决策下的许多缺点（官僚主义、低效率、结构僵化、沟通壁垒）在多中心的组织模式下消失了，企业决策由跨部门、跨职能的多功能的组织单元来制定。这种多组织单元共同参与、共担责任、共享利益的决策过程，增加了员工的参与感和决策能力，调动了员工的积极性，提高了企业决策的科学水平。

（3）生产经营。电子商务对企业生产经营的影响主要表现在以下几个方面：

①降低企业的交易成本。首先，电子商务可以降低企业的促销成本。据国际数据公司的调查，利用互联网作广告媒体进行网上促销活动，其结果是销售额增加10倍，而费用只是传统广告费用的1/10。其次，电子商务可以降低采购成本。利用电子商务采购系统，企业可以加强与供应商之间的合作，将原材料采购与产品制造有机地结合起来，形成一体化信息传递和处理系统。美国通用电气公司的发言人说，自从采用电子商务采购系统后，公司的采购费用降低了40%（人工成本降低20%，原材料成本降低20%）。

②减少企业库存。IBM个人系统集团从1996年开始应用电子商务高级计划系统。通过该系统，生产商可以准确地依据销售商的需求来生产，这样就提高了库存周转率，使库存总量保持在适当的水平，从而把库存成本降到最低。

③缩短企业的生产周期。网络技术的飞速发展为产品的开发与设计提供了快捷的方式。开发者可以利用网络快速作市场调研；可以迅速接收产品的市场反馈，随时对开发中的产品

进行改良;可以利用网络了解竞争对手的最新情况,从而适当调整自己的产品。

④增加企业交易机会。网络的开放性和全球性使电子商务不受时空的限制,企业必须连续不断地为世界各地的客户提供技术支持和销售服务。不间断的运作给企业增加了许多交易机会。

总而言之,作为一种商务活动过程,电子商务将带来一场史无前例的革命。其对社会经济的影响远远超过商务本身。除了上述影响外,电子商务还将为就业、法律制度以及文化教育等带来巨大的影响。

5. 电子商务的概念模型

电子商务的概念模型是对现实中电子商务活动的一般抽象描述,它由交易主体、电子市场、交易事物和信息流、资金流、物流、商流等基本要素组成,如图1-2所示。关于物流的概念会在后面进一步介绍。

图1-2 电子商务的概念模型

在这一模型中,交易主体是能够从事电子商务活动的组织或个人,电子市场是电子商务主体从事商品和服务交换的虚拟场所,它由各种各样的商务活动参与者利用各种通信装置,通过网络连接成一个统一的经济整体。交易事务是主体从事的具体的商务活动内容,如询价、报价、转账支付、广告宣传、商品运输等。

电子商务的任何一笔交易都包括信息流、资金流、物流和商流。信息流既包括商品信息的提供、网络促销、技术支持、售后服务等内容,也包括各种单证的传递以及交易双方的支付能力、信誉等。资金流主要指资金的转移过程,包括转账、付款、兑换等。物流主要是指商品实体的空间转移,包括装卸、运输、配送、储存、包装等环节。对于一些数字化产品,可以通过网络配送。商流指交易双方进行交易和所有权转移的过程,商流标志着交易的最终实现。

6. 电子商务的框架构成和流程

电子商务的基本组成要素有网络、消费者、物流中心、认证中心、网上银行、网上商城、生产厂家等,如图1-3所示。

(1) 互联网、内联网和外联网。

互联网是电子商务的基础,是传送信息流、资金流的载体;内联网是企业内部商务活动的场所;外联网是企业与企业及企业与个人进行商务活动的纽带。

(2) 网上商城与消费者。

网上商城既是买方又是卖方,它既要从网上搜集信息,从生产厂家订货,又要发布信

图 1-3　电子商务的基本组成要素

息,向消费者销售商品。消费者是最终客户,他们通过浏览网页搜集商品信息,实现足不出户的网上购物。

(3) 认证中心。

认证中心是法律承认的权威机构,负责发放和管理电子证书,使网上交易的各方能相互确认身份。电子证书是一个包含证书持有人个人信息、公开密钥、证书序号、有效期、发证单位的电子签名等内容的数字文件。

(4) 物流中心。

物流中心接受商家的送货请求,组织运送无法从网上直接得到的商品,跟踪产品的流向,将产品送到消费者手中。

(5) 网上银行。

网上银行在网上实现在线转账业务,为客户提供24小时实时服务;与信用卡公司合作,发放电子钱包,提供网上支付手段,为电子商务中的客户服务。

1) 电子商务的框架

电子商务影响的不仅是交易各方的交易过程,它在一定程度上还改变了市场的组成结构。传统的市场交易链是在商品、服务和货币的交换过程中形成的。现在,电子商务在其中强化了一个因素——信息,于是就有了信息商品、信息服务和电子货币。在这里,贸易的实质并没有变,但是贸易过程中的一些环节因为其所依附的载体发生了变化,形式也相应改变。从单个企业来看,贸易的方式发生了一些变化;从整个贸易环境来看,有的商业机会消失了,同时又有新的商业机会产生,有的行业衰退了,同时又有新的行业兴起,从而使整个贸易过程呈现崭新的面貌。

同互联网的其他许多应用一样,电子商务的兴起也伴随着大量技术名词的涌现,这在很大程度上使一些客户产生困惑,而对于同一事物的不同叫法更加重了这种情况,如信息高速公路、互联网、虚拟空间有什么根本区别呢?了解电子商务的基础设施构成对于企业发展电子商务是十分必要的。电子商务的框架如图1-4所示。

(1) 网络基础设施。

信息高速公路是网络基础设施的一个较为形象的说法,它是实现电子商务的最底层的基础设施。正像公路系统由国道、城市干道和辅道共同组成一样,信息高速公路是由骨干网、

```
┌─────┬──────────────────────────────────┬─────┐
│政   │ （1）电子商务应用：              │各   │
│策   │ 供应链管理、视频点播、网上银行、 │种   │
│、   │ 电子市场及电子广告、网上娱乐、有 │技   │
│法   │ 偿信息服务、网上家庭购物         │术   │
│律   │ （2）贸易服务的基础设施：        │标   │
│及   │ 安全性认证、咨询服务、市场调研、 │准   │
│隐   │ 目录服务、电子支付               │与   │
│私   │ （3）信息传递的基础设施：        │安   │
│     │ EDI、E-mail、http                │全   │
│     │ （4）多媒体和网络宣传：          │网   │
│     │ HTML、Java、WWW                  │络   │
│     │                                  │协   │
│     │                                  │议   │
└─────┴──────────────────────────────────┴─────┘
```

图1-4 电子商务的框架

城域网和局域网等层层搭建起来的。它使任何一台联网的计算机都能随时与这个世界连为一体。信息可以通过电话线传播，也可以通过点播的方式传递。

信息高速公路只是使通过网络传递信息成为可能，在"公路"上行驶的"车辆"的形式要看客户的具体做法。目前网上最流行的发布信息的方式是以 HTML（超文本链接语言）的形式将信息发布在 WWW 上。传统上，厂商需要花很大的力气通过各种广告和促销活动来宣传自己的产品，在电子商务环境下，厂商仍然要宣传自己的产品，不过方式大大不同。这种"不同"有两个前提条件：一是网络基础设施畅通和接入方便便宜；二是有数目可观的潜在的网络客户群。因为厂商宣传的目的是让客户知晓自己的产品，这好比在报纸上做广告就要找读者群大的报纸效果才好。有了这两个条件，互联网的优势就无可争议。互联网使地域变得不那么重要，客户只要学会如何使用 Web 浏览器，就能很好地访问和使用 Web 上的电子商务工具。WWW 带来了相对公平的商业竞争机会，小公司也完全有能力在 Web 上发布产品目录和存货清单，从而吸引企业能够为其合作伙伴、供应商和消费者提供更多、更好的信息，HTML 使消费者和采购人员能够得到最适当、最精练的信息。例如，一个复杂的 Web 服务器可以向一个特定的查询者提供符合其个人习惯的目录，一个 Web 站点所能实现的功能比任何客户登记卡更好、更持久，它能够捕捉和分析客户行为，掌握动态的个人市场营销情况，从而完成未来规划。

(2) 信息传递的基础设施。

网络上传递的内容包括文本、图片、声音和图像等。网络本身并不知道传递的是声音还是文字，而对它们一视同仁，都视为"0""1"串。对于这些串的解释、格式编码及还原是由用于信息传播的硬件和软件共同实现的，它们位于网络设施的上一层。这些信息传播工具提供了两种交流方式：一种是非格式化的数据交流，如用 Fax 和 E-mail 传递的信息，主要是面向人的；另一种是格式化的数据交流，像前面提到的 EDI 就是典型代表，它的传递和处理过程可以是自动化的，无须人干涉，也就是面向机器的，订单、发票、装运单都比较适合格式化的数据交流。对于电子商务来说，目前的信息传递工具要想适合电子商务的业务需要还要扩展其功能，使传递的信息是可靠的、不可篡改的、不可否认的，在有争议时能够提供适当的证据。在这个领域中的另一个挑战是使这些传播工具适用于各种设备（PC、工作站和无线接收设备）、各种界面（字符界面、图形界面和虚拟现实）和各种网络（有线、无线、光纤和卫星通信）。

(3) 贸易服务的基础设施。

贸易服务的基础设施是为交易所提供的通用的业务服务，是所有企业、个人进行贸易时都会用到的服务，所以也称为基础设施。其主要包括安全认证、电子支付、商品目录和价目表服务等。

首先，这些服务有很大一部分是围绕着怎样提供一个安全的电子销售偿付系统发展而来的。当人们进行网上交易时，购买者发出一笔电子付款（以电子信用卡、电子支票或电子现金的形式）并随之发出一个付款通知给卖方；卖方通过中介机构对这笔付款进行认证并最终接收，同时发出货物，这笔交易才算完成。为了保证网上支付是安全的，必须保证交易是保密的、真实的、完整的和不可抵赖的。目前的做法是用交易各方的电子证书（即电子身份证明）提供端到端的安全保障。

其次，如前面所提到的，任何一个商业实体都面临着的核心领域可以分为电子销售偿付系统、供货体系服务和客户关系解决方案。例如，市场调研、咨询服务和商品购买指南等都是客户关系解决方案的一部分，加速收缩供货链是供货体系服务的目标。这些就是贸易服务的基础设施——商品目录和价目表服务等的功能。

（4）其他影响因素。

政策法规和技术标准是整个电子商务框架的两个支柱。国际上，人们对信息领域的立法工作十分重视。美国政府发布的《全球电子商务的政策框架》中，对有关法律作了专门的论述；1996年联合国贸易组织通过了《全球电子商务示范法》，俄罗斯、德国、英国等国家也先后颁布了多项有关法规。2018年8月31日，十三届全国人大常委会第五次会议表决通过了《中华人民共和国电子商务法》。目前，我国政府在信息化方面的注意力还主要集中在信息化基础建设方面，信息化方面的法律法规还有待健全。其他如个人隐私权、信息定价等问题也需要进一步界定，比如是否允许商家跟踪客户信息、对儿童能够发布哪些信息，这些问题必将变得更加重要和迫切。

另外，提到政策法规，必须考虑到各国的不同体制和国情与互联网和电子商务的跨国界性是有一定冲突的，这就要求加强国际间的合作研究。例如，私有企业在美国经济运行中占主导地位，制定政策法规时美国政府必然向私有企业倾斜，同时尽量减少政府限制；而在中国则会采取以政府为主导的经营政策。此外，由于各国的道德规范不同，也必然存在需要协调的方面。在很少接触跨国贸易的情况下，人们不会感觉到它们的冲突；而在电子商务时代，在全球贸易一体化的情况下，客户很容易通过网络购买外国产品，这时就会出现矛盾。比如，酒类在有些国家是管制商品，但商人对此未必知晓，即使知道，也未必不会在利益的驱使下违反规定。特别是海关该如何应对大量小宗的跨国交易，已成为需普遍面对的问题。当然，通常法律应具有一定的前瞻性，在制定法规时应该充分考虑到这些因素。

电子商务框架的第二个支柱是技术标准。技术标准定义了客户接口、传输协议、信息发布标准等技术细节。就整个网络环境来说，技术标准对于保证兼容性和通用性是十分重要的。正像有的国家左行制、有的国家右行制会给交通运输带来不便，不同国家110 V和220 V的电压标准会给使用电器带来麻烦一样，电子商务中也有类似的问题。目前许多厂商、机构都意识到技术标准的重要性，正致力于联合起来开发统一的技术标准，例如，VISA、Mastercard等国际组织已经同业界合作制定出用于电子商务安全支付的SET协议。

2）电子商务的流程

在全面了解电子商务流程以前，先看一下一般网上购物的流程：

（1）客户在某电子商务网站订购了3件商品，该网站的一台计算机负责这一工作，计算机把客户的订单(1本书、1个游戏软件和1台数码相机)发送到网站的配送中心之一。

(2) 在配送中心,客户的订单被传送到离客户最近、有客户所需商品的配送仓库。计算机会告诉送货员应该去什么地方取货。

(3) 所有商品都被放入一个货篓中,货篓中堆放着许多客户订购的商品,在仓库的传送带上运输。机器扫描每件商品上的条形码,同时配送中心的工人也将监督这一工作。

(4) 客户需要的商品在货运斜管中汇合,然后被装入纸箱,所有货篓都被传送到中心点。在那里,工人核对商品条形码与订单号,以确认哪些商品归哪些顾客。客户所订购的3件商品最后被装入一个纸箱。工人在纸箱上贴上一种条形码,用来表明这是某客户所购买的商品。

(5) 工人将商品装箱、密封、称重、贴标签,最后箱子被装入一辆卡车,离开仓库。选择相应的送货方式,将商品送到客户手中。

完整的电子商务的流程包括交易前的准备、交易中的磋商、合同的签订与执行、货款的支付与清算,交易后的售后服务等环节,如图1-5所示。

图1-5 电子商务的流程

3) 电子商务的分类

电子商务参与方主要有4部分,即企业、个人消费者、政府和中介方。应该看到,中介方只是为电子商务的实现与开展提供技术、管理与服务支持,而其余三者则是以另一种姿态成为参与方的。尽管有些网上拍卖形式的电子商务属于个人与个人之间的交易,也就是通常所说的Consumer To Consumer(也记作C to C、C2C),但是,企业是电子商务的核心,考察电子商务的类型主要从企业的角度进行分析。企业电子商务可以从系统涉及的业务范围、系统的复杂程度和应用功能等不同的角度进行分类。限于篇幅,本书主要介绍按企业电子商务系统业务处理过程涉及的范围分类。

从企业电子商务系统业务处理过程涉及的范围出发,可以把电子商务分为企业内部、企业间及企业与消费者之间3种类型。

(1) 企业内部的电子商务。

企业通过企业内部网自动进行商务流程处理，增加对重要系统和关键数据的存取，保持组织间的联系。它的基本原理与企业间的电子商务类似，只是企业内部进行交换时，交换对象是相对确定的，交换的安全性和可靠性要求较低，主要实现企业内部不同部门之间的交换（或者内部交易）。企业内部的电子商务主要是在企业内部信息化的基础上实现的，将企业的内部交易网络化，它是企业外部的电子商务的基础，而且比企业外部的电子商务更容易实现。企业内部的电子商务系统可以增加企业商务活动处理的敏捷性，对市场状况能更快地作出反应，能更好地为客户提供服务。

（2）企业间的电子商务（Business to Business，B to B/B2B）。

有业务联系的公司之间相互用电子商务将关键的商务处理过程连接起来，形成网上的虚拟企业圈。例如，企业利用计算机网络向它的供应商进行采购，或利用计算机网络进行付款等。这一类电子商务，特别是企业通过私营或增值计算机网络（Value Added Network，VAN）采用 EDI 方式所进行的商务活动已经存在多年。这种电子商务系统具有很强的实时商务处理能力，使企业能以一种可靠、安全、简便快捷的方式进行企业间的商务联系活动并达成交易。

（3）企业与消费者之间的电子商务（Business to Consumer，B to C/B2C）。

企业与消费者之间的电子商务是人们最熟悉的一种电子商务类型。大量的网上商店利用 Internet 提供的双向交互通信，完成网上购物过程。这类电子商务主要借助 Internet 开展在线销售活动。随着 Internet 的发展，这类电子商务的发展异军突起。例如，目前在 Internet 上已经出现许多大型超级市场，其所出售的产品一应俱全，从食品、饮料到电脑、汽车等，几乎包括所有消费品。由于这种模式节省了客户和企业双方的时间和空间，大大提高了交易效率，节省了各类不必要的开支，因此得到人们的认同，获得迅速发展。

（4）企业与政府之间的电子商务（Business to Government，B to G/B2G）。

企业与政府之间的各项事务都被涵盖其中，包括政府采购、税收、商检和管理条例发布等。政府一方面作为消费者，可以通过 Internet 发布自己的采购清单，公开、透明、高效、廉洁地完成所需物品的采购；另一方面，政府对企业进行宏观调控、规范指导、监督管理的职能通过网络以电子商务的方式能更充分、及时地发挥。借助网络及其他信息技术，政府职能部门能更及时地获取所需信息，作出正确决策，快速反应，迅速、直接地将政策法规及调控信息传达给企业，起到管理与服务的作用。在电子商务中，政府还有一个重要作用，就是对电子商务的推动、管理和规范作用。

根据实际需要，电子商务还有许多其他派生形式，如消费者—企业—消费者的电子商务（C to B to C）等。

4）电子商务的特点

电子商务与传统商务方式相比具有明显的特点和优点，具体可归纳为以下几点。

（1）高效性。

电子商务是提供给买卖双方进行交易的一种高效的服务方式。它的高效性体现在很多方面，例如，网上商店无须营业员，无须实体店铺，可以为企业节省大量开销，可以提供全天候的服务，提高销售量，提高客户的满意度和企业的知名度。企业的电子商务系统还可以记录客户每次访问、购买的情况以及客户对产品的偏爱，这样通过统计就可以获知客户想购买的产品是什么，从而为新产品的开发、生产提供有效的信息。总之，电子商务为消费者提供了一种方便、迅速的购物途径，为商家提供了一个良好的营销环境和遍布世界各地的巨大的消费群体。无论对大型企业、中小型企业，还是个体经营者，电子商务都是一种基于网络技术的新的交易方式。

（2）方便性。

在电子商务环境中，传统商务受时间和空间限制的局限被打破，客户足不出户即可享受各种消费和服务。客户不再像以前那样受地域的限制，只能在一定区域内、在有限的几个商家中选择交易对象，寻找所需的商品，而可以在更大的范围内，甚至在全球范围内寻找交易伙伴，选择商品。更重要的是，当企业将客户服务过程转移到互联网上之后，过去客户要大费周折才能获得的服务，现在能很方便地得到。例如，将一笔资金从一个存款账户转至另一个支票账户、查询货物的收发情况、寻找和购买稀有商品等，都能足不出户就方便、实时地完成。可见，电子商务提供的客户服务具有很大的方便性，消费者和企业都能从中受益。

（3）社会性。

电子商务涉及企业的各个商务环节，消费者、厂商、运输方、报关机构、保险机构、商检机构、安全认证机构和银行等不同参与者通过计算机网络，共同组成一个复杂的网络系统结构，它们相互作用、相互依赖和协同处理，形成一个相互密切联系的连接全社会的信息处理系统。

电子商务的最终目标是实现商品的网上交易，这是一个相当复杂的过程，除了要应用各种有关技术和其他系统的协同处理来保证交易过程的顺利完成外，还涉及许多社会性的问题，例如商品和资金流转的方式变革、法律的认可和保障、政府部门的支持和统一管理、电信和网络基础设施、公众对网上购物的热情和认可等。

（4）层次性。

电子商务具有层次性。任何个人、企业、地区和国家都可以建立自己的电子商务系统，每个电子商务系统都是一个独立、完备的整体，都可以提供商品的推销、购买、支付的全过程服务，同时又是更大范围或更高一级的电子商务系统的一个组成部分。因此，在实际应用中，常将电子商务系统分为一般、国内和国际等不同级别。另外，也可以从系统的功能和应用的难易程度上对电子商务系统进行分级，较低级的电子商务系统只涉及基本网络、信息发布、产品展示和货款支付等，要求较低；而用于进行国际贸易的高级电子商务系统不仅对技术的要求高，而且涉及不同国家和地区的工商税收、关税、合同法以及不同的银行业务等，结构比较复杂。商务活动本身是一种协调过程，需要客户与公司内部、生产商、批发商、零售商间的协调，在电子商务过程中，需要银行、物流配送中心、通信部门、技术服务部门等的通力协作才能完成。

（5）集成性。

电子商务大量采用计算机、网络通信等新技术，但这并不意味着企业原有的信息系统和设备被全部淘汰，而是要对原有的技术设备进行改造，充分利用企业已有的信息资源和技术，高效地完成企业的生产、销售和客户服务。电子商务的集成性还体现在事务处理的整体性和统一性上，它能规范事务处理的工作流程，将人工操作和电子信息处理集成为一个整体。这不仅能提高人员和设备的利用率，还可以提高系统运行的可靠性。

（6）可扩展性。

要使电子商务系统能够正常运作，必须确保电子商务系统的可扩展性。网络客户数量之大、增长速度之快,均要求电子商务系统能够具备与其适应的可扩展性,以便在网络客户数增加及出现传播高峰时,系统仍然能够正常工作。

5) 电子商务的功能

电子商务可提供网上交易和管理等全过程的服务,具有广告宣传、咨询洽谈、网上订购、网上支付、电子账户管理、服务传递、意见征询、交易管理等功能。

(1) 广告宣传。

电子商务企业可凭借 Web 服务器和客户机,在互联网上发布各类商业信息,客户可借助网上的检索工具迅速找到所需商品信息,而商家可利用网上主页和电子邮件在全球范围内作广告宣传。与以往的各类广告相比,网上的广告成本最低廉,而给顾客的信息量却最丰富。

(2) 咨询洽谈。

电子商务企业可借助非实时的电子邮件、新闻组和实时的讨论来了解市场和商品信息,洽谈交易事务,如有进一步的需求,还可用网上的白板会议交流即时的图形信息。网上的咨询洽谈能超越对面洽谈的限制,提供多种方便的异地交谈形式。

(3) 网上订购。

电子商务企业可借助 Web 中的邮件交互传送网上的订购信息。网上的订购通常是在产品介绍页面上提供的订购提示信息和订购交互格式框完成的。当客户填完订购单后,系统会回复确认信息单来保证订购信息的收悉。订购信息也可采用加密的方式使客户和商家的商业信息不被泄露。

(4) 网上支付。

电子商务要成为一个完整的过程,网上支付是重要的环节。在网上直接采用电子支付手段可节省交易中很多人员的开销,客户和商家之间可采用信用卡账号实施支付。网上支付需要保证信息传输的安全可靠,防止欺骗、窃听、冒用等非法行为。

(5) 电子账户管理。

网上支付必须有电子金融的支持,即银行或信用卡公司及保险公司等金融单位为金融服务提供网上操作的服务。电子账户管理是其基本的组成部分。

信用卡号或银行账号都是电子账户的一种标志,其可信度需以必要的技术措施来保证,数字认证、数字签字、加密等手段的应用提供了电子账户操作的安全性。

(6) 服务传递。

对于已付款的客户,应将其订购的货物尽快传递到他们手中,电子商务可在网络中进行物流的配置。最适合在网上直接传递的货物是信息产品,如软件、电子读物和信息服务等,它们能直接从电子仓库发到客户端。

(7) 意见征询。

电子商务十分方便地采用网页上的表单来收集客户对销售服务的反馈意见,使企业的市场运营形成一个封闭的回路。客户的反馈意见不仅能使企业提高售后服务水平,更能使企业获得改进产品、发现市场的商业机会。

(8) 交易管理。

对整个交易的管理涉及人、财、物等多个方面,包括企业和企业、企业和客户及企业内部等各方面的协调和管理。因此,交易管理是涉及商务活动全过程的管理。

电子商务的发展将提供一个良好的交易管理的网络环境及多种多样的应用服务系统,这样就能保证电子商务获得更广泛的应用。

拓展思考:

电子商务向移动电子商务和跨境电子商务发展的途径。

思考题:

1. 阿里巴巴成为电子商务的领头羊,其成功的原因是什么?
2. 传统产业的B2B之路有哪些优势?
3. 海尔走的是什么特色之路?

拓展训练:

1. B2C电子商务模式实战:简述在京东商城进行网络购物的流程。
2. C2C电子商务模式实战:简述在淘宝网进行网络购物的流程。

任务二 电子商务物流的概念及特征

► 导入案例 ◄

物流是保障世界博览会成功举办的关键环节之一

世界博览会期间,大量饮料、食品等生活保障用品能否及时配送,展品、活动品等能否顺利安装到位,直接关系到每天40万~60万参观者对世界博览会的体验和印象。随着世界博览会工作的展开,物流工作也将接受更大的挑战和考验。官方数据显示,上海世界博览会的展品物流量达17.2万标箱,用于展馆建设的进境货物流量近25万立方米,参展人员约7 000万人次。世界博览会物流的难点在于其具有很强的动态性,并非完全常态下的物流需求,对企业的应急能力要求甚高。而且,世界博览会物流对运输、配送的时间要求严格,要求参与企业必须做到准确无误。在世界博览会期间,物流企业每天都需达到最高的运作效率,在很短的时间内完成所有规定的配送工作,避免造成延误或错误。可以说,一方面世界博览会物流对参与企业的业务能力提出了相当大的挑战,另一方面参与世界博览会物流也是企业完成自我提升的良好机遇。

提出问题:

1. 了解哪些物流企业参与了上海世界博览会。
2. 传统物流企业如何快速应对世界博览会的要求?

任务分析

通过上海世界博览会,可以看到物流中心繁忙的景象,也可以看到许多忙碌的物流企业有条不紊地参与世界博览会的运转。通过了解世界博览会物流中心以及为世界博览会服务的一些物流企业,了解物流和电子商务物流的概念。

> 任务实施

1.2.1 物流的概念及发展

对于物流的概念，不同国家、不同机构在不同时期有不同的理解。

关于物流活动的最早文献记载是在 1918 年，英国犹尼利弗的哈姆勋爵成立了"即时送货股份有限公司"，目的是在全国范围内把商品及时送到批发商、零售商和客户手中。从那时起到第二次世界大战，物流一直没有比较明确的概念。

1. 物流的发展历程

第二次世界大战期间，美国从军事需要出发，在对军火进行的战时供应中，首先引用了"物流管理"（Logistics Management）这一名词，并对军火的运输、补给等进行全面管理。第二次世界大战后，西方工业化国家的经济进入高速发展阶段。社会生产力得到进一步提高，生产企业为最大限度地追求超额利润，千方百计地降低生产成本，提高产品质量，以求提高产品的市场竞争力。由此引发空前激烈的市场竞争，但在生产技术和管理技术方面，企业降低生产成本的道路已经走到极限，成本再降低的空间很小。

从 20 世纪五六十年代开始，西方国家的经济研究和市场竞争的重心开始转移到非生产领域，特别是商品流通领域。在此期间，运筹学理论在生产实践中得到广泛的应用和发展，并取得很好的实际效果。在运筹学原理的推动下，人们对物资流通渠道进行研究，产生了产品分销的概念。这就是物流业的起步阶段，即实物配送阶段。

1963 年，大量有关流通的新概念传入日本，如"Material Management""Business Logistics""Physical Distribution""Physical Supply""Material Supply"等。池田内阁期间，为解决制约经济发展的运输问题，召开了经济审议会的流通分科会，会上决定采用 PD（Physical Distribution）方式以改善流通问题。经反复推敲，著名流通学家平原直将 PD 译为"物理性流通"/"物的流通"，日后被人们简化为"物流"。

20 世纪七八十年代，由于市场竞争进一步白热化，企业的竞争力主要取决于物资供应系统和成品流通系统的有效性和低成本。对于整个社会生产来讲，社会经济水平的提高取决于社会物资供应体系的效率，而不仅是生产过程。企业的竞争力不仅取决于产品到消费者手中的实物配送，而且取决于在采购、运输、仓储等过程中对材料、零部件、库存品的管理。国外某些成功企业甚至帮助原料供应商降低物流成本，从而获得较好的原料进货价格。这一阶段被称为全程物流管理阶段。

进入 20 世纪 90 年代，随着世界经济和科学技术的突飞猛进，计算机信息网络日益普及，竞争日趋激烈，企业的生产规模不断扩大，产品更新频繁，客户需求不断变化，原有的流通模式、管理方法和对流通问题的认识已不能适应经济的快速增长。所有这些，对物流服务提出了新的、更高的要求，同时也为其发展提供了必要的条件。为了顺应现代社会的要求，物流服务的领域也不断扩大，逐步扩展为生产领域的物流管理、流通领域的配送和消费领域的服务。因此，物流是在传统物流的基础上，运用先进的计算机电子技术和先进的网络信息技术，以及诸如供应链管理等先进的管理方法，综合组织物流中的各环节，把制造、运输和销售等环节统一起来管理，使物流资源得到最有效的利用，以平衡物流的服务优势和服务成本，以期使客户得到最大的满足。

物流发展的3个阶段如图1-6所示。

图1-6 物流发展的3个阶段

2. 物流的概念

随着物流科学的迅速发展，世界上许多国家的专业研究机构、管理机构以及物流研究专家对物流作出了各种定义。

美国物流管理权威机构——物流管理委员会认为："物流作为客户生产过程中供应环节的一部分，它的实施与控制提供了有效的、经济的货物流动和存储服务，提供了从存货原始地到消费地的相关信息，以期满足客户的需求"。

美国物流协会认为物流是"有计划地将原材料、半成品和产成品由生产地送至消费地的所有流通活动，其内容包括为客户服务、需求预测、情报信息联系、物料搬运、订单处理、选址、采购、包装、运输、装卸、废料处理及仓库管理等"。

日本通商产业省运输综合研究所对物流的定义十分简单，其认为物流是"商品从卖方到买方的全部转移过程"。

1999年，联合国物流委员会对物流的概念作了新的界定，指出：物流是为了满足消费者的需要而进行的从起点到终点的原材料、中间库存、最终产品和相关信息有效流动和存储计划、管理和控制的过程。这个定义强调了从起点到终点的过程，提高了物流的标准和要求，确定了未来物流的发展，较传统的物流概念更为明确。

还有一些专家提出了物流的"7R"定义，认为物流就是"在恰当的时间、恰当的地点和恰当的条件下，将恰当的产品以恰当的成本和恰当的方式提供给恰当的消费者"。在该定义中，用了7个"恰当"（Right），故称作"7R"。该定义揭示了物流的本质，有助于人们对物流概念的理解。

不论对物流概念的具体理解有何差异，有一点认识是共同的，即物流不仅包括原材料、产成品等从生产者到消费者的实物流动过程，还包括伴随这一过程的信息流动。因此，可以将物流定义为：为满足客户需求而进行的原材料、中间库存、最终产品及相关信息从起点到终点间的有效流动，以及为实现这一流动而进行的计划、管理和控制过程。

3. 物流的特征

物流始终伴随着采购、生产和销售的价值链过程。没有物流的支持，就不可能实现价值增值。因此，物流是交易和生产过程中必不可少的重要组成部分。物流不仅考虑从生产者对原材料的采购，以及生产者本身在产品制造过程中的运输、销售等市场情况，而且是将整个价值链过程综合起来进行思考的一种战略措施。因此，在企业物流管理战略目标的推动下，物流逐步形成了以下几个特征。

1）系统性

物流作为社会流通系统的组成部分，包含物的流通和信息的流通两个子系统。在社会流通系统中，物流与商流、资金流和信息流具有同等重要的价值，是内涵丰富的集成系统。

2）复杂性

由于物流在价值增值中的重要作用，物的流通和信息流通的集成变得比较复杂。物的流通所包含的运输、保管、配送、包装、装卸和流通加工等环节并不是简单地环环相扣，而是构成一个具有复杂结构的物流链。

3）成本高

物的流通环节包括运输、保管、配送、包装、装卸和流通加工等综合成本。这种高昂的成本使物流被视为降低成本的"第三利润源泉"。

4）是生产和营销的纽带

物流是生产和营销的纽带。在社会化环境中，通过物流关联活动集架起了企业通向市场、客户的桥梁。

4. 物流行业的发展现状及趋势

1）全球物流行业的发展现状

物流服务是指物流供应方通过对运输、储存、装卸、搬运、包装、流通加工、配送和信息管理等功能的组织与管理来满足其客户物流需求的行为。现代物流是借助现代科技，特别是计算机网络技术的力量，对社会现有的物流资源进行整合，实现物品从生产地到消费地的快速、准确和低成本转移的全过程，获取物流资源在时间和空间上的最优配置。随着全球和区域经济一体化的深度推进，以及互联网信息技术的广泛运用，全球物流行业的发展经历了深刻的变革并获得越来越多的关注。目前，现代物流已经发展成包括合同物流（第三方物流）、地面运输（公路和铁路系统提供的物流）、快递及包裹、货运代理、第四方物流、分销公司在内的庞大体系。中国物流行业市场规模位居全球第一，美国位列其次，预计未来全球物流行业仍将快速发展。目前，现代物流行业的发展趋势是从基础物流、综合物流逐渐向供应链管理发展。供应链概念是传统物流理念的升级，将物流划为供应链的一部分，综合考虑整体供应链的效率和成本。供应链是在生产及流通过程中，将产品或服务提供给最终用户的上游与下游企业所形成的网链结构。供应链管理渗透至物流活动和制造活动，涉及从原材料到产品交付最终用户的整个物流增值过程。供应链管理属于物流发展的高级阶段，供应链管理的出现标志着物流企业与客户之间从物流合作上升到战略合作高度。物流企业从基础服务的提供逐渐转变为供应链方案的整合与优化，即在利用较少资源的情况下为客户创造更大的价值。

2）中国物流行业的发展现状

现代物流业属于生产性服务行业，是国家重点鼓励发展的行业。现代物流业作为国民经济基础产业，融合了道路运输业、仓储业和信息业等多个产业，涉及领域广，吸纳就业人数多。现代物流业的发展可以推动产业结构升级，其发展程度成为衡量综合国力的重要标志之一。物流行业规模与经济增长速度具有直接关系，近十几年物流行业的快速发展主要得益于国内经济的增长，但是与发达国家物流行业的发展水平相比，我国物流行业尚处于发展期向成熟期过渡的阶段。物流企业资产重组和资源整合的步伐进一步加快，形成了一批所有制多元化、服务网络化和管理现代化的物流企业；物流市场结构不断优化，以"互联网+"带动的物流新业态增长较快；社会物流总费用与GDP的比率逐渐下降，物流行业转型升级态势明显，物流运行质量和效率有所提升。但是，我国社会物流总费用占GDP的比例一直远高于发达国家，2016年中国该比例为14.9%，美国、日本、德国均不到10%，因此我国物流行业的发展还有较大空间。2010—2017年，全国社会物流总额从125.4万亿元攀升至252.8万亿元，实现10.53%的年均复合增长率，社会物流需求总体呈增长态势。

任务三　电子商务与物流的关系

▶ 导入案例 ◀

从供应链和物流看盒马的新零售模式

2017年我国生鲜市场交易规模达1.79万亿元，同比增速为6.55%，自2012年以来始终保持6%~7%的发展增速。

从渠道端看，73%的消费者通过农贸市场购买生鲜产品，超市和电商渠道仅占22%和3%。而在欧美国家，超市渠道占比可达70%~80%。

（1）与供应商重塑"零供"关系。新"零供"关系就是让盒马、供应商各司其职：盒马负责渠道建设、商品销售、用户体验，如果有商品滞销，盒马自行负责，供应商不再承担责任；供应商专注商品的生产、研发，提供最具性价比的商品，不再缴纳任何进场费、促销费、新品费等渠道费用，也不需要管理陈列或派驻商品促销员。

（2）建立"零供"信息一体化系统。目前盒马正在开发专属供应链系统，实现盒马与供应商之间数据共享、信息互通，让供应商了解消费者的偏好和商品的销售信息，以消费者的需求引导供应商的生产决策。

（3）物流是盒马新零售线上的业务基石。2017年4月，曾有记者询问盒马管理者："如果将盒马已有的所有资产和优势全部去掉，只允许保留一项，你会选择保留哪个？"回复是："30分钟即时配送。我们认为，盒马对传统零售的颠覆，在很大程度上是对物流效率的颠覆。"

（4）物流效率取决于自动化水平和管理系统。从门店效率的角度看，盒马拥有先进的管理系统和自动化设备。首先，盒马的智能仓店系统可以根据门店的销售情况均衡店员数量，根据线上、线下订单的状况智能安排店员的工作内容。其次，盒马的订单库存分配系统根据盒马和阿里系零售终端的数据预测门店的商品品类，预判消费者线上购买的趋势。最后，盒马在门店内拥有悬挂链、传送带等自动化运送、分拣设备，不仅大大节约了人力成本，还充分利用了门店空间，提高了人效和坪效。

（5）从配送效率的角度看，盒马拥有先进的算法和调度系统。一方面，盒马的智能履约集单系统可以将大量的线上订单统一集合，根据商品的生鲜程度、冷热情况和订单的远近合理安排配送路径和时间，实现订单综合成本最低。另一方面，盒马可以根据订单、批次和包裹大小合理调度配送员和配送次数，实现配送效率的最大化。

提出问题：

1. 电子商务物流有什么特征？
2. 为什么盒马的物流体系效率高？

电子商务是20世纪信息化、网络化的产物，但是人们对电子商务所涵盖的范围却没有统一、规范的认识。过去，人们对电子商务过程的认识往往只局限于信息流、商流和资金流的电子化、网络化，而忽视了物流的电子化过程，认为对于大多数商品和服务来说，物流仍然可以经由传统的经销渠道实现。但随着电子商务的进一步推广与应用，物流的重要性对电子商务活动的影响日益明显。1999年9月，我国的一些单位组织了一次72小时的网上生存测验。测验中一个突出的问题就是物流问题，尤其是费尽周折填好订单后漫长的等待，使电子商务的跨时域优势丧失殆尽。此后的一次市场调查证实，人们最关注的问题是"物流"。这再次使人们认识到物流在电子商务活动中的重要地位，认识到现代化的物流是电子商务活动中不可缺少的部分。

1. 电子商务物流的含义

电子商务物流是电子商务环境下的物流，是指基于电子化、网络化的信息流、商流和资金流下的物资或服务的配送活动，包括软体商品（或服务）的网络传送和实体商品的物理传送。它包括一系列机械化、自动化工具的应用，利用准确及时的物流信息对物流过程进行监控，使物流的速度加快，准确率提高，从而有效减少库存，缩短生产周期，提高工作效率，使电子商务的发展突破瓶颈，踏上发展的坦途。

2. 电子商务物流的服务内容

电子商务与非电子商务就实现商品销售的本质来讲并无区别，物流是实现销售过程的最终环节，但由于采用不同的形式，这一部分的特殊服务变得格外重要，因此，设计电子商务物流的服务内容时应反映这一特点。电子商务物流的服务内容可以分为以下两个方面。

1）传统物流服务

电子商务物流在具备普通商务活动中典型物流功能的同时，也根据电子商务的特点对这些功能进行了特定的改进。

（1）储存功能。电子商务既需要建立Internet网站，又需要建立或具备物流中心，而物流中心的主要设施之一就是仓库及其附属设备。需要注意的是，电子商务服务提供商的目的不是在物流中心的仓库中储存商品，而是通过仓储保证市场分销活动的开展，同时尽可能降低库存占压的资金，减少储存成本。因此，提供社会化物流服务的公共型物流中心需要配备高效率的物流分拣、传送、储存、拣选设备。在电子商务方案中，可以利用电子商务的信息网络，尽可能地通过完善的信息沟通，将实物库存暂时用信息代替，即将信息作为虚拟库存（Visual Invetoty），其办法是建立需求端数据自动收集系统（Automated Data Collection，ADC），在供应链的不同环节采用EDI交换数据，建立企业内部网，为客户提供Web服务器，以便数据的实时更新和浏览查询，一些生产厂商和下游的经销商、物流服务商共用数据库，共享库存信息等，目的都是尽量减少实物库存水平。那些能将供应链上各环节的信息系统有效集成，并能取得以尽可能低的库存水平满足营销需要的电子商务方案提供商将是竞争的真正领先者。

（2）装卸搬运功能。这是为了加快商品的流通速度必须具备的功能，无论是传统的商务活动还是电子商务活动，都必须具备一定的装卸搬运能力，第三方物流服务提供商应该提供更加专业的装卸、提升、运送和码垛等装卸搬运机械，以提高装卸搬运作业的效率，降低订货周期（Order Cycle Time，OCT），减少装卸搬运作业对商品造成的损坏。

（3）包装功能。物流的包装作业的目的不是改变商品的销售包装，而是通过对销售包装进行组合、拼配和加固，形成适于物流和配送的组合包装单元。

（4）流通加工功能。其主要目的是方便生产或销售，专业化的物流中心常常与固定的制造商或分销商进行长期的合作，为制造商或分销商完成一定的加工作业，比如贴标签、制作并粘贴条形码等。

（5）物流信息处理功能。由于物流系统的作业现在已经离不开计算机，因此将各个物流环节的各种物流作业信息进行实时采集、分析和传递，并向货主提供这种作业明细信息及咨询信息是相当重要的。

2）增值性物流服务

除了传统的物流服务外，电子商务还需要增值性物流服务（Value – Added Logistics Services）。增值性物流服务包括以下含义和内容：

（1）增加便利性的服务。一切能够简化手续、简化操作的服务都是增值性服务。在提供电子商务的物流服务时，推行一条龙服务、提供完备的操作或作业提示、免培训、免维护、省力化设计或安装、代办业务、一张面孔接待客户、24 小时营业、自动订货、传递信息和转账（利用 EOS、EDI、EFT）、物流全过程追踪等都是对电子商务销售有用的增值性服务。

（2）加快反应速度的服务。快速反应（Quick Response）已经成为物流发展的动力之一。传统的观点和做法将加快反应速度等同于加快运输的速度，但在需求方对速度的要求越来越高的情况下，必须借助其他办法提高速度。而这些方法也是具有重大推广价值的增值性物流服务方案，通过优化电子商务系统的配送中心、物流中心网络，重新设计适合电子商务的流通渠道，以减少物流环节、简化物流过程，提高物流系统的快速反应能力。

（3）降低成本的服务。在电子商务发展的前期，物流成本居高不下，有些企业会因为承受不了这种高成本而退出电子商务领域，或者有选择地将电子商务的物流服务外包出去，这是很自然的事情，因此发展电子商务，一开始就应该寻找能够降低物流成本的方案。企业可以考虑的方案包括：第三方物流服务商与电子商务经营者或电子商务经营者与普通商务经营者进行联合，采取物流共同化计划，同时，如果具有一定的商务规模，例如像亚马逊这样具有一定销售量的电子商务企业，可以采用比较适用但投资较少的物流技术和设施设备，或推行物流管理技术，如运筹学中的管理技术、单品管理技术、条形码技术和信息技术等，以提高物流的效率和效益，降低物流成本。

（4）延伸服务。向上可以延伸到市场调查与预测、采购及订单处理；向下可以延伸到配送、物流咨询、物流方案的选择与规划、库存控制决策和建议、货款回收与结算、教育与培训、物流系统设计与规划方案的制作等。例如：物流的结算不仅是物流费用的结算，在从事代理、配送的情况下，物流服务商还要替货主向收货人结算货款等；物流服务商应该负责根据物流中心的商品进货、出货信息来预测未来一段时间内的商品进、出库量，进而预测市场对商品的需求，从而指导订货。

1.3.1 电子商务与物流

1. 物流是电子商务的概念模型的基本要素

电子商务的概念模型是对现实世界中电子商务活动的一般抽象描述，它由交易主体、电子市场、交易事务和信息流、资金流、商流、物流等基本要素构成。信息流、商流、资金流和物流中，前三者均可通过计算机和网络通信设备实现，而对于物流，只有诸如电子出版物、信息咨询等少数商品和服务可以直接通过网络传输方式进行，其他不可能在网上实现，需借助一系列机械化、自动化工具传输，最多可以通过网络来优化，所以在一定意义上物流是信息流和资金流的基础与载体，是商流的后继者和服务者。

2. 物流是实现电子商务的保证

1) 物流保障生产

无论是在传统的贸易方式下，还是在电子商务下，生产都是商品流通之本，而生产的顺利进行需要各类物流活动的支持。生产的全过程从原材料的采购开始，要求有相应的供应物流活动，使所采购的材料到位，否则生产就难以进行；在生产的各工艺流程之间，也需要原材料、半成品的物流过程，即所谓的生产物流，以实现生产的流动性；部分余料、可重复利用的物资的回收，就需要所谓的回收物流；废弃物的处理则需要废弃物物流。可见，整个生产过程实际上就是系列化的物流活动。

合理化、现代化的物流，通过降低费用降低成本、优化库存结构、减少资金占压、缩短生产周期，保障了现代化生产的高效进行。缺少了现代化的物流，生产将难以顺利进行。

2) 物流服务于商流

在商流中，商品所有权在签订购销合同、支付资金的那一刻便由供方转移到需方，而商品实体并没有因此移动。在传统的交易过程中，一般的商流必须伴随相应的物流，即按照需方（购方）的需求将商品实体由供方（卖方）以适当的方式、途径向需方（购方）转移。而在电子商务下，消费者上网购物，完成了商品所有权的交割过程，即商流过程。但电子商务的活动并未结束，只有商品和服务真正转移到消费者手中，商务活动才终结。

在整个电子商务的交易过程中，物流实际上是以商流的后继者和服务者的姿态出现的。

3) 物流是实现"以顾客为中心"理念的根本保证

电子商务的出现在最大限度上方便了消费者。消费者不必去商店挑选自己所需的商品，而只要坐在家里，在 Internet 上搜索、查看、挑选，就可以完成购物过程。但试想，所购的商品迟迟不能送到，或商家所送并非所购，那么消费者还会选择网上购物吗？网上购物的安全性，一直是电子商务推广的关键问题。物流正是电子商务中实现以"以顾客为中心"理念的根本保证，缺少了现代化的物流技术，电子商务给消费者带来的购物便捷就等于零，消费者必然会转向他们认为更为安全的传统购物方式。

由此可见，物流是实现电子商务的重要保证。不能重信息流、商流和资金流的电子化，而忽视物流的电子化，大力发展现代化物流。

3. 案例分析

在"2019 全球智慧物流峰会"上，德邦快递携众多科技惊艳亮相。

1) 德邦快递简介

德邦快递成立于 1996 年，现已成长为一家以大件快递为主力，联动快递、物流、跨境、仓储与供应链的综合性物流供应商，并于 2018 年在上海证券交易所挂牌上市。德邦快递想方设法解决体量、时间与距离造成的物流难题，以贴心的综合服务点亮运送旅途的每个环节。

2) 优质服务

德邦快递以标准化的服务引领行业，通过统一的车体形象、店面形象、员工形象和操作标准，让客户全方位体验始终如一的专业服务。德邦快递根据客户的不同需求，通过定制化的创新为各行业客户提供代收货款、签单返回、保价运输、安全包装等增值服务。

3)安全质量

德邦快递通过 FOSS、PDA、CRM、官网平台、APP 等，实现端到端的透明化管理、多样化智能侦测和手机实时查看，建立人员优化、日常管理、车辆保障、线路风险预防等体系，在同行业中一直保持较高的水平。

4)信息化管理

信息化是现代物流发展的必由之路，也是德邦快递精细化管理的重点。目前，德邦快递旗下的德邦科技拥有 138 个 IT 系统、57 个 IT 项目、5 个开发平台。德邦快递每年投入超过 5 亿元，未来将继续加大 IT 资源投入，让快递插上科技的翅膀。

5)德邦人才

(1)校园招聘：2006 年在同行业中最早启动校园招聘，13 年来累计招聘 1 万余名本硕博应届毕业生；2012—2018 年连续 7 年荣获"中国年度最佳雇主"称号。

(2)选拔体系：为能者提供一个开放透明的竞争平台。德邦快递拥有独特的人才培训选拔体系，以个人能力为核心，公平、公开、公正。

(3)激励制度：以进取者为本，以业绩为核心，通过不断优化绩效考核，使资源向绩优者倾斜，激励员工专注提升客户服务体验。

6)借力咨询

2011 年至今，德邦快递陆续引入了 IBM、麦肯锡、埃森哲、美世、贝恩、怡安翰威特、里斯等多家国际顶尖咨询公司，共开展项目 114 个，总投入数亿元，在战略规划与设计、管理体系、新业务研究、信息化建设、流程优化、成本管控等方面展开合作，为德邦快递的发展出谋划策，保驾护航。

7)文化理念

(1)使命：物畅其流，人尽其才。

(2)核心价值观：以客户为中心，以进取者为本，以团队创高效，坚持自我反思。

8)2019 全球智慧物流峰会

"2019 全球智慧物流峰会"在杭州国际博览中心举行，主题为"数字化再加速"。"全球智慧物流峰会"是由菜鸟网络科技有限公司主办的全球性顶级峰会，包括菜鸟网络科技有限公司、波音中国、德邦快递及"通达系"快递公司在内的物流企业高管、行业研究者以及相关政府部门人员等数千人出席并进行交流，从物流技术、智慧园区、新零售配送、组织人才、物流金融、快递、无人物流、投融资、智慧供应链、跨境物流方面展示如何实现物流数字化。作为创新科技，德邦快递的华为防暴力分拣系统、机械臂、无人机、无人车等科技纷纷亮相，让德邦快递的展示区科技感十足。其中，德邦快递与华为合作开发的"违规操作 AI 智能识别系统"能有效防止暴力分拣行为的发生，保护消费者的权益。轻便、灵活的外骨骼机器人是德邦快递推出的新型辅助设备，可以减少腰肌劳损，避免搬运者腰部受伤，大幅度提高搬运者的工作效率，同时可以有效减轻穿戴重量和腰部负重。无人机则是针对现今住宅区、商业区高楼林立、出入严格的特点，通过无人调度管理平台系统操控将商品送到用户手里的设备，能大大提高配送时效，可实现扫码、绑定、自动投放、直播、自动返航等功能。"德邦小 D – PLUS"超大号无人车也是展示的亮点。其单次里程可达 100 km，可 24 小时全天候园区循环，使配送环节更加灵活、取货过程更加方便，提高了用户体验。德邦快递是一家注重科技创新的公司，每年拿出 2% 的营收投入科研，这使德邦快递在大件快递领域迅猛发展。

1.3.2 电子商务下的物流

1. 电子商务对物流的影响

在人类社会的发展过程中，物流的每一次变革都是由其活动的客观环境和条件变化所引起的，这些因素决定了其发展方向。21世纪的发展趋势是信息化、知识化，电子商务正是为适应这一趋势而产生的，它具有传统商务活动无法比拟的许多优势，代表了传统商务活动的发展方向和未来。

（1）电子商务所具备的高效率特点，是人类社会经济发展所追求的目标；

（2）电子商务所具备的个性化特点，是人类社会发展的方向；

（3）电子商务所具备的费用低特点，是人类社会进行经济活动的目标；

（4）电子商务所具备的全天候特点，解除了交易活动所受的时间束缚；

（5）电子商务所具备的全球性特点，解除了交易活动所受的地域束缚，大大地拓宽了市场主体的活动空间。

电子商务活动对物流的影响主要表现在以下几个方面。

1）电子商务改变了传统的物流观念

电子商务作为新兴的商务活动，为物流创造了一个虚拟的运动空间。在电子商务下，人们在进行物流活动时，物流的各种职能及功能可以通过虚拟化的方式表现出来，在这种虚拟化的过程中，人们可以通过各种组合方式寻求物流的合理化，使商品实体在实际的运动过程中达到效率最高、费用最省、距离和时间最短。

2）电子商务改变了物流的运作方式

首先，电子商务可使物流实现网络的实时控制。传统的物流活动不管是以生产为中心，还是以成本或利润为中心，其实质都是以商流为中心，从属于商流活动，物流是紧紧伴随着商流的（尽管其也能影响商流的运动）。在电子商务下，物流的运作是以信息为中心的，信息不仅决定了物流的运动方向，也决定了物流的运作方式。在实际运作过程中，通过网络上的信息传递，可以有效地对物流实施控制，实现物流的合理化。

其次，网络对物流的实时控制是针对整体物流进行的。在传统的物流活动中，虽然也可以利用计算机对物流进行实时控制，但这种控制是以单个的运作方式来进行的。比如，在实施计算机管理的物流中心或仓储企业中，计算机管理信息系统大都以企业自身为中心来管理物流。而在电子商务时代，网络全球化的特点可使物流在全球范围内实施整体的实时控制。

3）电子商务改变了物流企业的经营形态

（1）电子商务改变了物流企业对物流的组织和管理。

在传统经济条件下，物流往往是从某一企业的角度进行组织和管理的，而电子商务则要求物流从社会的角度实行系统的组织和管理，以打破传统物流的分散状态。这就要求企业在组织物流的过程中，不仅要考虑本企业的物流组织和管理，更要考虑全社会的整体物流系统。

（2）电子商务改变了物流企业的竞争状态。

在传统经济活动中，物流企业之间存在激烈的竞争，这种竞争往往依靠本企业提供优质服务、降低物流费用等来进行。在电子商务时代，这些竞争依然存在，但有效性却大大降低。原因在于，电子商务需要全球性的物流系统来保证商品实体的合理流动，对于一个企业来说，即使它的规模再大，也难以达到这一要求。这要求物流企业联合起来，形成协同竞争的状态，在实现物流的高效化、合理化、系统化的前提下相互竞争。

4）电子商务促进了物流基础设施的改善和物流技术与物流管理水平的提高

（1）电子商务促进了物流基础设施的改善。

电子商务高效率和全球性的特点，要求物流也必须达到这一目标。而物流要达到这一目标，良好的交通运输网络、通信网络等基础设施是最基本的保证。

（2）电子商务促进了物流技术的进步。

物流技术主要包括物流硬件技术和物流软件技术。物流硬件技术是指在组织物流的过程中所需的各种材料、机械和设施等，物流软件技术是指组织高效率的物流所需的计划、管理、评价等方面的技术和管理方法。从物流环节来考察，物流技术包括运输技术、保管技术、装卸技术、包装技术和加工技术等。物流技术水平的高低是影响物流效率高低的重要因素，要建立一个适应电子商务运作的高效率的物流系统，必须加快提高物流的技术水平。

（3）电子商务促进了物流管理水平的提高。

物流管理水平的高低直接决定了物流效率的高低，也影响着电子商务效率的提高。只有提高物流管理水平，建立科学合理的管理制度，将科学的管理手段和方法应用于物流管理中，才能确保物流的畅通，实现物流的合理化和高效化，促进电子商务的发展。

5）电子商务对物流人才提出了更高的要求

电子商务要求物流管理人员具有较高的物流管理水平和较丰富的电子商务知识，并在实际的运作过程中能有效地将二者有机地结合在一起。

物流人才需要解放思想，更新观念。电子商务与传统商务的差异较大，这种差异使支持商务活动的物流也发生了较大的变化。这就要求人们必须改变传统商务活动下对物流的看法和观念，解放思想，充分认识电子商务对物流的影响以及进行物流变革和再构造的重要性和必要性。在中国物流的再构造过程中，需重视以下几个方面的问题：

（1）认识物流变革和再构造的重要性和必要性。电子商务对物流的影响，不是对物流的彻底否定，而是使物流更加合理化、高效化和现代化，拓展了物流的时间和空间范围。只有有效地对传统物流进行变革和再构造，才能使物流获得更大的发展。

（2）认识物流的再构造。物流的再构造，并不是对原有物流系统的否定，而是使物流系统升华。在进行物流的再构造时，要合理有效地利用现有的物流系统，改造其不合理的部分，使其更加合理、有效。

（3）加强物流系统的建设。在适当的情况下，增加投资，使整个社会的物流系统更加完善。在具体运作时，要避免以下两种片面的做法：一是认为现有的物流系统完全可以适应电子商务发展的需要，而不加以改进；二是完全否定现有的物流系统而弃之不用，在全国范围内大量投资，新建大量的物流网点。

（4）建设一支良好的员工队伍。由于历史等各方面的原因，中国物流行业现有的从业人员的计算机水平普遍较低，大部分人员对电子商务还不了解，这为物流适应电子商务的发展带来了困难。我们要在加强自身学习的同时，起积极的模范带头作用，坚定员工的信念和信心，为电子商务的发展建设一支良好的员工队伍。

2. 电子商务下物流的特点

电子中介作为一种工具被引入生产、交换和消费中，人类进入电子商务时代。在电子商务时代，贸易的顺序并没有改变，但进行交流和联系的工具变了，此时的信息流处于极为重要的地位，它贯穿于商品交易过程的始终，在一个更高的位置对商品流通的整个过程进行控制，记录整个商务活动的流程，是分析物流、导向资金流、进行经营决策的重要依据。

电子商务给全球物流带来了新的发展，使物流具备了一系列新的特点。

1）信息化

物流信息化是电子商务的必然要求。物流信息化表现为物流信息的商品化、物流信息收集的数据库化和代码化、物流信息处理的电子化和计算机化、物流信息传递的标准化和实时化、物流信息存储的数字化等。因此，条形码（Bar Code）、数据库（Database）、电子订货系统（Electronic Ordering System，EOS）、电子数据交换（Electronic Data Interchange，EDI）、快速反应（Quick Response，QR）及有效的客户反映（Effective Customer Response，ECR）、企业资源计划（Enterprise Resource Planning，ERP）等技术与观念在我国的物流中将得到普遍的应用。信息化是一切的基础，没有物流的信息化，任何先进的技术和设备都不可能应用于物流领域，信息技术及计算机技术在物流中的应用将会彻底改变世界物流的面貌。

2）自动化

自动化的基础是信息化，自动化的核心是机电一体化，自动化的外在表现是无人化，自动化的效果是省力化，自动化可以扩大物流作业能力，提高劳动生产力，减少物流作业的差错等。物流自动化的设施非常多，如条码/语音/射频自动识别系统、自动分拣系统、自动存取系统、自动导向车、货物自动跟踪系统等。这些设施在发达国家已普遍用于物流作业流程，而我国的物流业起步晚，发展水平低，自动化技术的普及还需要相当长的时间。

3）网络化

网络化的基础也是信息化。这里的网络化有两层含义。一是物流配送系统的计算机通信网络，包括物流配送中心与供应商或制造商的联系要通过计算机网络，另外与下游顾客之间的联系也要通过计算机网络通信，比如物流配送中心向供应商提出订单这个过程，就可以使用计算机通信方式，借助于增值网（Value-Added Network，VAN）上的电子订货系统（EOS）和电子数据交换（EDI）自动实现，在物流配送中，通过计算机网络收集下游客户订货单的过程也可以自动完成。二是组织的网络化，即企业内部网。比如，我国台湾的电脑业在20世纪90年代创造出了"全球运筹式产销模式"，这种模式的基本点是按照客户订单组织生产，采取分散形式生产，即将全世界的电脑资源都利用起来，采取外包的形式将一台电脑的所有零部件外包给世界各地的制造商去生产，然后通过全球的物流网络将这些零部件发往同一个物流配送中心进行组装，由该物流配送中心将组装后的电脑迅速发给客户。这一过程需要高效的物流网络的支持，当然物流网络的基础是信息技术和计算机网络。

4）智能化

智能化是自动化、信息化的高层次应用，物流作业过程中大量的运筹和决策，如库存水平的确定、运输（搬运）路径的选择、自动导向车的运行轨迹和作业控制、自动分拣机的运行、物流配送中心经营管理的决策支持等问题都需要借助大量的知识才能解决。在物流自动化的进程中，物流智能化是不可回避的技术难题。专家系统、机器人等相关技术在国际上已经有比较成熟的研究成果。为了提高物流现代化的水平，物流智能化已成为电子商务下物流发展的新趋势。

5）柔性化

柔性化本来是为实现"以顾客为中心"理念而在生产领域中提出的，柔性化即根据消费者需求的变化来灵活调节生产工艺，没有配套的柔性化的物流系统是不可能达到这个目的的。20 世纪 90 年代，国际生产领域纷纷推出弹性制造系统（Flexible Manufacturing System，FMS）、计算机集成制造系统（Computer Integrated Manufacturing System，CIMS）、制造资源系统（Manufacturing Requirement Planning，MRP）、企业资源计划以及供应链管理等概念和技术，这些概念和技术的实质是将生产、流通进行集成，根据需求端的需求组织生产，安排物流活动。因此，柔性化的物流正是适应生产、流通与消费的需求而发展起来的一种新型物流模式。这就要求物流配送中心要根据消费需求"多品种、小批量、多批次、短周期"的特色，灵活组织和实施物流作业。

另外，物流设施、商品包装的标准化，物流的社会化、共同化也都是电子商务下物流的新特点。

3. 电子商务下物流业的发展趋势

在电子商务时代，企业销售范围的扩大、企业和商业销售方式及最终消费者购买方式的转变，使送货上门等业务成为一项极为重要的服务业务，促使了物流行业的兴起。物流行业即能完整提供物流机能服务，以及运输配送、仓储保管、分装包装、流通加工等以收取报偿的行业。电子商务下物流业的有以下发展趋势。

1）物流业向多功能化的方向发展

在电子商务时代，随着物流发展水平的不断提高，物流发展到集约化阶段，随着现代物流发展战略的逐步深入，物流活动的规模不断扩大，物流服务市场的竞争也日益激烈。一体化配送中心不仅提供仓储和运输服务，还必须开展配货、配送和各种提高附加值的流通加工服务项目，还要按客户的需要提供其他服务。现代供应链管理通过从供应者到消费者的供应链运作，使物流达到最优化。企业追求全面的、系统的综合效果，而不是单一的、孤立的片面观点。作为一种战略理念，供应链也是一种产品，而且是可增值的产品，其目的不仅是降低成本，更重要的是提供客户期望以外的增值服务，以产生和保持竞争优势。从某种意义上讲，供应链是物流系统的充分延伸，是产品与信息从原料到最终消费者之间的增值服务。

当前供应链系统完全适应了物流业客户经营理念的全面更新。以往商品经由制造、批发、仓储、零售各环节间的多层复杂途径，最终到消费者手里。而现代物流业已简化为由制造商直接经物流企业直接配送到各零售点。现代物流使未来的产业分工更加精细，产销分工日趋专业化、一体化，有效地提高了社会的整体生产力和经济效益，使物流业成为整个国民经济活动的中心。在当前电子商务快速发展的阶段出现了许多新技术，如准时制工作法和销售时点信息管理系统，商店将销售情况及时反馈给厂商的物流配送中心，有利于厂商按照市场调整生产，通过配送中心调整配送计划，力求效益的最大化。

2）物流企业要提供一流的服务

在电子商务时代，物流企业是介于供货方和购货方之间的第三方，以服务作为第一宗旨。从当前物流的现状来看，物流企业不仅要为本地区服务，而且还要作长距离的服务。客户不但希望得到很好的服务，而且希望服务点不是一处，而是多处。应该看到，配送中心离客户最近，联系最密切，商品是通过它送到客户手中的。美、日等国物流企业成功的要诀，就在于它们都十分重视客户服务的研究。

应在概念上变革，由"推"到"拉"。配送中心应更多地考虑客户的要求，从这层意义讲，它是"拉"，而不是仅仅考虑"我能为客户提供哪些服务"，即"推"。如有的配送中心起初提供的是区域性的物流服务，以后发展到提供长距离服务，而且能提供越来越多的服务项目。又如配送中心派人到生产厂家"驻点"，直接为客户发货。越来越多的生产厂家把所有物流工作全部委托给配货中心，从根本意义上讲，配送中心的工作已延伸到生产厂家。

配送中心不仅与生产厂家保持紧密的伙伴关系，而且直接与客户联系，能及时了解客户的需求，并沟通生产厂家和客户双方，起着桥梁的作用。如美国普雷兹集团公司（APC）是一个以运输和配送为主的庞大公司，它不仅为货主提供优质的服务，而且具备运输、仓储、进出口贸易等一系列知识，深入研究货主企业的生产经营发展流程并提供全方位系统服务。这一方面有助于货主企业的产品迅速进入市场，提高竞争力；另一方面则使物流企业有稳定的资源。对物流企业而言，服务质量和服务水平正逐渐成为比价格更为重要的因素。

3）电子商务物流的必由之路是信息化

在电子商务时代，要提供最佳的服务，物流系统必须有良好的信息处理和传输系统。美国洛杉矶西海报关公司与码头、机场、海关联网。当商品从世界各地起运时，客户便可以从该公司获得商品到达的时间、到泊（岸）的准确位置，使收货人与各仓储、运输公司等做好准备，使商品在几乎不停留的情况下快速流动，直达目的地。又如，美国干货储藏公司（D.S.C）有200多个客户，每天接受大量的订单，需要很好的信息系统。为此，该公司编制了计算机程序，使大量的信息可迅速输入、传输，各子公司也是如此。再如，美国橡胶公司（USCO）的物流分公司设立了信息处理中心，接受世界各地的订单，IBM公司只需按动键盘，即可接通USCO订货，通常在几小时内便可把货物送到客户手中。良好的信息系统能提供极佳的信息服务，赢得客户的信赖。

大型的配送公司往往建立了ECR和JIT（即时服务）系统。所谓ECR（Efficient Customer Response），即有效客户信息反馈，它是至关重要的。有了它，就可以做到客户要什么就生产什么，而不是生产出东西等客户来买。这使仓库的吞吐量大大增加。通过JIT系统，可以从零售商店很快地得到销售反馈信息。配送不仅实现了内部的信息化、网络化，而且增加了配送货物的跟踪信息，从而大大提高了物流企业的服务水平，降低了成本。成本降低，竞争力便增强了。

在电子商务时代，商品与生产要素在全球范围内以空前的速度自由流动。电子数据交换技术与国际互联网的应用，使物流效率的提高更多地取决于信息管理技术，电子计算机的普遍应用提供了更多的需求和库存信息，提高了信息管理的科学化水平，使产品流动更加容易和迅速。物流信息化包括商品代码和数据库的建立、运输网络的合理化、销售网络的系统化和物流中心管理的电子化等。可以说，没有现代化的信息管理，就没有现代化的物流。

4）物流企业竞争的趋势将全球化

20世纪90年代早期，电子商务的出现加速了全球经济的一体化，使物流企业的发展多国化。各企业从许多不同的国家收集所需要的资源，再加工后向各国出口，如前面提及的我国台湾的电脑业。

全球化的物流模式使企业面临着新的问题。例如，当北美自由贸易区协议达成后，其物流配送系统不仅面临从东部到西部的配送问题，还面临从北部到南部的配送问题。这里面有仓库建设问题，也有运输问题。另外一个困难是较难找到素质较好、水平较高的管理人员，因为有大量牵涉合作伙伴的贸易问题，如日本在美国开设了很多分公司，而两国存在着不小的差异，势必会碰到如何管理的问题。

物流企业还面临着信息共享问题。很多企业有不少企业内部的秘密，物流企业很难与之打交道，因此，如何建立信息处理系统，以及时获得必要的信息，对物流企业来说是个难题。同时，在将来的物流系统中，能否尽快将货物送到客户手里是提供优质服务的关键。同时，客户还在考虑所花费用与所得到的服务是否相称，是否合适。

全球化战略的趋势，使物流企业和生产企业更紧密地联系在一起，形成了社会大分工。生产企业集中精力制造产品、降低成本、创造价值；物流企业则花费大量时间、精力从事物流服务。物流企业的满足需求系统比原来更进步了。

总之，物流体系的完善将会进一步推动电子商务的发展。

拓展思考：
智慧物流与城市配送服务。

思考题：
1. 电子商务与物流供应链的关系是怎样的？
2. 物流服务在电子商务中的主要作用有哪些？

拓展训练：
运用网络工具收集电子商务企业成功做好物流或物流企业成功做好电子商务的资料，运用所学电子商务与物流关系的知识进行分析，并提交分析报告。

1.3.3 案例分析

下面介绍敦豪环球速递（DHL Worldwide Express）。

1) **基本情况**

敦豪环球速递是世界上最大、经验最丰富的国际快递公司，服务范围覆盖233个国家和地区的635 000个目的地。敦豪环球速递的2 300个办公室支持公司覆盖世界范围内的业务。这其中的2/3以上由敦豪环球速递自己拥有和操作，远远超过快递业的任何其他公司。这正是敦豪环球速递的主要优势，它不像其他公司使用外国的第三方代理。敦豪环球速递还是得到140多个国家授权的报关行。这些优点的结果是更快的转口时间、精简的出口结关、有效的跟踪装运、简化的收费流程。

敦豪环球速递这一无与伦比的全球性系统，包含34个集线器和275个网关。整个运营网络由在美国的101架飞机和世界范围内的222架飞机组成的一支现代化的编队组成。除了自己的飞机，敦豪环球速递也雇用商业航空公司运送货物。这样DHL通过采用到达目的地最快的方式来提高自身的灵活性。

2) **DHL CONNECT 的功能**

敦豪环球速递提供的软件 DHL CONNECT™ 可以帮助货主应付许多特别的国际装运业务。

DHL CONNECT 的功能如下：

（1）打印空白的空运货单。
（2）自动准备必要的海关文档：
①商业发票；
②产地证明书；
③货主的出口申报单；

④加拿大海关发票；
⑤北美自由贸易协定的产地证明书。
（3）读取时间表。
（4）生成与 Symantec Act!®、Microsoft Outlook® 和 Lotus Organizer® 集成的货主的地址簿。
（5）跟踪敦豪环球速递、联邦快递、UPS 快递和 Airbome 公司的装运。
（6）提供装运报告。
（7）计算装运费率。
（8）自动分配敦豪环球速递路由（国际空运协会）编码。
（9）连接相关站点，给敦豪环球速递发送电子邮件。
（10）通过电子邮件给装运接受者发送预告信息。
（11）生成报告。
DHL 中国的主页如图 1-7 所示。

图 1-7　DHL 中国的主页

项目小结

通过本项目相关任务的学习，要求学生了解电子商务作为一个新兴的商务活动，为物流创造了一个虚拟的运动空间。本项目从电子商务和物流的概念入手，分别介绍了其发展历程和分类及发展情况，并从电子商务与物流之间的关系出发，阐述了物流是电子商务的重要组成部分，以及电子商务下物流的特征和物流的发展趋势。通过本项目的学习，学生应能够理解物流在电子商务活动中的地位和作用以及电子商务物流的特征。

教学建议：建议本项目讲授6课时，其中实验4课时。

【推荐研究网址】

1. http://www.1688.com　　　　　阿里巴巴网
2. http://www.zczy56.com　　　　中储智运
3. http://www.shunguang.com　　　海尔商城
4. http://www.suning.com　　　　苏宁易购

习题与思考

一、思考题

1. 电子商务对物流有哪些影响？在电子商务下应如何发展物流？
2. 简述电子商务物流的含义。电子商务物流的服务内容有哪些？
3. 简述电子商务物流的特点。
4. 为什么说物流是电子商务发展的瓶颈？

二、上机实训题

通过百度或其他工具搜索第三方物流企业。客户认为中国最大的3PL企业是哪家？它的竞争优势有哪些？还存在哪些问题？浅谈电子商务对其有何影响。

电子商务物流基础理论

知识目标

（1）了解电子商务物流的基础知识。
（2）了解电子商务物流系统的模式。
（3）掌握电子商务物流系统各环节的功能。

能力目标

（1）了解电子商务物流系统合理化的途径。
（2）学会对电子商务物流系统进行分析和评价。
（3）学会运用电子商务物流系统功能，合理开展包装、运输、装卸、储存和流通加工等一系列活动。

项目任务

任务一　电子商务物流系统合理化的途径
任务二　电子商务物流系统的模式
任务三　电子商务物流系统各环节的功能

任务导入案例

洋山深水港

距离地面最高点近 90 m、起升高度近 50 m 的全自动化桥吊能按照设定好的程序自动运行，实现全自动化生产。整个码头上几乎看不到人，全由系统自动调度。运用全自动化的系统、设备后，作业效率提高了 30% 以上。船靠岸后，计算机会自动安排作业时间点，系统提前通知无人转运车到达位置。计算机根据卸船计划实时计算路径，无人转运车按照计算机规划的行驶路径前往堆场，整个计划可以精确到秒级。主要装卸环节均实现全电力驱动。洋山四期自动化码头的核心技术完全依靠自主研发。码头泊位岸线长近 2 800 m，设置 7 个泊位，设计年通过能力为 630 万标准箱。

任务一 物流与电子商务物流系统

2.1.1 物流概述

1. 物流的定义

不同国家、地区的组织,从不同的角度对物流有不同的定义,见表2-1。

表2-1 不同国家、地区的组织对物流的不同定义

不同国家、地区的组织	物流的定义
美国物流管理协会	物流是高效、低成本地将原材料、在制品、产成品等由始发地向消费地进行储存和流动,并对与之相关的信息流进行规划、实施和控制,以满足用户需求的过程
欧洲物流协会	物流是在系统内对人员或货物的运输、安排及与此相关的支持活动的计划、执行与控制,以达到特定的目的
日本日通综合研究所	物流是物质资料从供应者向需要者的物理性移动,是创造时间性、场所价值的经济活动。从物流的范畴看,其包括包装、装卸、保管、库存管理、流通加工、运输、配送等多种活动
加拿大物流管理协会	物流是对原材料、在制品库存、产成品及相关信息从起源地到消费地的有效率的、有效益的流动和储存进行计划、执行和控制,以满足顾客要求的过程
中国科学技术部、国家市场监督管理总局、物流与采购联合会	2001年4月正式颁布《物流术语》,并于2001年8月1日起实施。中国的物流术语标准将物流定义为:物流是物品从供应地向接收地的实体流动过程,根据实际需要,将运输、储存、装卸、搬运、包装、流通加工、配送、信息处理等功能有机结合起来满足用户的要求

综合以上多种定义,采用我国在《物流术语》中对物流的定义,即物流是物品从供应地向接收地的实体流动过程,根据实际需要,将运输、储存、装卸、搬运、包装、流通加工、配送、信息处理等功能有机结合起来满足用户的要求。

2. 物流的分类

社会经济领域中的物流活动无处不在,对于各个领域中的物流,虽然其基本要素都存在并且相同,但由于物流在供应链中的作用不同,物流活动的主题不同,物流活动覆盖的范围、范畴不同,物流系统的性质不同,形成了不同的物流类型。主要的分类方法有以下几种。

1) 按物流在供应链中的作用分类

供应链是在生产及流通过程中,为了提高效率和降低成本,提供产品及服务的上、下游企业所形成的网络组织。供应链中的物流活动应按照专业化原则进行组织,可以有不同类型的物流。

(1) 生产物流。生产物流是指企业生产过程中发生的涉及原材料、在制品、半成品、产成品等的物流活动。生产物流是制造产品的企业所特有的。原材料及半成品等按照工艺流

程在各个加工点之间不停地流动,形成了生产物流。

(2)销售物流。销售物流是指生产企业、流通企业出售商品时,物品在供方与需方之间的实体流动,即物资的生产者或持有者到用户或消费者之间的物流。其对于工业企业是指售出产品;对于流通企业是指交易活动中从卖方角度出发的交易行为中的物流。

(3)供应物流。为生产企业、流通企业或消费者购入原材料、零部件或商品的物流过程称为供应物流,也就是商品生产者、持有者及使用者之间的物流。对生产企业而言,供应物流需将原材料配给工厂,其客户是工厂,处理的对象是生产商品所需的原材料和零部件。对于流通领域而言,供应物流是指在为商品配置而进行的交易活动中,从买方角度出发的交易行为中所发生的物流。

(4)回收物流。回收物流是指不合格物品的返修、退货以及周转使用的包装容器从需方返回到供方所形成的物品实体流动。

(5)废弃物物流。废弃物物流是指将经济活动中失去原有价值的物品,根据实际需要进行收集、分类、加工、包装、搬运、储存等,并分送到专门处理场所时形成的物品实际流动。

2)按物流活动的承载主体分类

按物流活动的承载主体,物流可以划分为专业子公司物流、企业自营物流和第三方物流。

(1)专业子公司物流。其一般是从企业传统物流运作功能中剥离出来,成为一个独立运作的专业化实体。它与母公司或集团之间的关系是服务与被服务的关系。它以专业化的工具、人员、管理流程和服务为母公司提供专业化的物流服务。

(2)企业自营物流。在计划经济体制下,大多数企业都采用"以产定销"的经营方式,因此其物流运作的规模、批量、时间都是在计划指导下进行的,企业自备车队、仓库、场地和人员等。自给自足的企业自营物流成为传统企业物流的主体。

(3)第三方物流。第三方物流是指企业为了更好地提高物流运作效率及降低物流成本,将物流业务外包给第三方物流公司的做法。第三方物流企业提供的物流服务,有助于货主企业物流效率的提高和物流合理化。

3)按物流活动覆盖的范围分类

按物流活动覆盖的范围,物流可以划分为国际物流和区域物流。

(1)国际物流。国际物流是现代物流系统中发展很快、规模很大的一个物流领域,国际物流是伴随国际经济交往、贸易活动和其他国际交流所发生的物流活动。由于近十几年国际贸易的急剧扩大,国际分工日益深化,欧洲等地的一体化速度加快,国际物流成为现代物流研究的热点问题。

(2)区域物流。相对于国际物流而言,一个国家范围内的物流,一个城市的物流,一个经济区域内的物流都处于同一法律、规章和制度之下,都受相同文化及社会因素的影响,都处于基本相同的科技水平和装备水平之中,具有区域的特点。

在区域物流中,城市物流要研究的问题很多。例如,对于一个城市的发展,不但要直接规划物流设施及物流项目,例如公路、桥梁、物流园、仓库等,还要以物流为约束条件,规划整个市区,如工厂、住宅、车站和机场等。

在城市形成之后,整个城市的经济、政治、人民生活等也是以物流为依托的,所以,城市物流还要研究城市生产、生活所需商品如何流入、流出，如何以更有效的形式供应给工厂、机关、学校和家庭，城市巨大的耗费所形成的废物如何组织物流，等等。可以说城市物流的内涵十分丰富，很有研究价值。

4) 按物流活动的宏观性和微观性分类

按物流活动的宏观性和微观性，物流可以划分为宏观物流和微观物流。

(1) 宏观物流。宏观物流是指社会再生产总体的物流活动，即从社会再生产总体角度认识和研究的物流活动。这种物流活动的参与者是构成社会总体的大产业、大集团。

(2) 微观物流。微观物流是指消费者、生产者所进行的实际的、具体的物流活动。在整个物流活动中的一个局部、一个环节的具体物流活动也属于微观物流。在一个小地域空间发生的具体的物流活动也属于微观物流。

5) 按物流系统的性质分类

按物流系统的性质，物流可以划分社会物流和企业物流。

(1) 社会物流。社会物流是指以社会为范畴，面向社会的物流。这种社会性很强的物流是由专门的物流责任人承担的。社会物流的范畴是社会经济大领域。

(2) 企业物流。企业物流是指企业内部物品的实体流动。其从企业角度研究与之有关的物流活动，是具体的、微观的物流活动的典型领域。

3. 物流的基本功能

物流的基本功能是指物流系统所具有的基本能力，这些基本能力有效地组合便能合理地实现物流系统的总目标。物流系统的基本功能包括运输、包装、装卸搬运、储存、流通加工和配送。

(1) 运输功能。运输功能是物流的主要功能之一。运输是用设备和工具，将物品从一个地点向另一个地点运送的物流活动，其中包括集货、分配、搬运、中转、装入、卸下和分散等一系列操作。运输的形式主要有铁路运输、公路运输、水上运输、航空运输和管道运输等。物流的运输功能是为客户选择可以满足需要的运输方式，然后具体组织网络内部的运输作业，在规定的时间内将客户的商品运抵目的地。

(2) 包装功能。包装包括产品的出厂包装，生产过程中制成品和半成品的包装以及物流过程中换装、分装、再包装等活动。包装作业的目的不是改变商品的销售包装，而是通过对销售包装进行组合、拼配和加固，形成适合物流和配送的组合包装单元。对包装活动的管理应根据物流方式和销售要求来确定。

(3) 装卸搬运功能。装卸搬运是为了加快商品在物流过程中的流通速度而必须具备的功能，包括对运输、存储、包装和流通加工等物流活动进行衔接的活动，以及在存储等活动中为进行检验、维护和保养所进行的装卸和搬运活动。装卸搬运分为装卸和搬运。装卸是指在指定地点以人力或机械将商品装入运输设备或从运输设备上卸下。它是一种以垂直方向移动为主的物流作业。搬运是指在同一场所内，对商品进行以水平方向移动为主的物流作业。

(4) 储存功能。储存是指保护、管理和储藏物品，具有时间调整和价格调整的功能。它的重要设施是仓库，在商品入库信息的基础上进行在库管理。储存包括堆放、保管、保养和维护等活动。专业物流中心需要配备高效率的分拣、传送、储存和挑拣设备。

(5) 流通加工功能。流通加工是商品从生产地到使用地的过程中，根据需要所施加的包装、分割、计量、分拣、刷标志、贴标签和组装等简单作业的总称。

（6）配送功能。配送是以配货、送货和发货等形式最终完成社会物流，并最终实现资源配置的活动。配送作为一种现代流通方式，在电子商务物流中的作用非常突出。

2.1.2 电子商务物流系统

1. 电子商务物流系统概述

1）电子商务物流系统的含义和现代物流系统三要素

（1）电子商务物流系统的含义。

它是指在实现电子商务特定过程的时间范围和空间范围内，由所需位移的商品或物资、包装设备、装卸搬运机械、运输工具、仓储设施、人员和卫星定位技术以及地理信息系统等若干个相互制约的动态要素所构成的具有特定功能的有机整体。

（2）现代物流系统三要素。

①功能要素：是指物流系统所具有的基本能力，这些基本能力有效地组合在一起，便能合理、有效地实现物流系统的总目的。

②支撑要素：系统的建立需要许多支撑手段，尤其是处于复杂的社会经济系统中，要确定物流系统的地位，要协调它与其他系统的关系，这些要素必不可少。主要包括体制、制度、法律、规章、行政、命令和标准化系统。

③物质基本要素：物流系统的建立和运行，需要大量的技术装备手段，这些手段的有机联系对物流系统的运行有决定意义。该要素对实现物流系统的功能是必不可少的。

2）电子商务物流系统的功能及作用

（1）电子商务物流系统的功能。

电子商务物流系统是指在实现电子商务特定过程的时间和空间范围内，由所需位移的商品（或物资）、包装设备、装卸搬运机械、运输工具、仓储设施、人员和通信联系设施等若干相互制约的动态要素所构成的具有特定功能的有机整体。电子商务物流系统的目的是实现电子商务过程中商品（或物资）的空间效益和时间效益，在保证商品满足供给需求的前提下，实现各种物流环节的合理衔接，并取得最佳经济效益。电子商务物流系统既是电子商务系统中的一个子系统或组成部分，也是社会经济大系统的一个子系统。

与一般系统的功能一样，电子商务物流系统具有输入、转换和输出等功能。输入功能中，订单和货物信息跟踪功能较为重要。

（2）电子商务物流系统的作用。

其作用是实现电子商务过程中商品或物资的空间效益和时间效益，在保证商品满足供给需求的前提下，实现各种物流环节的合理衔接，并取得最佳效益，即减少生产企业的库存，加速资金周转，提高物流效率，从而提高整个社会的经济效益，促进市场经济的健康发展。

2. 电子商务物流系统合理化

1）电子商务物流系统合理化的意义

电子商务物流系统的各种功能是相互联系、相互作用的，只有整体考虑和综合管理电子商务物流系统的各子系统，才能有效地推动电子商务物流系统合理化。

（1）电子商务物流系统合理化可以确保电子商务企业业务活动的开展。其主要包括以下几方面：

①将商品或物资在交货期内准确地向客户配送。

②满足顾客的订货要求,不缺货、断货。
③合理配置仓库和配送中心的位置。
④实现运输、装卸和仓储的自动化、一体化。
⑤确保整个系统信息的通畅。

(2) 电子商务物流系统合理化可以降低物流成本和费用。对于电子商务企业来说,物流费用在整个成本中占很大的比例。

(3) 电子商务物流系统合理化可以合理地控制库存。库存控制是物流系统合理化的一项重要内容。库存控制的目的就是通过各种方法使电子商务企业在满足客户需求的前提下把库存控制在合理范围内。

2) 电子商务物流系统合理化的途径

对于电子商务企业,实现物流系统合理化的途径如下:

(1) 仓储合理化。所谓仓储合理化,是指建立合适的储存条件,对合适的储存品种进行合适的库存管理的复杂的系统工程。仓储合理化包括储存品种结构合理化、储存数量合理化和储存时间合理化。

(2) 运输合理化。运输是电子商务物流系统的重要组成部分,运输合理化对电子商务物流企业有非常重要的意义。运输合理化的途径有合理布局运输网络、选择最佳的运输方式、提高运送效率、发展社会化运输体系。

(3) 流通加工合理化。实现流通加工合理化主要考虑以下几方面:

①加工和配送结合。这是将流通加工设置在配送点中,一方面按配送需要进行加工,另一方面加工又是配送业务流程中分拣、拣货和配货之一环,加工后的产品直接投入配货作业。

②加工和配套结合。在对配套要求较高的流通中,配套的主体来自各个生产单位,但是完全配套又全部依靠现有的生产单位,进行适当的流通加工,可以有效促成配套,大大提高流通作为桥梁与纽带的能力。

③加工和合理化运输结合。利用流通加工,不进行支线运输转干线运输或干线运输转支线运输,而是按干线或支线运输的要求进行适当的加工,从而大大提高运输及运输转载水平。

④加工和商流结合。通过加工,提高配送水平,强化销售。

⑤加工和节约结合。节约能源、节约设备、节约人力和节约耗费是流通加工合理化重要的考虑因素,也是目前我国流通加工合理化的较普遍形式。

(4) 配送合理化。推行一定综合程度的专业化配送。通过采用专业设备、实施及操作程序,取得较好的配送效果,并降低配送过程中的复杂程序及难度。

任务二 电子商务物流系统的模式、分析与评价及特点

2.2.1 电子商务物流系统的模式

电子商务物流系统的模式主要指获取系统总效益最优化的适应现代社会经济发展的模式。

1. 国家与企业共同参与，建立电子化物流系统

形成全社会的电子化物流系统，需要政府和企业共同出资，政府要在高速公路、铁路、航空和信息网络等方面投入大量资金，以保证交通流和信息流的通畅，形成一个覆盖全社会的交通网络和信息网络，为电子商务物流提供良好的社会环境。

2. 第三方物流企业发展电子商务

电子商务是未来发展的趋势，电子商务发展的关键就在于物流。第三方物流企业发展电子商务有得天独厚的优势：第三方物流企业的物流设施力量雄厚，有一定的管理人才和管理经验，有遍布全国的物流渠道和物流网络，适应性强，能根据客观的经济需要提高物流技术力量，完成各项物流任务。电子商务集信息流、商流、资金流和物流四者于一身，第三方物流也一样。第三方物流企业具有物流网络的优势，在达到一定规模后，随着其业务沿着主营业务供应链上游延伸，第三方物流企业转而发展电子商务，有相当的经营优势。

3. 组建物流联盟，共建企业的电子商务物流系统

对于已经开展普通商务的公司，可以建立电子商务销售系统；同时可以利用原有的物流资源，承担电子商务的物流业务。拥有完整流通渠道的制造商或经销商开展电子商务业务，从专业分工的角度看，制造商的核心任务是商品开发、设计和制造，但越来越多的制造商不仅有庞大的销售网络，而且还有覆盖整个销售区域的物流配送网。制造商的物流设施普遍比专业物流企业的物流设施先进，这些制造商完全可以利用现有的物流网络和设施开发电子商务业务。

2.2.2 电子商务物流系统分析与评价

电子商务物流系统分析与评价是从对电子商务物流系统整体最优出发，在优化系统目标、确定系统准则的基础上，根据电子商务物流的目标要求，分析构成系统各级子系统的功能和相互关系，以及系统与环境的相互影响，寻求实现系统目标的最佳途径。分析时要运用科学的分析工具和计算方法，对系统的目的、功能、结构、环境、费用和效益等进行充分、细致的调查研究，收集、比较、分析和处理有关数据，建立若干拟订方案，比较和评价物流结果，寻求系统整体效益最佳和有限资源配置最佳的方案，为决策者提供科学依据。

1. 电子商务物流系统分析

1）电子商务物流系统分析的要素

（1）目的。物流系统分析人员的首要任务就是充分了解物流系统的目的和要求，同时还应明确物流系统的构成和范围。

（2）替代方案。应充分考虑实现系统目的的各种可行方案，从中选择最合理的。

（3）模型。模型是对实体物流系统的抽象描述。借助一定的模型，可有效地求得物流系统分析所需的参数。

（4）费用和效益。费用和效益是分析、比较和选择方案的重要根据。

（5）评价基准。评价基准一般根据物流系统的具体情况而定，费用和效益的比较是评价各个方案的基本手段。

2）电子商务物流系统分析的内容

电子商务物流系统分析主要包括两个方面的内容，即物流系统外部环境分析和物流系统内部分析。

(1) 物流系统外部环境分析。电子商务物流系统的外部环境非常复杂，物流与各种外部环境因素密切相关，离开外部环境研究电子商务物流系统是不可能的。

(2) 物流系统内部分析。电子商务物流系统内部分析的具体内容主要有：

①商品需求变化的特点、需求量和需求构成等。

②物流系统内部各个子系统的有关物流活动的数据，包括采购、运输和储存等。

③构成物流系统的新技术、新设备和新要求等。

④库存商品的数量、品种和产品质量情况等。

⑤运输能力的变化、运输方式的选择情况等。

⑥各种物流费用的占用和支出等。

2. 电子商务物流系统评价

1) 电子商务物流系统评价的原则

在对电子商务物流系统进行评价时应遵守以下原则：

(1) 保证系统评价的客观性。评价是为了决策，只有保证评价的客观性，才能实现决策的正确性。

(2) 保证系统方案的可比性。系统方案在保证实现电子商务物流系统的基本功能上要有可比性和一致性。

(3) 确保方案指标的系统性。评价指标是为了达到系统目标的目的，从系统众多的输出特性中选择的量化指标。评价指标具有评价标准和控制标准的双重功能，包括系统目标所涉及的一切方面，从而确保方案指标的系统性。

2) 电子商务物流系统评价的标准

对电子商务物流系统进行评价时要有一定的标准，以准确衡量出电子商务物流系统的实际运行情况。通常评价标准包括以下几个方面：经济性、可靠性、灵活性、安全性、易操作性和可扩展性。

3) 电子商务物流系统评价的方法

由于各个电子商务物流系统的结构不同、性能不同，因此评价的方法也不相同，必须根据各个系统的不同情况选择评价方法。

(1) 从评价因素的个数来分：单个因素评价和多数因素评价。

(2) 从时间来分：对物流现状进行系统分析，为系统调整、优化提供基础信息和思路；研究物流项目的可行性及其效益情况，为最终决策提供辅助信息。

(3) 从评价手段来分：定性分析评价、定量分析评价以及两者相结合的评价方法。

2.2.3 电子商务物流系统与传统物流系统的区别及其特点

1. 电子商务物流系统与传统物流系统的区别

电子商务物流系统与传统物流系统的区别在于，电子商务物流系统强调一系列电子化、机械化和自动化工具的应用，以及通过准确、及时的物流信息对物流过程的监督。它加强了物流的速度、物流系统信息的通畅和整个物流系统的合理化。电子商务交易的物流过程拥有畅通的信息流，它把相应的采购、运输、仓储、配送等业务活动联系起来，协调一致，提高物流的整体效率。

2. 电子商务物流系统的特点

电子商务物流系统定位在为电子商务的客户提供服务。它是对整个物流系统实行统一信息管理和调度。其按照用户的订货要求，在物流基地进行理货工作，并将配好的货物送交收货人。这种体系要求物流系统提高服务质量、降低物流成本及优化资源配置。为了实现这些目的，电子商务物流系统的特点是信息化、自动化、网络化、智能化、柔性化，见1.3.2节。

任务三　电子商务物流系统各环节的功能及电子商务物流模式

2.3.1　电子商务物流系统各环节的功能

1. 包装

1）包装的含义及功能

（1）包装的含义。

包装是指为在流通过程中保护商品、方便储运、促进销售，按一定技术方法而采用的容器、材料及辅助物等的总称，也指为了达到上述目的而在采用容器、材料和辅助物的过程中施加一定技术方法等的操作活动。

（2）包装的功能。

包装的功能主要有以下4个：

①保护商品。保护商品不受损伤是包装的一个重要功能。为了防止商品在空间位移和储存过程中因破碎、挥发、污染、渗漏等出现数量减少和质量变化，选用适宜的包装材料、采用相应的防护措施，从而起到保护商品的作用。

②方便物流。合理的包装材料、包装技术和包装标志等，不仅在整个物流过程中起到保护商品的作用，还有利于物流过程中安全装卸、合理运输和科学堆码等物流作业的顺序进行。

③促进商品的销售。商品的包装就是企业的面孔，是无声的推销员，精美的商品包装在一定程度上能促进商品的销售。

④方便消费。恰到好处的商品包装设计，可以方便消费者的使用，如便携式包装等。

2）包装的分类以及包装的材料

（1）包装的分类。

①按照包装目的，可分为运输包装和销售包装。运输包装又称为工业包装，是以保护产品、提高运输效率为主要目的的包装。销售包装又称为商业包装，是以促进产品销售为主要目的的包装。

②按照包装结构，可分为件装、外装和内装。件装是在每一个产品上所做的包装；外装是产品的外部包装，如箱装、袋装和桶装等；内装是介于外装和件装之间的包装，用于防止水分、湿气和日光的侵入，并防止同一外装的产品因相互摩擦、碰撞而受到的破坏。这种划分不是绝对的，有时可混合使用。

③按照包装器材的类别，可分为纸制品包装、塑料制品包装、木包装、金属包装、玻璃包装、陶瓷包装、草编包装及棉纺织品包装等。

④按照产品的属性，可分为食品包装、药品包装、服装包装、五金包装、化工产品包装和电子产品包装等。

⑤按照包装技术或方法，可分为防水包装、防潮包装、防锈包装、防虫包装、防鼠包装、通风包装、压缩包装、真空包装及耐寒包装等。

（2）包装材料。

①纸及纸制品。在包装材料中，纸的用途最为广泛，其品种也非常多，如牛皮纸、玻璃纸、植物羊皮纸、沥青纸和瓦楞纸板等。

②塑料及塑料制品。主要有聚乙烯、聚丙烯、聚苯乙烯、聚氯乙烯和钙塑材料。

③木材及木制品。几乎所有木材都可以作为包装材料，其具有牢固、抗压和抗振等特点。

④金属。主要有镀锡薄板、涂料铁和铝合金。目前在包装界使用较多的是可锻铁和金属箔等。

⑤玻璃。玻璃具有耐酸、耐热、耐磨、耐风化和不变形等特点，比较适合各种液体商品的包装。

⑥复合材料。复合材料是将两种及两种以上具有不同特性的材料复合在一起，以改进单一包装材料的性能，发挥包装材料的更多优点。

⑦绿色包装材料。绿色包装材料是包装材料发展的新趋势。

3）包装的保护技术及其应用

（1）防振保护技术。

防振包装又称缓冲包装，在各种包装方法中占有重要的地位。产品从生产出来到开始使用要经过运输、保管、堆码和装卸一系列过程，最后被置于一定的环境中。在任何环境中都会有力作用在产品之上，有可能使产品发生机械性损坏。

①全面防振包装方法。全面防振包装方法是指内装物和外装之间全部用防振材料填满进行防振的包装方法。

②部分防振包装方法。对于整体性好、有内装容器的产品，仅在产品或内装的拐角或局部使用防振材料进行衬垫即可。

③悬浮式防振包装方法。对于某些贵重易损的物品，为有效地保证其在流通过程中不被损坏，外装容器比较牢固，然后用绳、带和弹簧等将包装物悬吊在包装容器内。

（2）防破损保护技术。

缓冲包装有较强的防破损能力，因此也是防破损包装技术中有效的一类。此外还可以采取以下几种防破损保护技术：

①捆扎机裹紧技术。捆扎机裹紧技术是使杂货、散货形成一个牢固整体，增加整体性，以减少破损。

②集装技术。利用集装，减少外界与货体的接触，从而防止破损。

③选择高强度保护材料。通过外装材料的高强度来防止内装物因受外力作用而破损。

（3）封存包装技术。

封存包装技术主要有缓蚀油封存包装技术和气相缓蚀封存包装技术。

（4）防霉腐包装技术。

在运输包装内装运食品和其他有机碳水化合物时，货物表面可能生长霉菌，在流通过程中如遇潮湿，霉菌生长繁殖极快，甚至伸延至货物内部，使其腐烂、发霉、变质，因此要采取防护措施，通常是采用冷冻包装、真空包装或高温灭菌方法。

（5）防虫包装技术。

防虫包装技术，常用的是驱虫剂，即在包装中放入有一定毒性和气味的药物，利用药物在包装中挥发气体杀灭和驱除各种害虫。常用驱虫剂有樟脑精，也可采用真空包装、充气包装和脱氧包装等技术，使害虫无生存环境，从而防止害虫。

（6）危险品包装技术。

危险品有上千种，按其危险性，交通运输部门及公安消防部门将之分为十大类，即爆炸性物品、氧化剂、压缩气体和液化气体、自燃物品、遇水燃烧物品、易燃液体、易燃固体、毒害品、腐蚀性物品、放射性物品，有些物品会同时具有两种以上危险性。

①对有毒商品的包装要明显地标明有毒标志。防毒的主要措施是包装严密不漏、不透气。

②对有腐蚀性的商品，要注意商品和包装容器的材质发生化学变化。对金属类的包装容器，要在容器壁涂上涂料，防止腐蚀性商品对容器的腐蚀。

③对黄磷等易自燃商品，宜将其装入壁厚不小于 1 mm 的铁桶中，桶内壁必须涂耐酸保护层，桶内盛水，并使水面浸没商品，将桶口严密封闭。

④防爆炸包装的有效方法是采用塑料桶包装，然后将塑料桶装入铁桶或木箱中，每件净重不超过 50 kg，并应有自动放气的安全阀，当桶内达到一定气体压力时能自动放气。

4）包装合理化及其发展趋势

（1）包装合理化的含义及内容。

①包装合理化的含义。包装合理化包括：包装总体合理化，这种合理化往往用整体物流的效益与微观包装的效益来衡量；包装材料、包装技术、包装方式的合理组合及应用。

②包装合理化的内容。

a. 包装材料及包装容器应当安全无害。

b. 包装容量应当适中，便于物流作业。

c. 包装标志应当简单、醒目和清晰。

d. 包装费用应当与内装商品相适应。

e. 包装过程应当节省资源。

f. 包装物应当便于废弃物的治理，有利于环境保护。

（2）包装合理化应注意的问题。

①防止包装不足。由包装强度不足、包装材料不足等因素所造成的商品在流通过程中的耗损不可低估。根据我国相关统计分析，由此引起的损失一年可达 100 亿元以上。

②防止包装过剩。包装物强度设计过高、包装的保护材料选择不当造成包装过剩，这在发达国家表现尤为突出。

③防止包装成本过高。

（3）影响包装合理化的因素。

①产品设计。包装合理化应该从源头抓起，产品设计便是包装合理化的源头。传统的工业在产品设计时，往往主要考虑产品的质量、性能、款式、原材料、成本、大小以及紧凑性等。

②装卸。目前我国铁路运输，特别是汽车运输，大多采用手工装卸，因此包装的外形和尺寸要适合人工操作。

③保管。在确定包装时,应根据电子商务物流中商品或货物不同的保管条件和方式采用与之相适应的包装材料、包装容器和包装技术,以保护商品或货物的质量。

④运输。运输工具类型、运输距离、道路情况等对包装都有影响。我国现阶段存在多种不同类型的运输方式,如航空的直航与中转、铁路快运集装箱、包裹快件和行包专列等。不同的运输方式和运输工具对包装都有着不同的要求和影响。

⑤人格因素和环境保护要求。包装本身除了考虑物流因素外,还要考虑人格因素和环境保护要求。包装的商品要适合携带、陈列、拜访,要美观、大方,兼顾装饰性。

(4) 电子商务物流包装的发展趋势。

电子商务物流是商品的包装、装卸、保管、库存管理、流通加工、运输和配送等诸多活动的有机结合,形成完整的供应链,为用户提供多种功能和一体化的综合性服务。面对电子商务物流的迅速发展,对包装提出了新的要求。

①包装智能化。电子商务物流信息化发展和管理的一个基础条件就是包装的智能化,因为在电子商务物流活动过程中,信息大部分是靠包装传递的。也就是说,包装上信息不足或错误,将会直接影响电子商务物流中各种活动的进行。

②包装绿色化。从整个电子商务物流过程看,唯有包装这一环节依赖资源并影响生态环境。包装工业要消耗大量的资源,同时包装废弃物会导致环境污染。

③包装标准化。包装标准化包括包装规格尺寸标准化、包装工业产品的标准化和包装强度的标准化三个方面内容。

④包装方便化。方便功能是包装本身所应具有的,但电子商务物流活动中的配送、流通加工等环节对包装的方便性提出了更高的要求,即分装、包装的开启和再封合要简便。

⑤包装单元化。包装单元化包含两个方面:一是对物品进行单元化的包装,即将单件或散装物品,通过一定的技术手段,组合成尺寸规格相同、质量相近的标准"单元";二是围绕这些已经单元化的物流容器,它们的周边设备,包括工厂的工位器具的应用和制造也对应单元化技术,包括标准化的规格尺寸、模块化的制造技术和柔性化的应用技术。

⑥包装系统化。作为电子商务物流的一个组成部分,必须把包装置于电子商务物流系统中加以研究。

2. 装卸搬运

1) 装卸搬运的概念及特点

(1) 装卸搬运的概念。

装卸搬运从某种意义上来说包含两个不同的概念。所谓装卸,是指物资在空间上所发生的以垂直方向为主的位移;搬运是指物资在仓库范围内所发生的短距离的、以水平方向为主的位移。在同一地域范围内(如车站范围、工厂范围和仓库内部等),改变"物"的存放、支撑状态的活动称为装卸,改变"物"的空间位置的活动称为搬运,两者合称装卸搬运。

(2) 装卸搬运的特点。

①装卸搬运是附属性、伴生性活动。装卸搬运是每一物流项活动开始及结束时必然发生的活动,有时被看作其他操作不可缺少的组成部分。例如,一般所说的"汽车运输"实际就包含相伴随的装卸搬运,仓库中泛指的保管活动也包含装卸搬运活动。

②装卸搬运是支持性、保障性活动。装卸搬运的附属性不能理解成被动的,实际上,装卸搬运对其他物流活动有一定的决定性。装卸搬运会影响其他物流活动的质量和速度,例

如，装车不当会引起运输过程中的损失。

③装卸搬运是衔接性活动。物流活动的过渡都以装卸搬运来衔接，因此，装卸搬运往往成为整个物流的"瓶颈"，是物流各功能之间能否形成有机联系和紧密衔接的关键，建立一个有效的物流系统，关键看这一衔接是否有效。

2) 装卸搬运的分类

（1）按装卸搬运施行的物流设施、设备对象分类。

按装卸搬运施行的物流设施、设备对象分类，可分为仓库装卸、铁路装卸、港口装卸、汽车装卸和飞机装卸等。仓库装卸配合出库、入库、维护保养等活动进行，并且以堆垛、上架和取货等操作为主。

①铁路装卸是对火车车皮的装进及卸出，其特点是以此作业可以实现整车皮的装进和卸出，而不像仓库装卸时会出现整装零卸或零装整卸的情况。港口装卸既包括码头前沿的装船，也包括后方的支持性装卸搬运，有时港口装卸还可以采用小船在码头与大船"过驳"的方法，因此其装卸流程较为复杂，往往经过几次的装卸搬运作业才能实现船与陆地之间货物过渡的目的。

②汽车装卸一般装卸批量不大，汽车装卸的灵活性可以减少或根本减去搬运活动，而直接、单纯利用装卸作业达到车与物流设施之间货物过渡的目的。

（2）按装卸搬运的机械及机械作业方式分类。

按装卸搬运的机械及机械作业方式可分成使用吊车的"吊上吊下"方式，使用叉车的"叉上叉下"方式，使用半挂车或叉车的"滚上滚下"方式、"移上移下"方式及散装方式等。

（3）按被装物的主要运行形式分类。

按被装物的主要运行形式分类，可分为垂直装卸和水平装卸两类。

（4）按装卸搬运对象分类。

按装卸搬运对象分类，可分为散装货物装卸、单件货物装卸和集装货物装卸等。

（5）按装卸搬运的作业特点分类。

按装卸搬运的作业特点分类，可分为连续装卸和间歇装卸两类。

3. 运输

1) 运输的概念与功能

运输是电子商务物流活动最主要的功能，它创造了空间价值和时间价值，是电子商务物流活动中最主要的增值活动。

（1）运输的概念。

运输是指人和物的载运及输送。本书中专指物的载运及输送。它是在不同的地域范围之间，以改变物的空间位置为目的的活动，即对物进行空间位移。

（2）运输的功能。

①运输可以实现物品的空间转移。

②运输可以创造物品的空间效用和时间效用。

③运输可以扩大电子商务物流企业的市场范围。

④运输可以促进物价的稳定。

⑤运输可以促进社会分工的发展。

⑥短时间存放物品。

对物品进行临时储存是一个特殊的运输功能,即将运输车辆临时作为相当昂贵的储存设备。如果转移中的物品需要储存,但在短时间内又将重新转移的话,那么该物品在仓库卸下和装上去的成本也许会超过储存在运输工具中的费用。

2）运输方式

(1) 运输方式的分类。

运输方式是指以运输工具和运输线路为标志的各种交通运输类型的统称。其主要按运输设备及运输工具的不同分类:

①公路运输。这是主要使用汽车,也使用其他车辆在公路上进行货运的一种方式。公路运输主要承担近距离、小批量的货运,水运、铁路运输难以到达地区的长途运输及铁路、水路运输难以发挥优势的短途运输。

②铁路运输。这是使用铁路列车运送货物的一种方式。铁路运输主要是承担长距离、大数量的货运,在没有水运条件的地区,几乎所有大批量货物都依靠铁路运输,它是在干线运输中起主力运输作用的运输形式。铁路运输的优点是速度快、不受自然条件的限制、载运量大、成本低。

③水路运输。这是使用船舶运送货物的一种运输方式。水路运输主要承担大数量、长距离的运输,是在干线运输中起主力作用的运输形式。水路运输的主要优点是成本低、能进行大批量、远距离的运输。

④航空运输。这是使用飞机或其他航空器进行运输的一种形式。航空运输的单位成本很高,因此主要适合运载两类货物:一类是价值高、运费承担能力很强的货物,如贵重设备的零部件、高档产品等;另一类是紧急需要的物资,如救灾抢险物资等。

⑤管道运输。这是利用管道输送气体、液体和粉末状固体的一种运输方式,其是靠物体在管道内顺着压力方向循序移动实现的。管道运输和其他运输方式的重要区别在于,管道设备是静止不动的。管道运输的主要优点是,由于采用密封设备,在运输过程中可避免散失、丢失等损失,也不存在其他运输设备本身在运输过程中消耗动力所产生的无效运输问题。

(2) 运输方式的定性分析法。

一个现代的综合运输体系是由以上5种主要的运输方式以及各种相互适应的配套设施组成的。每一种运输方式都有各自的特点和竞争优势。定性分析就是根据5种运输方式的主要特征作出判定:运输速度、运输工具的容量和线路、运输能力、运输成本、环境影响。定性分析的特点是简单、实用。

①铁路运输的选择。根据铁路运输的批量大、范围广、运输速度较快、运输费用较低、受气候影响很小等特点,铁路运输比较适合大宗、笨重物资和杂件货物的中长途运输。

②公路运输的选择。根据公路运输的机动灵活、适应性强、能源消耗大、成本高、对空气污染严重、占用土地多等特点,公路运输比较适合短途、零担、门对门运输。

③水路运输的选择。根据水路运输的运输能力较大、成本低、速度慢、连续性能源消耗小、土地占用少等特点,水路运输适合中长途大宗货物运输等,特别是轨迹货物运输。

④航空运输的选择。根据航空运输的速度快、成本高、对环境污染严重、运输途径较局限等特点,航空运输比较适合中长途及贵重、保险货物运输等。

⑤管道运输的选择。根据管道运输的运输能力大、占用土地少、成本低、连续性强等特

点，管道运输比较适合长期稳定的流体、气体及浆化固体的运输等。

总之，由于运输的需求千差万别，具体环境各不相同，具体采用何种方式，要考虑运输物品的种类、运输量、运输距离、运输时间和运输费用等，要具体问题具体分析，有时可将多种运输方式联合使用。

（3）运输方式的定量分析法。

①成本比较法是指如果不将运输服务作为竞争手段，那么能使该运输服务的成本与该运输服务水平以及相关间接库存成本达到平衡的运输服务就是最佳服务。

②竞争因素法是指运输方式的选择如果直接涉及竞争，则竞争可以促使购买方将更大的订单转向能提供更好运输服务的提供商，这样供应商可以从这些订单中获得更多利润，从而弥补为了选取运输方式而增加的成本。

③时间因素法是指考虑时间因素的运输方式的选择。消费者选择合理的运输方式有利于促进总体物流的合理化。

3）运输的合理化与发展趋势

（1）不合理运输的形式。

不合理运输是在现有的条件下未达到应达到的运输水平，从而造成运力浪费、运输时间增加、运费超支等问题的运输形式。

①返程或起程空驶。空车无货载行驶，可以说是不合理运输的最严重的形式。在实际运输组织中，有时必须调运空车，从管理上不能将其看成不合理运输。但是，因调运不当、货源计划不周、不采用社会化运输而形成的空驶，是不合理运输的表现。造成空驶的原因主要有以下几种：

a. 能利用社会化的运输体系而不利用，却依靠自备车送货提货，这往往导致单程重车、单程空驶等不合理运输。

b. 由于工作失误或计划不周，造成货源不实，车辆空去空回，形成双程空驶。

c. 由于车辆过分专用，无法搭运回程货物，只能单程实车、单程回空周转。

①对流运输。对流运输又称为"相向运输"或"交错运输"。同一种货物，或彼此间可以互相代用而不影响管理、技术及效益的货物，在同一线路上或平行线路上作相对方向的运送，而与对方运程的全部或一部分发生重叠交错的运输称为对流运输。

③迂回运输。迂回运输是一种舍近求远的运输，是放弃短距离运输，选择路程较长的路线进行运输的一种不合理形式。

④重复运输。本来可以直接将货物运到目的地，但是在未到达目的地或者在目的地之外的其他场所将货卸下，再重复装运送达目的地，这是重复运输的一种形式。

⑤倒流运输。这是指货物从销地或中转地向产地或起运地回流的一种运输现象。

⑥过远运输。过远运输是指调运物资舍近求远。近处有资源不调运而从远处调运，这就造成可以采取近程运输而未采取，拉长了货物运距的浪费现象。

⑦运力选择不当。

a. 弃水走陆。在同时可以利用水运及陆运时，不利用成本较低的水运或水陆联运，而选择成本较高的铁路运输或汽车运输，使水运优势不能发挥。

b. 铁路、大型船舶的过近运输。这是指不在铁路及大型船舶的经济运行里程内却利用这些运力进行运输的不合理做法。其不合理之处在于，火车及大型船舶起运及到达目的地的准备、装卸时间长,且机动灵活性不足,在过近距离中使用,发挥不了运速快的优势。相反,由于装卸时间长,反而会延长运输时间。另外,和小型运输设备相比,火车及大型船舶装卸难度大,费用也较高。

c. 运输工具承载能力选择不当。这是指不根据承运货物的数量及重量选择,而盲目决定运输工具,造成过分超载、损坏车辆及货物不满载、浪费运力的现象。

⑧托运方式选择不当。这是指可以选择最好的托运方式而未选择,造成运力浪费及费用支出加大的一种不合理运输形式。

(2) 造成运输不合理的原因。

不合理运输是指对国民经济不产生任何效益与作用,而又相对增加运输工作量、运输费用或运输时间的运输,以及没有很好地利用各种运输方式和无谓浪费运输能力的运输。

其原因主要有工农业生产、路网与有关仓储站点布局上存在缺陷,各种运输方式利用欠妥,物资调运安排不当,以及运输的计划、组织与管理不善等。

合理布局生产力,不断改善交通网,正确配置中转仓储站点,合理调运物资,科学组织与统盘规划货流以及改进运价等,都是消除不合理运输的重要途径与措施。

(3) 运输合理化的有效措施。

运输合理化是一个系统分析过程,常采用定性分析与定量分析相结合的方法,对运输的各个环节和总体进行研究,研究的主要内容和方法如下:

①提高运输工具的实载率。实载率的含义有两个:一是单车实际载重与运距之乘积和标定载重与行驶里程之乘积的比率,在安排单车、单船运输时它是判断装载合理与否的重要指标;二是车船的统计指标,即在一定时期内实际完成的货物周转量(吨公里)占载重吨位与行驶公里乘积的百分比。

提高实载率(如进行配载运输等)可以充分利用运输工具的额定能力,减少空驶和不满载行驶的时间,减少浪费,从而使运输合理化。

②减少劳力投入,增加运输能力。运输的投入主要是能耗和基础设施的建设,在运输设施固定的情况下,尽量减少能源动力投入,从而大大节约运费,降低单位货物的运输成本,达到合理化的目的。如在铁路运输中,在机车能力允许的情况下,多加挂车皮;在内河运输中,将驳船编成队行,由机运船顶推前进;在公路运输中,实行汽车挂车运输,以增加运输能力等。

③发展社会化的运输体系。运输社会化的含义是发展运输的大生产优势,实行专业化分工,改变物流企业自成运输体系的状况。单个物流公司车辆自有,自我服务,不断形成规模,且运量需求有限,难以自我调剂,经常出现运力选择不当、不能满载等浪费现象,且配套的接发货设施、装卸搬运设施也很难有效地运行,所以浪费颇大。实行运输社会化,可以统一安排运输工具,避免迂回、倒流、空驶、运力选择不当等不合理形式,不但可以追求组织效益,而且可以追求规模效益,所以发展社会化的运输体系是运输合理化的非常重要的措施。

④开展中短距离公路运输。这种运输合理化的表现主要有两点:一是对于比较紧张的铁路运输,用公路分流后,可以得到一定程度的缓解,从而加大这一区段的运输通过能力;二是充分利用公路从门到门和在中途运输中速度快且灵活机动的优势,达到铁路运输难以达到的水平。目前在杂货、日用百货及煤炭等货物运输中较为普遍地运用公路运输,一般认为,

目前的公路经济里程为200~500 km，随着高速公路的发展、高速公路网的形成、新型与特殊货车的出现，公路的经济里程有时可达1 000 km以上。

⑤尽量发展直达运输。直达运输就是在组织货物运输的过程中，越过物资仓库环节或交通中转环节，把货物从产地或起运地直接运到销地或消费地，以减少中间环节。直达运输的优势在运输批量货物和用户一次需求量达到一整车时表现最为突出。此外，在生产资料、生活资料的运输中，通过直达运输建立稳定的产销关系和运输系统，有利于提高运输的计划水平。近年来，直达运输的比例逐步增加，它为减少物流中间环节创造了条件。同其他合理化运输一样，直达运输的合理性也是在一定条件下才会有所表现，从用户需求来看，运量大到一定程度时直达运输是合理的，运量较小时中转运输是合理的。

⑥配载运输。配载运输是充分利用运输工具的载重量和容积，合理安排装载的货物及方法以求合理化的一种运输方式。配载运输往往是轻重商品的合理配载，在以重质货物运输为主的情况下，同时搭载一些轻泡货物，如海运矿石、黄沙等重质货物，同时捎运木材、毛竹等，在基本不增加运力的情况下，解决了轻泡货物的搭运，效果显著。

⑦提高技术装载量。依靠科技进步是运输合理化的重要途径。它一方面是最大限度地利用运输工具的载重吨位，另一方面是充分使用车船装载容量。其主要做法有如下几种：专用散装及罐车，解决了粉状、液体货物运输损耗大、安全性差等问题；袋鼠式车皮、大型拖挂车解决了大型设备整体运输问题；集装箱船比一般船能容纳更多的箱体，集装箱高速直达加快了运输速度。

⑧进行必要的流通加工。有不少货物由于本身形态及特性，很难实现运输合理化，如果针对货物本身的特性进行适当的加工，就能够有效解决合理运输的问题，例如将造纸材料在产地先加工成纸浆，后压缩体积运输，就能解决造纸材料运输不满载的问题。

4. 储存

1）*储存的功能与作用*

储存是指在商品生产出来之后而又没有到达消费者手中之前所进行的商品保管过程。它是电子商务物流的一个重要组成部分。其功能和作用如下：

（1）通过储存，可以调节商品的时间需求，消除商品的价格波动。一般来说，商品的生产和消费不可能是完全同步的，为了弥补这种不同步所带来的损失，需要储存商品来消除这种时间性的需求波动。

（2）通过储存，可以降低运输成本，提高运输效率。商品的运输存在规模经济性，但对于电子商务物流企业来说，客户的需求一般是小批量的，如果对每一个客户都单独为其运送货物，将无法实现运输的规模经济，物流成本会加大。通过存储，虽然产生了储存的成本，但可以更大限度地降低运输成本，提高运输效率。

（3）通过商品在消费地的存储，可以提高客户的满意度。对于电子商务物流企业来讲，使消费者能够及时地消费到企业的商品是十分重要的。

（4）通过储存，可以更好地满足消费者个性化消费的需求。在电子商务时代，消费者的消费行为越来越向个性化的方向发展，利用储存对商品进行再次加工，可满足消费者的需求。

2）*储存合理化*

储存合理化的含义是用最经济的办法实现储存的功能，储存合理化的实质是在保证储存功能的前提下尽量降低投入。电子商务物流企业的流动资金大部分被库存商品所占用，降低库存可以减少企业占用的流动资金，加快资金的周转速度。

（1）储存合理化的标志。

①质量标志。保证被储存物的质量，是完成储存功能的根本要求，只有这样，商品的使用价值才能在通过物流之后得以实现。

②数量标志。目前管理科学的方法已能在各汇总约束条件下，对合理数量范围作出决策，但是较为实用的还是在消耗稳定、资源及运输可控的约束条件下所形成的储存数量控制方法。

③时间标志。储存量越大而消耗速率越慢，则储存的时间必然长，相反则必然短。

④结构标志。结构标志是从被储存物的品种、规格、花色、数量的比例关系对储存合理化的判断。

⑤分布标志。分布标志指不同地区储存数量的比例关系。

⑥费用标志。仓租费、维护费、保管费、损失费和资金占用利息支出等，都能从实际费用上判断储存合理与否。

（2）实现储存合理化的措施。

①进行储存物的 ABC 分析。ABC 分析是实施储存合理化的基础分析。在 ABC 分析的基础上实施重点管理。

②在形成一定的社会总规模的前提下，追求经济规模，适度集中储存。适度集中储存是合理化的重要内容。应利用储存规模优势，以适度集中储存代替分散的小规模储存来实现合理化。

③加速总的周转，提高单位产出。储存现代化的重要课题是将静态储存变为动态储存，周转速度的增加会带来一系列的合理化好处。

④采用有效的"先进先出"方式，保证每个被储存物的储存期不至于过长。"先进先出"是一种有效的方式，也成为储存管理的准则之一。

⑤提高储存密度，提高仓容利用率。其主要目的是减少储存实施的投资，提高单位储存面积的利用率，以降低成本、减少土地占用。

⑥采用有效的储存定位系统。储存定位是指被储存物位置的确定。如果定位系统有效，能大大节约寻找、存放、取出时间，节省不少物化劳动，而且能防止差错，便于清点及实行订货等管理方式。

⑦采用有效的检测清点方式。对储存物资数量和质量的检测不但是掌握基本情况之必需，也是科学库存控制之必需。

⑧采用现代储存保养技术。利用现代储存保养技术是储存合理化的重要方面。

5. 流通加工

1）流通加工的含义及其与生产加工的区别

（1）流通加工的含义。流通加工是商品在流通中的一种特殊加工方式，是指在商品从生产领域流通的过程中，为了促进产品的质量和提高物流效率，对商品所进行的加工，使商品在物流、化学或形状上发生变化，以满足消费者的多样化需求和提高商品的附加值。流通加工作业多在配送中心、流通仓库、货车终端等物流场所进行。

（2）流通加工与生产加工的区别。

① 从加工对象的不同来说，流通加工的对象是进入流通领域的商品，生产加工的对象不是最终商品而是原材料、零部件和半成品。

② 从加工程度的深浅来说，流通加工大都为简单加工，是生产加工的一种辅助和补充，而生产加工则较为复杂。

③ 从加工目的的不同来说，生产加工的目的是创造价值和使用价值，流通加工的目的是完善商品的使用价值并在对原商品不作大的改动的情况下提高其价值。

④ 从组织加工者的不同来说，流通加工的组织者是从事流通工作的商业企业或物流企业，而生产加工的组织者是生产企业。

2）流通加工的内容

（1）食品的流通加工。

为了便于保存和提高流通效率，食品的流通加工是不可缺少的，如鱼和肉类的冷冻、蛋品加工、生鲜食品的原包装、大米的自动包装、上市牛奶的灭菌等。

（2）消费资料的流通加工。

消费资料的流通加工以服务客户、促进销售为目的，如衣料品的标志和印记商标、家具的组装、地毯的剪接等。

（3）生产资料的流通加工。

具有代表性的生产资料的流通加工是钢铁的流通加工，如切割钢板、使用校直机将薄板卷材展平等。

6. 电子商务物流信息化

电子商务物流必须以信息化为基础，离开信息化，电子商务物流将成为无源之水、无本之木。电子商务物流信息化表现为电子商务物流信息的商品化、电子商务物流信息收集的数据化和代码化、电子商务物流信息处理的电子化和计算机化、物流信息传递的标准化和实时化、物流信息存储的数字化等。信息化是一切的基础，没有电子商务物流信息化，任何先进的技术装备都不可能应用于电子商务物流领域。信息技术实现了数据的快速、准确传递，提高了仓库管理、装卸运输、采购、订货、配送发运、订单处理的自动化水平，使订货、保管、运输、流通加工实现一体化。企业可以更方便地使用信息技术与物流企业进行交流和协作，企业间的协调和合作有可能在短时间内迅速完成。常用于支撑电子商务物流的信息技术有：实现信息快速交换的 EDI 技术、实现资金快速支付的 EFT 技术、实现信息快速输入的条形码技术和实现网上交易的电子金融技术等。

2.3.2 电子商务物流模式

电子商务是在开放的网络环境下，实现消费者的网上购物、企业之间的网上交易和在线电子支付的一种新型的交易方式。电子商务的快速发展，使物流模式正一步步发生着变化。

一个国家物流业的发展水平在一定程度上反映了该国的综合国力和企业的市场竞争力，物流一体化的方向和专业化的第三方物流的发展，已成为目前世界各国和大型跨国公司所关注、探讨和实践的热点。

1. 物流一体化的含义

物流一体化，就是以物流系统为核心的由生产企业经由物流企业、销售企业，直至消费者的供应链的整体化和系统化。它是物流业发展的高级和成熟的阶段。物流业高度发达，物流系统完善，物流业成为社会生产链条的领导者和协调者，能够为社会提供全方位的物流服务。

物流一体化的发展可进一步分为3个层次：物流自身一体化、微观物流一体化和宏观物流一体化。物流自身一体化是指物流系统的观念逐渐确立，运输、仓储和其他物流要素趋向完备，子系统协调运作，系统化发展。微观物流一体化是指市场主体企业将物流提高到企业战略的地位，并且出现了以物流战略合作为纽带的企业联盟。宏观物流一体化是指物流业发展到一定的水平，物流业占国家国民总产值的一定比例，处于社会经济生活的主导地位，使跨国公司从内部职能专业化和国际分工程度的提高中获得规模经济效益。

2. 第三方物流的含义与分类

1) 第三方物流的含义

第三方物流（Third Part Logistics，TPL），简单地说是指由物流的供应方和物流的需求方之外的第三方所进行的物流。复杂一点说，第三方物流是指专业化的物流中间人（或称为物流代理人）以签订合同的方式为其委托人提供所有的或某一部分的物流服务。

2) 第三方物流的分类

（1）按照物流企业完成的物流业务范围的大小和所承担的物流功能，可将物流企业分为综合性物流企业和功能性物流企业。

（2）按照物流企业是自行完成和承担物流业务，还是委托他人进行操作，可将物流企业分为物流自理企业和物流代理企业。

3) 第三方物流给客户带来的益处

（1）集中主业。

（2）节省费用，减少资本积压。

（3）减少库存。

（4）提升企业形象。

4) 第三方物流的特征

（1）以现代电子信息技术为基础。

（2）提供合同导向的一系列服务。

（3）提供专业化、个性化的物流服务。

5) 电子商务与第三方物流

为了适应电子商务的发展，物流企业不进行固定资产的再投资，第三方物流应该采用一种全新的物流模式——物流代理，即物流渠道中专业化物流中间人，以签订合同的方式，运用自己成熟的物流管理经验和技术，在一定时期内，为电子商务客户提供高质量的服务。电子商务应在企业外部建立起最佳"企业物流管理代理模式"。

6) 第三方物流与物流一体化

物流一体化是物流产业化的发展形式，它必须以第三方物流充分发育和完善为基础。同时，物流一体化的趋势为第三方物流的发展提供了良好的发展环境和巨大的市场需求。

从物流业的发展来看，第三方物流是在物流一体化的第一个层次时萌芽的，但是这时只有数量有限的功能性物流企业和物流代理企业。第三方物流在物流一体化的第二个层次得到迅速发展。专业化的功能性物流企业和综合性物流企业以及相应的物流代理公司出现，发展很快。这些企业发展到一定水平，物流一体化就进入了第三个层次。

3. 新型物流

1）第四方物流

（1）第四方物流的含义。

第四方物流是一个供应链集成商，它调集和管理组织自己及具有互补性的服务商所提供的资源、能力和技术，以提供一个综合的供应链解决方案。第四方物流不仅控制和管理特定的物流服务，而且对整个物流过程提出方案。

（2）第四方物流的特点。

①提供一个综合性供应链解决方法，以有效地适应需方多样化和复杂的需求，集中所有资源为客户完美地解决问题。

②通过影响整个供应链来获得价值。

（3）第四方物流的基本功能。

①供应链管理功能。

②运输一体化功能。

③供应链再造功能。

（4）第四方物流应用模式。

①知识密集型模式。

②方案定制模式。

③整合模式。

2）精益物流

（1）精益物流的含义。

精益物流指以精益思想为指导，能够全方位实现精益运作的物流活动。精益物流通过消除生产和供应过程中的非增值的浪费来缩短备货时间，提高客户满意度。精益物流的提出是和现代经济社会的发展紧密相关的，这是因为，物流企业的用户，尤其是制造业、快递业用户和电子商务用户，其本身受客户的要求拉动，迅速实现了精益化，根据精益化的原理，这种拉动作用必然会沿着价值的流程一级一级地拉动上去，这种拉动作用深入到物流领域是事态发展的必然结果。

（2）精益物流的目标。

根据顾客需求，提供顾客满意的物流服务，同时把提供物流服务过程中的浪费和延迟降至最低限度，不断提高物流服务过程的增值效益。

（3）精益物流的基本原则。

①从顾客的角度而不是从企业或职能部门的角度来研究什么可以产生价值。

②按整个价值流确定供应、生产和配送产品中所有必需的步骤和活动。

③创造无中断、无绕道、无等待、无回流的增值活动流。

④及时创造仅由顾客拉动的价值。

⑤不断消除浪费，追求完善。

（4）精益物流的认识问题。

①精益物流的前提。

②精益物流的保证。

③精益物流的关键。

④精益物流的生命。

精益物流则是精益思想在物流管理的应用,是物流发展的必然反映。基于成本和时间的精益物流服务将成为中国物流业发展的驱动力。

3) 绿色物流

(1) 绿色物流的含义。

绿色物流（Environmental Logistics）也称为环保物流,是指为了使顾客满意,连接绿色供给主体和绿色需求主体,克服空间和时间阻碍的有效、快速的绿色商品和服务流动的绿色经济管理活动过程。

(2) 绿色物流发展的原因。

环境问题广受关注,物流市场不断拓展。

(3) 绿色物流的意义。

绿色物流适应了世界发展的潮流,是全球经济一体化的需要,绿色物流也是物流不断发展壮大的根本保障,是最大限度地降低经营成本的必由之路。

(4) 绿色物流的内容。

①绿色储存。

②绿色运输。

③绿色包装。

④绿色加工。

⑤绿色的信息搜集和管理。

⑥在物流过程中抑制物流对环境造成危害的同时,实现对物流环境的净化,减少资源的消耗,使物流资源得到最充分的利用。

(5) 绿色物流与传统商品流通下的物流的差异。

①具体的功能和内容不同：绿色物流在履行一般商品流通功能的同时,还要实现诸如支持绿色生产、经营绿色产品、促进绿色消费、回收废弃物等以环境保护为目的的特殊功能。

②目标不同：绿色物流的目标在各种经济利益目标之外,加上了节约资源、保护环境这一既具有经济属性,又具有人文社会属性的目标。

③物流流程不同：在将来的物流管理中,物流控制的对象包含生产商、批发商、零售商和消费者全体,并且物流流程不再是从上到下,信息流程也不再是从下到上,而是不断循环往复。

项目小结

随着电子商务的进一步推广与应用,物流对电子商务活动的影响日益明显,本项目从现代物流概述入手,介绍了物流的特点、过程及发展前景,对电子商务物流系统合理化进行了分析,并对我国发展电子商务物流所面临的挑战及对策进行了阐述；介绍了电子商务下几种主要的物流模式,如物流一体化、第三方物流、绿色物流等。电子商务下企业成本优势的建立和保持必须以可靠和高效的物流运作模式为保证,这也是现代企业在竞争中取胜的关键。

教学建议：建议本项目讲授4课时,实验2课时。

【推荐研究网址】
1. www.chinawuliu.com.cn　　　　中国物流与采购网
2. www.jctrans.com　　　　　　　锦程物流交易网
3. www.56star.com　　　　　　　物流商情网

习题与思考

1. 谈谈对物流概念的不同认识以及物流的不同分类情况。
2. 物流的功能有哪些？这些功能是如何体现的？
3. 包装的保护技术主要有哪些？如何应用相关技术？
4. 常见的机械化搬运装卸工具有哪些？
5. 判断储存是否合理的主要标志有哪些？如何使储存合理化？
6. 简述第三方物流与物流一体化的关系。
7. 简述第四方物流的特点以及精益物流的基本原则。
8. 绿色物流主要包括哪些内容？

项目三

电子商务物流系统设计

知识目标

(1) 了解电子商务物流系统的含义、组成及特点。
(2) 理解电子商务物流系统的发展概况与模式。

能力目标

了解电子商务物流系统设计的要求和目标,学会电子商务物流系统的分析和设计。

项目任务

任务一　电子商务物流系统
任务二　电子商务物流系统分析
任务三　电子商务物流系统设计的要求和目标

任务导入案例

北京现代汽车有限公司目前累计销量突破1 000万辆,累计纳税超过1 100亿元,累计工业产值为9 100多亿元,2018年1—6月北京现代轿车累计销量为243 394辆,在中国中高端轿车市场牢牢占据第四名的位置。北京现代汽车有限公司正以高效率"现代速度"滚动发展,创造着中国汽车工业的一个奇迹。

北京现代汽车有限公司之所以取得令世界瞩目的佳绩,既受益于资方方面的支持,也缘于自身的不懈努力,更离不开与之发展匹配的、高效而强大的电子商务物流系统的支撑。据悉,北京现代汽车有限公司没有设立独立的物流部,而是将涉及轿车生产与销售的全部物流活动分为4部分。其中,调配物流由采购部负责,生产物流由生产部具体安排,销售物流由销售部管理,3个部门各司其职,通过信息系统实现部门间的沟通,使各部门协调一致;在配件物流方面,北京现代汽车有限公司与韩国现代汽车公司商谈成立合资公司,负责售后零部件的管理与配送。北京现代汽车有限公司的成功一部分来源于电子商务物流系统的成功。

请思考:为什么说北京现代汽车有限公司的成功一部分来源于电子商务物流系统的成功?

任务一 电子商务物流系统

3.1.1 电子商务物流系统概述

医疗系统、教育系统、计算机系统、网络通信系统、地理信息系统及其他各类系统，经常出现在人们的工作、生活中。"系统"这一术语已经为人们广泛使用，但至今尚无统一的定义。一般认为系统的定义是：系统是由多个元素有机结合在一起，并执行特定功能以达到特定目标的集合体。

从物流的概念可以了解到，整个物流过程是一个多环节的非常复杂的系统，它包含运输、储存、包装、装卸搬运、流通加工和信息处理等各功能要素。这些功能要素相互配合、协调工作，完成物流的特定目标。因此，物流系统是指在一定时间和空间内，由所需位移的物资与包装设备、装卸机械、运输工具、仓储设施、人员和信息联系等若干互相制约的动态要素所构成的有机整体。

电子商务是实现无纸化的贸易、消费和服务的方式，是信息化和网络化的产物，其优势在于简化流程、降低成本和提高效益。但是，电子商务并没有真正改变其商务本质，归根结底还是产品（商品）、渠道、促销和定价，也就是营销环境、市场分析和目标销售、购买行为、产品策略、渠道策略、促销策略、定价策略和营销组合等企业经营活动。

电子商务需要解决网上安全支付、网络安全、金融认证体系、安全体系、产品品种和经营模式等一系列问题，综合来说，完整的电子商务应该包括商流、物流、信息流和资金流4个方面。在目前的情况下，随着支付体系的不断健全，商流、信息流和资金流都可以在网上进行，更多的目光应该集中于如何建立电子商务物流系统这一问题。电子商务的基础——高效可靠的物流系统，已经成为竞争的关键。电子商务在线服务背后的物流系统的建立，成为电子商务解决方案的核心部分。

电子商务物流系统是指，企业运用网络化的技术和现代化的硬件设备、软件系统及先进的管理手段，通过一系列包装、流通加工、装卸搬运、储存、运输和配送等工作，定时、定点、定量地将商品交给没有地域范围限制的各类客户，满足其对商品的需求。从上述概念中可以看出，电子商务物流系统与传统的物流系统并无本质的区别，其不同之处在于电子商务物流系统强调一系列信息化、自动化和柔性化工具的应用，以及准确、及时的物流信息对物流过程的监督，它更加强调物流的速度、物流系统信息的通畅和整个物流系统的合理化。电子商务物流系统既是电子商务系统中的一个子系统或组成部分，也是社会经济大系统的一个子系统。

电子商务物流系统与一般系统一样，具有输入、转换和输出三大功能。通过输入和输出，物流系统与电子商务系统及社会环境进行交换，并相互依存。输入包括人、财、物和信息；输出可以包括效益、服务和环境的影响以及信息等。实现输入到输出转换的是电子商务物流的各项管理活动、技术措施、设备设施和信息处理等。

3.1.2 电子商务物流系统模型

电子商务的物流作业流程与传统商务一样，其目的都是将客户所订货物送到客户手中，其主要作业环节与一般物流的作业环节一样，包括商品包装、商品运输、商品储存、商品装卸和物流信息管理等。

电子商务物流系统的基本业务流程因电子商务企业性质的不同而有所差异。例如，对于制造型企业，其物流过程可能起始于客户订单，中间可能包括与生产准备和生产过程相关的物流环节，同时包括从产品入库直至产品送达客户的全部物流过程；对于销售型的电子商务企业（如销售网站），其物流过程不包括生产过程物流的提供，但其商品组织与供应物流和销售物流的功能则极为完善；对于单纯的物流企业而言，由于它充当的是为电子商务企业（或系统）提供第三方物流服务的角色，因此，它的功能和业务过程更接近传统意义上的物流或配送中心。

虽然各种类型的电子商务企业的物流组织过程有所差异，但从电子商务物流的流程来看还是具有许多相同之处的。具体来说，其基本业务流程一般包括进货、进货检验、分拣、储存、拣选、包装、分类、组配、装车及送货等。与传统物流系统不同的是，电子商务物流的每个订单都要送货上门，而有形店铺销售则不用，因此，电子商务物流的成本更高，配送路线的规划、配送日程的调度、配送车辆的合理利用难度更大。与此同时，电子商务物流的流程会受到更多因素的制约。图3-1所示为电子商务物流系统的一般过程。

图3-1　电子商务物流系统的一般过程

3.1.3　电子商务物流系统的合理化

物流的各种功能是相互联系的，只有整体考虑和综合管理物流系统的各个子系统，才能有效地推进物流系统的合理化。物流系统作为电子商务运作的基础，它的改善可以带来巨大的经济利益，物流系统的合理化对于电子商务企业至关重要，如果物流系统的建立不合理，则有可能导致企业走入恶性循环。对电子商务企业来说，要实现物流系统的合理化，必须注意5个方面的内容，具体阐述如下。

1. 仓储合理化

电子商务企业的流动资金大部分被库存商品所占用，降低库存可以减少占用的流动资金，加快资金周转速度。但是，降低库存是有约束条件的，它要以满足客户需求为前提。实现仓储合理化要考虑以下几方面的内容：

（1）实行 ABC 管理。一般来说，企业的库存物资种类繁多，每个物资品种的价格不同，库存数量也不等。有的物资品种不多但价值很大，而有的物资恰恰相反，所以，均给予相同程度的重视和管理是不切合实际的。为了使有限的时间、资金、人力和物力等企业资源得到更有效的利用，应将管理的重点放在重要的库存物资上，对库存物资进行分类管理和控制。ABC 管理就是将库存物资按重要程度分为特别重要的库存（A 类）、一般重要的库存（B 类）和不重要的库存（C 类）3 个等级，然后针对不同等级分别进行管理和控制。ABC 管理包括两个步骤：一是进行分类；二是进行管理。

（2）应用预测技术。销售额的估计和出货量的估计需要正确的预测，这是库存管理的关键。由于库存量和缺货率是相互制约的因素，所以要在预测的基础上制定正确的库存方针，使库存量和缺货率协调，取得最好的效果。

（3）进行科学的库存管理控制。库存管理机制是指使用相关方法、手段、技术、管理及操作方法进行库存控制，严格控制物资的选择、规划、订货、进货、入库、储存直至最后出库。这些过程的作用结果，是在满足销售的情况下实现了合理控制库存的目的。库存管理控制应综合考虑各种因素，满足以下要求：第一，降低采购费和购入价格等综合成本；第二，减少流动资金，降低盘点资产；第三，提高服务水平，建立完善的反馈机制，防止缺货。

2. 运输合理化

对于电子商务企业来说，运输是其物流系统的重要组成部分，这是由电子商务跨区域的特点决定的。因此，电子商务企业的运输合理化具有重要的意义。运输合理化的途径主要有以下几个方面：

（1）合理配置运输网络。应该区别储存型仓库和流通型仓库，合理配置配送中心，配送中心的设置应该有利于货物直送比例的提高。

（2）选择最佳的运输方式。要决定是使用水路运输、铁路运输、公路运输还是航空运输。如果使用公路运输，还需要考虑车型以及是使用自有车辆还是委托运输公司。

（3）提高运输效率。努力提高车辆的运行率和装载率，减少空车行驶，缩短等待时间或装载时间，增加有效的工作时间，降低燃料消耗。

（4）推进共同运输。提倡部门、集团和行业间的合作，以及批发、零售和配送中心之间的配合，提高运输工作的效率，降低运输成本。

当然，运输合理化还必须考虑包装、装卸等有关环节的配合及其制约，必须依赖有效的信息系统才能实现其改善的目标。

3. 配送合理化

对于电子商务物流系统来说，配送是重要的环节之一。配送合理化的一些可供借鉴的办法如下：

（1）推行具有一定综合程度的专业化配送。通过采用专业设备、设施及操作程序，取得较好的配送效果，并降低配送过分综合化的复杂程度及难度，从而达到配送合理化。

（2）推行共同配送。通过共同配送，可以以最近的路程、最低的配送成本完成配送，从而达到配送合理化。

（3）推行准时配送。准时配送是配送合理化的重要内容。做到了配送准时，企业才可以放心地实行低库存或零库存，可以有效地安排接货的人力和物力，以追求最高效率的工作。另外，供应能力的保证也取决于准时配送。

（4）推行即时配送。即时配送可以体现电子商务企业的竞争优势。即时配送是电子商务企业快速反应能力的具体化，是物流系统能力的体现。即时配送成本较高，但它是整个配送合理化的重要环节。另外，在B2B业务中，即时配送也是企业实行零库存的重要手段。

4. 物流成本合理化

物流成本合理化主要包括以下几点：

（1）物流成本预测和计划。物流成本预测是对物流成本指标、计划指标事先进行测算平衡，寻求降低物流成本的有关技术经济措施，以知道成本计划的指定过程。物流成本计划则是成本控制的主要依据。

（2）物流成本计算。在物流成本计划开始执行后，对生产耗费进行归纳，并以适当的方法进行计算。

（3）物流成本控制。采取各种方法严格控制和管理日常的物流成本支出，使物流成本降到最低限度，以达到预期的物流成本目标。

（4）物流成本分析。对计算结果进行分析，检查和考核物流成本计划的完成情况，找出影响物流成本升降的主客观因素，总结经验，发现问题。

（5）物流成本信息反馈。收集有关数据和资料并将其提供给决策部门，使其掌握情况并加强物流成本控制，保证规定目标的实现。

（6）物流成本决策。根据物流成本信息反馈的结果，采取以最少耗费获得最大效果的最优方案，以指导今后的工作，更好地进入物流成本管理的下一个循环过程。

5. 建立健全物流信息系统

为了有效地对物流系统进行管理和控制，必须建立完善的物流信息系统，物流信息系统的水平是物流现代化的标志。电子商务物流最大的特征就是以信息为主，所以，物流信息系统建设要求有更高的起点。物流信息系统建设一般要具备以下几方面内容：

（1）即时有效的物流管理系统。它需要提供即时准确的物流信息，充分满足物流系统的各项作业需求，并能整合相关的硬件设备与软件系统，提供格式化的表单，在从进货入库到出库运送的各个作业环节，均能做到灵活管理与控制。

（2）运输规划与安排系统。鉴于电子商务跨地区的特点，物流系统的运输规划与安排显得非常重要。在运输作业及管理需求上，它要能提供全面的运输作业信息管理，能够有效地处理运（配）送时间、运（配）送路线、人员薪资和运货账款、相关设备及客户订单等管理事项。同时，该系统亦能提供整体运输作业中全程的管理功能，包括装卸和车辆专用场管理以及回程载运管理等。

（3）订货管理系统。订货管理系统是一套完整的账务处理系统，它能处理物流中心每项货品的销售过程，控制每项货品的明确资料，该过程从电子商务客户下达订单开始到开立账单，直到信息进入仓储管理系统进行配送业务。

（4）物流运作决策支持系统。物流运作决策支持系统是进一步提高物流作业水平的一套决策支持系统。这个系统通过界面连接物流管理系统，是高层管理者实现管理控制的工具。它能协助管理人员，基于复杂的物流作业决策，迅速而有效地作出正确的决定。需要强调的是，物流系统合理化追求的并非单一环节的合理化，而是从整体效益出发，在实现整体目标的前提下各个物流环节的合理化。

任务二　电子商务物流系统分析

3.2.1　电子商务物流系统分析的概念

系统分析就是以系统的观点，对已经选定的对象与开发范围进行有目的、有步骤的实际调查和科学分析。系统分析的主要目的是建立新系统的逻辑模型，因此系统分析通常又称为系统的逻辑设计。

系统分析是一个反复调查、分析和综合的过程，在电子商务物流系统开发过程中是一个重要环节，起到承上启下的作用。它依据系统规划阶段所确定的"做什么"的目标，对总体规划中的目标进一步落实和细化，建立新系统的上层逻辑模型，为后续的系统设计阶段提供"怎么做"的依据。

物流系统分析是利用科学的分析工具和方法，从物流系统整体最优出发，对物流系统进行定性和定量的分析，并确定系统的目标、功能、环境、费用和效益等一系列问题。电子商务物流系统分析主要包括两个方面，即系统外部环境分析和系统内部分析。

1. 系统外部环境分析

电子商务物流系统的外部环境非常复杂，物流与各种环境因素密切相关，离开外部环境来研究物流系统是不可能的。

（1）商品供应情况。商品是电子商务的主体，具有一定数量和品质的商品供应是电子商务物流系统运行的基础，商品的规模和构成决定了电子商务物流系统的深度和广度。

（2）商品的销售状况。商品销售的规模决定了电子商务物流的规模。销售商品的结构决定了电子商务物流的构成。商品销售的速度越快，则要求商品采购的速度越快，从而要求物流的速度越快。

（3）社会经济状况。电子商务和传统商务一样，归根结底是以货币为媒介的。社会经济状况决定了购买力的投向，电子商务也必然受其影响，从而间接影响物流系统。

（4）网络环境状况。由于我国网络建设起步很晚，地区经济发展又极不平衡，因此电子商务的发展很不均衡。在进行电子商务物流系统分析时，需要对该地区的网络环境及发展潜力进行充分细致的调查分析，从而确定该地区物流系统的规模和水平。

（5）国家的方针、政策和制度也影响着电子商务物流系统的发展。

2. 系统内部分析

（1）商品需求变化的特点、需求量、需求对象和需求构成，以及所涉及的需求联系方法。

（2）物流系统内部各子系统的有关物流活动的数据，包括采购、仓储和运输等。

（3）新技术、新设备、新标准和新要求的实现状况。

（4）库存商品的数量、品种、分布情况、季节性销售变化和产品质量状况，以及顾客产品的各种反馈意见等。

（5）运输能力的变化、运输方式的选择，以及针对不同商品的不同运输要求等。

（6）各种物流费用的占用和支出等。

3.2.2 电子商务物流系统分析的任务

系统分析是在总体规划的指导下，对某个或若干个子系统进行深入仔细的调查研究，确定新系统的逻辑观念的过程。系统分析的主要任务是定义新系统"做什么"的问题，不涉及"怎么做"的问题。

系统分析的基本任务主要包括用户需求分析和系统逻辑模型设计两方面。

1. 用户需求分析

详细了解每一个业务过程和业务活动的工作流程及信息处理流程，理解广大用户对信息系统的需求，包括对系统功能、性能等方面的需求，对硬件配置、开发周期和开发方式等方面的意向及打算，最后形成系统需求说明书。这部分工作是系统分析的核心。

2. 系统逻辑模型设计

在用户需求分析的基础上，运用各种系统开发的理论、方法和技术确定系统应具有的逻辑功能，然后用适当的方法表达出来，形成系统逻辑模型。

3.2.3 电子商务物流系统分析的工作步骤和工具

1. 电子商务物流系统分析的工作步骤

系统分析是从用户提出开发新系统的要求开始，进行初步调查和可行性分析。

系统调查是系统分析阶段的首要工作。由于新系统基于"基于现行系统，又高于现行系统"的指导思想，因此，在进行新系统逻辑模型的设计之前，有必要对现行系统作全面、深入的调查和分析。

1) 系统调查的内容

（1）组织结构调查。一般来说，企业的组织结构是根据企业的经营目标设置的。在对组织结构进行调查时，要搞清楚企业部门设置及行政隶属关系，画出企业组织结构图；根据每个部门的业务范围及人员职责分工情况，画出系统功能结构图。例如，物资管理包括物资计划、物资采购、物资库存管理和物资统计，而物资库存管理又由物资入库、物资出库和物资盘存处理等组成。由此可以得出整个企业的功能结构图。

（2）管理功能调查。为了实现系统目标，系统必须具有各种功能。各子系统功能的完成依赖下面更具体的功能的完成。管理功能调查就是要确定系统的功能结构。

（3）业务流程调查。根据系统功能结构图，详细调查每一个业务处理的变化过程，每一条信息（一项业务）从何处来到何处去，经由何处，如何处理。要求用业务流程图和数据流程图的形式，或其他形式表达出来。

（4）数据流程调查。对业务处理流程所涉及的单据、账册、报表进行收集、分类、整理，并填写信息载体调查表，它的内容包括名称，编号，所属业务，信息量，数据项及其关系、类型、长度和值域等。

（5）处理过程调查。业务处理流程只表示了业务与业务、业务与信息之间的关系，而对每个处理的具体细节没有说明，因此必须详细调查标识，作为将来程序设计的依据。处理过程通常以文字、结构化语言、判断树和判断表来表示。

（6）系统环境调查。调查现行系统和哪些外部实体有工作联系、有哪些物质和信息往来关系、相关物流行业的国家政策法规、物流行业的现状，物流市场的动向，特别要注意中国加入 WTO 以后对中国物流带来的深刻影响。图 3-2 所示为物流市场调研工作流程。

图 3-2　物流市场调研工作流程

2) 系统调查的方法

调查通常由物流管理信息系统的用户和研发人员一同进行，尤其是物流企业组织的生产经营部门和企业领导。物流系统调查的方法主要有以下 4 种：

（1）开调查会。开调查会是系统调查中最常用、最有效的方式之一。开调查会可以采用两种组织方式进行：一是按职能部门召开座谈会，了解各部门的业务范围、工作内容、业务特点以及对新系统的想法和建议；二是召集各类人员联合座谈，着重听取使用单位对目前作业方式存在问题的介绍、对系统解决问题的要求等。

（2）发调查表。发调查表也是一种应用比较广泛的调查方式，利用调查表进行调查可以减轻调查部门的工作负担，方便调查人员，得到的调查结果比较系统、准确。

调查表主要由问题和答案两部分构成。问题由主持调查工作的系统分析人员列出，答案主要由被调查单位的业务人员给出。系统调查人员在编制调查表时应充分考虑各种情况，使问题全面且明确，得到的答案比较完整与准确。

（3）访问。访问是一种个别征询意见的办法，是收集数据的主要渠道之一。调查人员与被访问者自由交谈，充分听取各方面的要求和意见，获得较为详细的信息。

（4）直接参加业务实践。开发人员亲自参加业务实践可以深入了解信息的发生、传递、加工与存储的各个信息处理环节，把握现有系统的功能、效率以及存在的问题，从而与管理人员共同研究出解决问题的办法。

2. 可行性分析

可行性分析是指在目前物流组织企业所处的内部状况和外部环境下，调查所提议的物流管理信息系统是否具备上马的必要资源和条件。可行性的含义不仅包括可行性，还包括必要性。系统的必要性来自实现开发任务的迫切性，而系统的可行性研究则取决于实现应用系统的资源和条件。

1）可行性分析的内容

可行性分析通常从开发的必要性、技术可行性、经济可行性、组织与管理可行性4个方面进行。

（1）开发的必要性。电子商务物流系统的开发必须考虑开发的必要性。如果物流企业的现行系统没有更换的必要，或者物流业务人员对开发新系统的愿望不迫切，那么新的电子商务物流系统的开发就不具备可行性。总之，需要根据物流企业现状、员工情况、现行系统功能和效率等，来决定开发电子商务物流系统的必要性。

（2）技术可行性。电子商务物流系统的技术可行性主要从硬件、软件、网络和物流企业的技术力量等几个方面来考察，具体表现在以下几个方面：

①硬件方面：主要包括计算机系统中的硬件设备，如硬盘、内存、输入和输出设备等的性能和价格，计算机硬件的稳定性和可靠性等。

②软件方面：主要包括操作系统平台、数据库系统和开发工具等。

③网络方面：主要包括数据传输和通信方面的相关网络设备，如交换机、路由器、网卡以及网络软件，如通信协议和网络防火墙等。

④技术力量方面：主要考虑电子商务物流系统开发与维护人员的技术水平。这些人员包括系统分析员、系统设计员、程序员和软/硬件维护人员。

（3）经济可行性。经济可行性主要是对开发项目的成本和效益作出评价，即新系统所带来的经济效益能否超过开发和维护新系统所需要的费用。

经济可行性包括两个方面：一是初步估计开发电子商务物流系统需要多少资金，目前资金有无落实；二是估计系统正常运行带来的效益，既包括可以用货币估算的经济效益，也包括不能用货币计算的间接效益。

（4）组织与管理可行性。在进行可行性分析时，除了考虑技术、经济上的因素外，组织与管理可行性也是需要考虑的一个重要因素。

组织可行性主要考虑：物流企业领导是否支持新系统的开发；各级管理部门对开发新系统的态度；其他各级人员对开发新系统的看法和需求；现行系统能否提供完整、正确的基本信息等。

管理可行性主要考虑以下3个方面的因素：

①科学管理。只有在科学的管理方法、完善的管理体制、严格的规章制度、合理的管理程序和完备的原始数据的基础之上，才能建立一个有效的电子商务物流系统。

②物流企业业务流程的透明度及标准化程度。建立电子商务物流系统的目的就是把物流过程数字化，物流过程越概念化、越清晰、透明、标准，就越容易将物流过程用计算机工具描述出来。国内外许多物流企业已认识到这一点，开始推行 ISO 9001 标准认证，这有利于电子商务物流系统的开发及推广。

③物流企业外部环境的变化。物流企业外部环境的变化对管理现代化具有深远的意义，因此，需要考察新系统是否能够服务于物流企业的长期发展战略，是否适应日新月异的科学技术和管理方法，是否能应对动态变化的市场竞争。

2）可行性分析的步骤

可行性分析主要有以下6个步骤：

（1）检查系统规模与目标。这个步骤的工作是为了确保分析人员现在描述的内容就是系统将来要实现的目标。访问关键人员，仔细阅读和分析有关材料，对在系统调查阶段获得的关于规模和目标的报告进一步核查确认，改正不正确的叙述，清晰地描述对目标系统的一切限制和约束。

（2）研究当前的系统。现有的系统是信息的重要来源。显然，现有的系统必定能够完成某些有价值的工作，因此，新的目标系统必须也应能完成它的基本功能；现有的系统必然存在某些缺点，新系统必须解决现有系统中存在的问题。此外，系统运行的费用是一个重要的经济指标，如果新系统不能增加收入或者减少费用，那么从经济角度看，新系统不如旧系统，也就没有必要开发新系统。

（3）建立新系统的高层逻辑模型。优秀的设计过程通常从现有的物理系统出发，导出现有系统的逻辑模型作为参考，设想目标系统的逻辑模型，最后根据目标系统的逻辑模型建造新的物理系统。

通过上述分析之后，分析人员对目标系统应该具有的基本功能及约束条件有了一定的了解，能够使用数据流程图描绘数据在系统中流动和处理的情况，从而概括地表达出新系统的模型。

（4）重新定义问题。新系统的逻辑模型实质上表达了分析人员对新系统必须做什么的看法，分析人员应该和用户一起复查问题定义、工程规模和目标，复查时应该把数据流图和数据字典作为讨论的基础。如果分析人员对问题有误解或用户曾遗漏某些要求，那么应进行相应的改正和补充。

可行性研究的前4个步骤实质上构成了一个循环。分析人员定义问题，分析问题，导出试探解法，在此基础上再次定义问题，再次分析问题，修改试探解法，继续循环过程，直到提出的逻辑模型完全符合系统目标。

（5）导出和评价解决方案。分析人员首先从建议的系统逻辑模型出发，导出若干较高层次的物理解法以供比较和选择。导出供选择的解法的最简单的途径是从技术角度出发考虑解决问题的不同方案。当从技术角度提出了一些可能的物理系统之后，应该根据技术可行性的考虑初步排除一些不现实的系统。

其次考虑操作的可行性，分析人员应根据使用部门事务处理的原则和习惯，自动检查技术上可行的方案，去掉操作过程中用户很难接受的方案。还可以考虑经济可行性，分析人员应该估计剩余的每个系统开发的成本和运行费用，并估计相对于现有系统来说这个系统可以节省的开支或可以增加的收入。在这些估计数字的基础上，对每个可能的系统进行成本、效益分析。一般来说，只有投资预计能带来利润的系统才值得进一步考虑。

最后根据可行性研究结果应该作出一个关键性决定：是否进行这项工程。如果分析人员认为值得继续研究，那么应该选择一个最好的解法，并且说明选择这个解法的理由。

（6）拟订开发计划，书写文档并提交审查。分析人员应该拟订一份开发计划，包括工程进度表和成本估计表，同时把各阶段的结果写成清晰的文档。

3）可行性分析报告

电子商务物流系统可行性分析的结果以可行性分析报告的形式表达出来，内容主要包括：

（1）电子商务物流系统概述；

（2）现有电子商务物流系统的分析；

（3）建议选择的电子商务物流系统；

（4）可选择的其他电子商务物流系统方案；

（5）投资及效益分析；

（6）社会因素方面的可行性分析；

（7）结论。

3. 电子商务物流系统分析的工具

为了完成以上步骤中的各项工作，可采用以下工具：

（1）业务流程图、数据流程图。这是对系统进行概要描述的工具。它反映了系统的全貌，是系统分析的核心内容，但是对其中的数据与功能描述的细节没有进行定义，这些定义必须借助其他分析工具。

（2）数据字典。它是对上述流程图中的数据部分进行详细描述的工具。它起着对数据流程图注释的作用。

（3）数据库设计工具。它采用规范化形式，运用它可以对系统内的数据库进行逻辑设计。

（4）功能描述工具——结构式语言、判断树、判断表。这是对数据流程图中的功能部分进行详细描述的工具，也起着对数据流程图注释的作用。

任务三 电子商务物流系统设计的目标与案例

3.3.1 电子商务物流系统设计的目标

电子商务物流系统设计就是将电子商务物流的各个环节联系起来，作为一个整体进行设计和管理,以最佳的结构和最好的配合,充分发挥其系统功能和效率,实现电子商务物流整体合理化。系统设计都要达到规定的目标。电子商务物流系统所要达到的目标主要有以下几个方面:

(1) 服务性。针对网络客户,要达到无缺货、无货物损伤和丢失等现象,并且物流成本相对较低。

(2) 快捷性。按照网络客户指定的地点和时间迅速将货物送达,为此可以把配送中心设在供给地区附近,或者利用有效的运输工具和合理的配送计划等手段。

(3) 有效利用空间。对城市市区面积的有效利用必须加以充分考虑,应该逐步发展自动化设施和有关物流机械设备,以便达到空间的有效利用。

(4) 规模适当。要根据网络企业的实际状况建立物流设施,同时兼顾机械化和自动化的合理运用、信息系统所要求的电子计算机等信息设备的利用等。

(5) 库存控制。库存过多需要更多的保管场所,而且会产生库存资金积压,造成浪费,因此,必须按照生产与流通的需求变化对库存进行控制。

要实现以上目标,就要认真研究,把从采购到消费的整个物流过程作为一个流动的系统,进行详细的分析和设计,找出电子商务物流系统的设计要素,然后设计物流系统的具体操作程序,进一步运用各种技术方法,最后对电子商务物流系统进行评价,最终达到物流作业设计的合理化和现代化,从而降低物流的总成本。

3.3.2 电子商务物流系统设计案例

大恒 DH-LIS 物流系统(图 3-3)由物流管理系统模块(仓储+运输)、财务管理系统模块、办公自动化管理系统模块、客户关系管理系统模块、企业门户管理系统模块和货代管理系统模块组成。

图 3-3 大恒 DH-LIS 物流系统

1. 仓储管理系统模块

物流中心服务质量的好坏直接影响销售部门与其客户的供应关系，本系统着眼于监控和努力提升物流中心的服务质量，使物流中心成为销售部门可信赖的伙伴。物流中心根据为销售部门提供的服务收费，随着业务量的逐渐扩大以及销售部门管理模式的变化和管理水平的提高，物流费用逐渐细化，这必然导致大量的计算。本系统提供严格的安全管理和控制，以防止未经授权的任何操作（新增、修改、查询、删除和打印），本系统提供用户操作日志，并记录是否使用了新增、修改、删除和打印操作。

本系统利用先进的条码识别和无线通信（RF）技术，功能强大，可充分控制仓库中所有货物的运转。本系统具有图形用户接口、友好的人机界面、强大的查询能力、多重数据视图和内置的安全管理，使仓库运作更高效和更准确，能最大化客户满意度。本系统能记录所有的库存活动，确保企业符合 ISO 标准。本系统的设计可以实现多物流中心（公司）的管理，为物流中心（公司）的全国性发展和组织架构提供坚实的基础。仓储管理系统模块如图 3-4 所示。

图 3-4　仓储管理系统模块

1）权限管理

权限管理提供对安全管理的支持，包括以下内容：

（1）用户权限管理。建立系统模块资料、程序资料、组资料、用户资料，建立组程序及操作权限，对操作用户赋予程序和操作权限，建立操作用户与货主的对应关系，赋予操作人员业务权限。

（2）日志管理。查询操作日志、清除操作日志、参数设置。此模块独立运行，且只能由系统管理员使用。

2）系统管理

（1）参数设定：系统初始化和运行时的一些重要数据的设定。

（2）历史资料处理：对系统运行中积累的历史数据作备份和删除处理。

（3）日结处理：对一天的进、出、存、退等进行汇总与统计，生成需上传下行的文件及完成文件的发送。

3）基本信息管理

基本信息是本系统的基础数据，包括以下内容：

（1）区域资料：省份资料、城市资料、物流中心资料、作业班组资料、行车路线资料和计费区域资料等。多层组织架构和多物流中心系统与区域资料有关。

（2）货主资料：行业资料、货主资料、货主供应商资料、货主客户资料、货主商品分类和货主计量单位、货主商品资料、货主送货地资料。

（3）仓位资料：仓间和仓储位资料、存量调整原因、客户退货原因、未出库原因。
（4）报表查询：货主商品资料表、货主客户资料表、货主送货地资料表。

4）入库作业

入库流程如图 3-5 所示。

图 3-5　入库流程

系统可以实现可视的入库订单队列，可优化人力作业安排和月台管理，可对未知的加急收货或复杂的入库订单进行查询。多张入库订单综合处理减小了收货站台操作的复杂性，能够支持多个公司、部门和仓库设施，最大限度地提高资产的利用率。系统可灵活地接收如采购单、转仓单、产品转移单、客户退货等多种类型的入库订单。收货时使用移动 RF 条码扫描设备确保库存的精确性。系统能够处理尚未在入库订单队列中的产品，能够使用户定义的代码收取过期、破损的货品，可对一张入库订单多次收货并能对例外全程管理。

系统可对规定的货品记录批号和到期日以确保先进先出的库存周转。货品和包装的组合可配置超过 4 个测量单位（如单品、内装、箱和托盘）以方便收货、物料处理、货运，同时预打印与货品相关的条码标签贴在入库货品上，以满足跟踪库存的需要。

入库作业包含正常入库和客退作业。正常入库作业根据销售部门的入库指示（预先通知或不通知），将良品放置于良品库（区），将不良品放置于待处理区/不良品库/退货主区，每日入库结束后打印入库管制表反馈给销售部门。如果需接货，还应包括从第三地将商品运送到物流中心的过程。客退作业包括两种——直接退货和销售退货，系统对这两种退货方式作出不同的处理。对于直接退货，系统自动产生客退通知单。入库作业中可以对检验报告未达的商品进行"待检作业"，以确保这些商品不会进入正常出货作业中。

入库作业包括如下处理：

（1）正常入库：入库通知单输入、应入库表、入库单状况查询、储位状况查询、验收入库输入和验收入库确认。

（2）入库报表：商品入库汇总表、商品入库明细表、商品入库分析表、入库单入库汇总表和入库单入库明细表。

（3）客退作业：客户退货通知单输入、客户退货入库输入、客户退货入库确认、客户退货单状况控制、客户退货商品汇总表、客户退货商品明细表、客户退货商品分析表、客户退货单入库明细表。

5）出货作业

出货流程如图3-6所示。

依据销售部门的出货指示（出货通知单），再经物流中心确认、配车、拣货、出货后，库存量相应减少，出货后，还应输入回单资料及拒收原因，完成后打印配送管制表，以告知销售部门每日配送完成情况。

在确认出货通知单后，在进行配货作业前，可以进行"货权转移"作业，对货主之间的库存根据出货通知单来平衡。

出货作业包含如下处理：

（1）出货通知单：出货通知单输入、出货通知单确认、预配作业、预配调整、受订汇总表、商品应出货表、商品应出货查询表、缺货订单表、缺货订单明细表、缺货商品订单表、出货通知状况控制。

（2）配车和配货作业：车次安排、配车作业、车辆配载表、货权转移、配货作业（按车次）、配货作业（按出货通知单）、配货调整。

（3）拣货作业：安排拣货仓储位、打印拣货单、打印拣货缺货表、打印路单、拣货调整、安排拣货仓储位（通知单）、商品待出查询表。

图3-6 出货流程

（4）出货作业：出货确认、回单处理、客户签收附件登记、出货差异处理、未出库原因设置、结案处理。

（5）出货报表：货主出货汇总表、商品出货汇总表、商品出货查询表（按出货单，按客户，按送货地/汇总、明细）、商品出货分析表、车号出货表（汇总、明细）、配送管制表、客户签收附件登记表、已取消订单表。

6）库存管理

（1）库存调整：批号调整、存量调整、存量已调整表、存量已调整商品汇总表、调整原因汇总表、调整原因分析表。

（2）移位和退厂：移（仓）位单输入、移（仓）位单确认、移（仓）位表、退厂单输入、退厂单确认、已退厂表。

（3）盘点作业：根据某一货品和（或）仓库区域确定的最大容量，定期自动生成周期盘点。自动为在某个地点（例如库存降为0的地区）调用库存状况的操作员作出一个周期盘点。在每次拣取、补货或放置差异发生时，自动生成周期盘点，保证库存清单长期正确。为满足用户要求和最大适应性，可根据项目、位置范围、地区、库区和仓库，计划和发布周期盘点。在线RF库存调查保证了库存问题的快速解决，支持会计的库货审计。所有库存调整连同操作员ID、时间戳和用户定义的原因码，被记录在一个详细的历史文件中，提供彻底的审计跟踪。这些报表可跟踪某一指定时段内某一项目的所有活动。可以调整库存，申请删除已有编码，调整到期日期，调整份额数量。该作还包括打印盘点表、输入盘点量、打印盘点差异、确认盘点量、打印盘盈亏表。

（4）查询报表：商品存量查询表（汇总、明细）、商品异动汇总表、商品异动分析表、商品异动查询。

7）简单车辆管理

（1）基本资料：车辆类型设定、自车车辆资料、外车车主资料、外车车辆资料、驾驶员资料、车辆费用种类。

（2）运行资料：车辆运行记录、车辆费用表、车辆费用分析表、司机费用分析表。

8）流通加工

流通加工包括加工单输入、加工单确认、加工单删除、加工单状况查询和统计。

流通加工主要为货主商品进行改包装、贴标牌、组装物料清单（Bill of Material，BOM）处理等，将来会成为第三方物流的重要利润来源之一。流通加工的处理与货主要求有关，一般按货主要求对货品进行包装或加工处理。本模块为独立模块，有一套完整的作业流程和数据处理过程。流通加工流程如图3-7所示。

图3-7 流通加工流程

9）调拨作业

依货主指示，将货物从某个物流仓库调拨到他处的物流仓库。

（1）调拨通知单：调拨通知单输入/转入、调拨单路线设定、调拨通知单确认、调拨商品跟踪、调拨到达登记、待出调拨单一览表、待出调拨单明细表、调拨单状况查询等。

（2）拣货作业：安排拣货仓储位（通知单别）、打印拣货单、打印拣货缺货表、打印路单、拣货调整、调拨商品待出查询表。

（3）出货确认：货主别调拨汇总表、商品别调拨汇总表、商品别调拨查询表（按调拨单，按拨入单位，汇总、明细）、调拨管制表、已取消调拨表、调拨清算汇总表、调拨清算明细表。

10）物流计费管理

第三方物流为货主提供的进、出、存等作业发生的费用均按事先签订的合约执行，合约中约定的收费内容和计费规则（物流计费）需在本模块中预先设定和输入，日结作业时系统会按设定的内容和规则对当日发生的业务进行计费。当约定发生变化时需在物流计费中作及时的调整。本模块还提供查询报表功能。

（1）基本费率设定：按与货主签订的合约内容和计费规则，对接费（运输）、入库费、出库费、卸车费、装车费、配送费、退换货费、仓储费等进行设定。

（2）特殊费率设定：特殊计费种类的设定和输入。

（3）特殊计费：特殊计费输入、特殊计费明细表（按费用单、费用别）。

（4）统计报表：货主物流费用总表、货主物流费用分析表、货主物流分类汇总费用总表、货主物流费用明细表等。

11）数据交换

本模块可与货主的计算机系统进行数据交换（包括EDI数据），货主可通过Internet查询其托管货物的进、出、存等信息。

12）条码识别和无线数据通信

本模块参照国外物流管理系统，在系统中使用先进的无线数据通信技术和条码识别技术，将库位和货物的识别条码化，使仓库货物的进库、出库、装车、库存盘点、货物的库位调整、现场库位商品查询等数据实现实时双向传送，做到快速、准确、无纸化，大大提高效率，将人为的出错率降到最低，从而降低仓储的成本费用。

2. 运输管理系统模块

运输管理系统（Transportation Management System，TMS）是基于网络环境开发的支持多网点、多机构、多功能作业的立体网络运输管理软件。TMS 是在全面衡量、分析、规范运输作业流程的基础上，运用现代物流管理方法设计的先进的、标准的运输管理软件。

TMS 采用先进的软件技术实现计算机优化辅助作业，特别是对于网络机构庞大的运输体系，TMS 能够协助管理人员进行资源分配、作业匹配和路线化等操作。

TMS 与流行的 RF、GPS/GIS 系统可以实现无缝连接，在充分利用条码的系统内可以实现全自动接单、配载、装运和跟踪等。TMS 模块如图 3-8 所示，它对托运单的车辆进行分配，并对分配之后的出车、回车，以及油料物料管理等一系列货物由仓库到运送点发生的业务以及由之形成的成本进行管理，以达到车辆配送的最优化和车队成本的最低化。

图 3-8　TMS 模块

1）配送管理

配送管理包含车辆管理基本资料、车辆配送、接单、调度、跟踪与反馈费用管理、账单管理、作业优化等功能。它们所产生的一切费用在成本管理进行体现和管理。

（1）车辆管理基本资料。在系统中对送货地区、行车路线、送货点路线和车辆资料、运输组织、人员资料、托运商/承运商资料、托运商运费合约约定进行维护。

车辆管理基本资料先从大的范围进行定义，如车辆种类、车辆规格（在车辆种类的基础上按照车辆的相关载运属性进行分类）。

常规下，车队的车辆有自车和外车。车辆管理基本资料记录了车辆的相关属性，如车辆号码、用油种类、车辆规格等。车辆也存在一些与此不同的属性，比如一辆车这个月属于车队 A，下个月就有可能调到车队 B。把这些可能发生变动的属性罗列出来，在可能发生变动的时间间隔中进行设置，这就是车辆账期设定完成的功能。

为了区分不同的车队，系统中引入运输组织这个概念来记录车队的相关资料。

和车辆的变动属性一样，人员的变动属性包括所属运输组织、角色（是管理人员还是驾驶员、搬运工、修理工）、聘用性质（是正式还是外聘）等，也在人员账期设定中进行设置。

（2）车辆配送。车队在接到仓库传来的订单之后，就对这些订单进行处理。订单转为托运单有两种方式，可以是手工输入，也可以导入（从外部数据源导入托运单）。托运单确认之后进行配车、出车。车辆配送流程如图 3-9 所示。

（3）接单。通过 TMS 与客户系统的接口，可以实现自动接单，并直接转化为任务进行处理；可以通过网站在网上下单，客服人员也可以通过传统方式接单，然后录入系统。系统可以提供主动服务功能，按照不同设定，系统能够定期启动查询潜在客户的主动服务，以便

项目三　电子商务物流系统设计　73

图 3-9　车辆配送流程

服务人员主动与客户接触，避免错过商机。托运单是进行配送活动的基础。托运单的来源是销售订单。

（4）调度。调度作业是运输的中心作业。调度需要准确、及时地掌握内外可以利用的资源状态、任务状况，负责对各项任务分配资源并控制作业进程；由于调度工作烦琐、复杂、多变，通过人工完成大量的作业时经常出现差错，或资源使用不合理，作业效率低。TMS 采用尖端技术实现计算机辅助作业，优化资源利用效率，自动组合同类作业，确保作业的准度、精度。可以由自动配车生成，也可以由人工输入。可以将车辆调度单交给司机，也可以从 WMS 中依据配车资料导入调度单/出车单。

（5）跟踪与反馈。对货物状态的跟踪与及时反馈是体现服务水平，获得竞争优势的基本功能。TMS 通过与 GPS 的无缝连接，能够真正做到对货物状态的实时跟踪。系统能够按照不同要求为客户提供定时的状态信息反馈。

（6）费用管理。TMS 可根据每一笔业务的实际活动成本和实际收益，对运价进行查询以及对费用进行估计，以便管理人员分析利润来源及确定进一步的业务发展方向。同时，系统能够对相同的作业进行对比分析，对各种可利用资源进行成本控制。

（7）账单管理。运输业务涉及的客户比较多，因此对每个客户及各分包方的管理显得尤为重要。运输业务的特殊性经常导致与客户之间台账的错误及混乱，TMS 对账单的管理能够彻底改变这种状态，系统提供每单的详细账单，也能提供针对不同客户及分包方的台账，并设有到期未付账预警功能。财务人员与市场人员不再因账目不清而苦恼，部门之间工作关系更为融洽。

为了方便管理及绩效考核，TMS 设计了标准的作业统计表、单车成本核算报表、利润 ABC 分类报表等几十种报表，并能够以 Word、Excel 格式存储。

（8）作业优化。TMS 能够实现作业优化，如充分利用返程车资源、主要干线沿途运输作业整合等，有效利用资源，降低成本。在作业量比较大的情况下，系统还可以将一定时间段内发生的同一种作业集合起来作为一个作业批次。

2）车辆管理

车辆管理主要为车辆修理。车辆在日夜的运行中会不断磨损、毁坏，为了不导致中途换车，必须在一定的时限内对车辆进行保养、维修，在车辆零件达到使用极限时对之进行更换。如果设定了车辆重要零部件的报警天数，系统将自动提醒用户更换该零部件。

车辆修理的流程如图3-10所示。

图3-10 车辆修理的流程

3）油物料管理

系统支持多个库存组织。库存组织的划分有多种标准，例如多个物料仓库，或者自有物料库、代管物料库等。系统中有油物料供应商、油物料分类和油物料基本资料等相关的基本资料。

油物料领用单是由修理工提出的，而修理工是根据驾驶员提供的车辆报修单，并由此所开具的车辆修理计划单涉及的修理项目需要用到的物品来填写领料单。

货物存放于仓库，可能会有各种库存调整，如破损、自然损耗和破损补入等。

4）车辆成本管理

车队在日常的运营中会产生不同形式的成本支出。对一个车队来说，控制它的日常运营成本是产生效益的主要手段和途径。因此如何控制这些成本，使它在可能的情况下达到最低点，是车队最关心的问题。

在TMS中，对成本进行的管理模块占着相当一部分比例。人们制定了一套比较可行的方案，可以对这些成本进行分析、汇总及控制，以达到成本在与业务不相冲突的前提下，优化客户的成本支出。

5）查询报表

在查询报表中系统列出了常用的一些报表，如果客户有特殊的要求可以进行定制。

（1）通过车辆作业汇总、分析表可查出一段时间内的出车资料。对不同出车任务的件数、重量和体积进行分析比较，用户可了解车辆的作业使用率，以后的配车由此进行参照。

（2）通过车辆费用汇总、分析表可查出一段时间内某辆车发生的一切费用。用户可参照事先制定的指标进行比较，形成对车辆费用进行控制，以达到节约成本的目的。

查询报表还包含当日作业安排表和修理工修理报表。

3. 财务管理系统模块

该系统是大恒公司与国际著名会计师事务所合作，综合国内外财务管理需求而推出的财务管理解决方案，是面向大中型企业针对物流管理的管理型财务软件。大恒财务率先从设计思想上突破了单纯的核算型模式。该系统除了具有方便实用的核算功能外，还具有强大的财务管理能力。大恒财务可以协助财务经理根据企业目标制定符合需要的财务预算并进行控制，帮助用户进行有效的部门核算和项目成本核算，加强对应收/应付账款的管理，提供多方面的财务分析。该系统可以把财务部门烦琐的工作变得简单、明了，为财务经理/总经理提供及时准确的财务资料，以便他们作出正确的分析报告，以供企业领导者正确决策，如图3－11所示。

图3－11 财务管理系统模块

4. 办公自动化系统模块

办公自动化系统模块如图3－12所示。

图3－12 办公自动化系统模块

下面主要介绍人事管理和业务管理：

（1）人事管理。包括：部门管理、薪酬管理、工资档案管理、考勤管理、员工管理、员工档案、合同管理、员工满意度、人事动态、招聘计划与面试、试用与合同、员工福利、考勤与加班、出差制度、请假制度、员工培训、考核与奖惩、辞职、退休与移交、人事档案、人力资源评测、绩效考核、决策支持等。

(2) 业务管理。包括：通信录、提醒功能、日程安排等。

5. 客户关系管理系统模块

客户关系管理系统模块如图3-13所示。

图3-13 客户关系管理系统模块

1) 售前管理

售前管理是客户关系管理的核心内容之一。

(1) 销售机会。一般来说，销售机会是物流信息中心的销售过程的起点，也是市场活动与销售活动的连接点。以销售机会为出发点，可以生成销售任务，然后销售任务分解为多个工作进程而进入报价、签约等各个工作环节，同时实现销售预算费用监控。系统应支持物流信息中心从定义销售机会开始，完成物流信息中心业务活动的全过程。通过使用销售机会，主要完成客户可能的购买行为信息的定义、维护和查询功能，并可通过转移键，将当前销售机会转为销售任务，同时进入销售任务表单录入界面，并将相应的销售机会的信息携带进销售任务，为物流信息中心及时抓住商机，为客户和合作伙伴的销售提供帮助。

(2) 报价管理。通过报价管理，主要完成对客户所作报价单的定义、维护和查询功能，并可以通过转移键，将当前报价单转化为一个新的销售订单，同时进入销售订单录入界面，并将相应的报价单的信息携带进订单。

(3) 机会挖掘。机会挖掘主要是通过客户和物流方案的历史交易信息，进行客户消费倾向和偏好的分析，以及物流方案受欢迎程度的分析，为物流信息中心在现有客户的基础上挖掘更多销售机会提供可能，同时也为物流信息中心作物流方案分析决策提供依据。

(4) 销售漏斗。销售漏斗是销售自动化（SFA）的核心。通过设定跟单的不同状态相对应的成功率，把所有任务按照状态进行排序，预测一段时间内的销售额。通常销售漏斗的顶部是所有的销售机会，随着工作的进展，一些销售机会失去成单可能，逐渐被排除，所以整个机会管理呈现漏斗的状态。要保障最终的成单额，通过销售漏斗，可以从两个方面来管理：一是扩大销售漏斗的顶部，扩大销售机会的来源；二是控制每个机会的流程，提高每个阶段的成功率。

(5) 电子促销。电子促销主要完成物流信息中心在物流方案促销活动中以电子邮件的形式进行活动宣传的工作，减少烦琐且易出错的宣传信息邮递工作量，为物流信息中心节约大量的人力、物力和时间，提高市场部门的办公效率。

2）销售管理

销售管理是与客户或合作伙伴进行订单签约、完成销售行为所涉及的售中工作管理。订单是物流信息中心销售业务的主要数据载体，也是客户关系管理的主要数据分析来源，因此订单管理是客户关系管理系统的重要组成部分。

（1）销售订单管理。信息中心对客户发出的订单作出响应。销售订单是系统分析决策的主要数据来源，订单签约是物流信息中心所有业务活动的目的核心。销售订单管理主要完成客户发出的订单的定义、维护和查询功能。

（2）销售订单、退货单计划。订单计划是将订单按照预期订单动作（如催款、付款提醒、收款和退款等）进行有目标、有计划的定制。通过订单计划可以完成对客户所作订单计划的定义、维护和查询，并可以定制分期收款等计划。在维护订单计划的过程中还可以不断修改订单动作。

（3）执行计划、订单执行。通过执行计划可以将订单计划按照不同的订单动作转成不同的执行记录，如催款动作可以转成催款邮件、付款提醒动作可以转成付款提醒邮件、收款动作可以转成销售收款、退款动作可以转成销售退款。订单执行功能可以查看、增加或删除执行动作，方便物流信息中心有步骤、有计划地完成日常工作，做到目标明确、有的放矢。

（4）电子催收。电子催收主要帮助物流信息中心完成以电子邮件的形式对客户或合作伙伴的销售订单中的应收款项进行督促付款的行为。通过截取订单完成情况，它能自动生成电子催收信函。它改变了信函或者电话、电报等传统方式费时、费力和花销大的缺点，减少业务人员烦琐的重复劳动，为物流信息中心节约大量的人力、物力和时间，提高销售部门的办公效率。

（5）订单账目。订单账目主要是根据查询条件列出相应的订单及该订单的成交价、数量和金额。

3）客户服务

客户服务是物流信息中心售后服务工作管理。

（1）反馈处理。一般来说，反馈单是物流信息中心的客户服务过程的起点，也是客户关怀与服务活动的中间连接点。以反馈单为出发点，可以生成服务任务、销售任务和关怀任务，然后任务分解为多个工作进程而进入客户服务、销售和客户关怀等各个工作环节。通过反馈处理主要完成客户服务反馈单的录入、维护、关闭和查询。同时可以将某个客户反馈分解为多个任务来执行，及时有效地处理客户反馈信息，有助于提高客户或合作伙伴对物流信息中心服务管理的信心，以及对物流信息中心的满意度和忠诚度。

（2）关怀对象挖掘。通过对客户和合作伙伴的历史交易信息进行分析，可以找出对物流信息中心的营业额、利润的产生至关重要的客户和合作伙伴——价值客户；可以找出与物流信息中心交易发生上升或下降情况的客户和合作伙伴——价值变动客户；可以找出对物流信息中心的物流方案或服务不满程度较高的客户和合作伙伴——问题客户。通过分析适时给出客户关怀建议，为物流信息中心巩固老客户，提高老客户的满意度和忠诚度提供了可能。

（3）关怀建议管理。客户关怀是物流信息中心分析现有客户、合作伙伴为物流信息中心带来经济效益的变动情况，并采取措施维持现有客户、合作伙伴的行为管理。

4）市场管理

市场管理是为销售开辟渠道，营造售前、售中和售后环境的行为管理。

(1) 市场活动。通过新增市场活动主要完成市场活动的信息录入、维护和查询。同时还可以将某个市场活动参与者转化为销售机会，进入销售管理的环节，并由此追踪某个市场活动引发的销售情况。

(2) 伙伴定额管理。伙伴定额管理主要完成物流信息中心合作伙伴销售定额的制定、维护和查询，并可以直接链接到合作伙伴销售定额分析，直观地看到合作伙伴销售定额的完成情况，为物流信息中心量化合作伙伴的管理标准、制定合作伙伴管理策略提供依据。

(3) 价格政策。对于销售订单上的物流方案定价，提供6种方式，即销量价格、客户价格、合作伙伴价格、现金价格、促销价格和员工价格权限。其中销量价格是根据一次性购买的物流方案数量定义的价格折扣率；客户/合作伙伴价格是根据不同的客户/伙伴分类定义的物流方案价格折扣率；现金价格是根据已签订订单的付款期限定义的物流方案价格折扣率；促销价格是指以促销为目的，在设定期限内的物流方案价格折扣率；员工价格权限是指设定了不同员工在报价或签订订单时可以报出的最低价格折扣率。计算公式为：物流方案定价＝物流方案售价×最终折扣。根据员工价格权限设定情况的不同，最终折扣如下：如果已设定员工价格权限，系统提供的参考折扣将选择最终折扣和员工价格权限中折扣率低的数值；如果没有设定员工价格权限，系统的参考折扣就是最终折扣，即各种折扣的乘积。需要说明的是，在物流方案分类列表界面中，"分类名称"列的内容与物流方案分类时的设置是一致的，如果设置的物流方案分类还有下级分类，则下级分类自动继承上级分类的价格政策，同时可以为下级分类设定不同的价格政策。

5）工作流管理

(1) 市场任务、市场工作进程。处理市场任务的信息录入、维护、关闭和查询。将任务分解给多个人员执行。在任务下发到具体某个人员执行时，市场任务有3个来源，一是直接新增任务，二是由市场活动分配生成，三是由反馈信息生成。另外还可以生成由任务所分解的相关具体工作进程，即市场工作进程，并具有制定、维护和查询功能，方便物流信息中心有步骤、有计划地完成日常工作，做到责任明晰。

(2) 销售任务、销售工作进程。处理销售任务的信息录入、维护、关闭和查询。列出相关工作日程、产品列表、竞争对手、相关报价、相关订单和其他员工等信息；销售任务主要是通过新增、销售机会、市场活动和反馈信息生成。同时还可以生成由任务所分解的相关具体工作进程，即销售工作进程，并具有制定、维护和查询功能。

(3) 服务任务、服务工作进程。服务任务主要是通过新增、市场活动、反馈信息和关怀建议生成。另外还可以生成由任务所分解的相关具体工作进程，即服务工作进程，并具有制定、维护和查询功能。

(4) 销售计划、费用预算。

销售计划和费用预算是以月份和季度的形式表现的，并以部门为单位，分别列出本部门销售计划和费用预算、员工小计、下级部门小计、员工和下级部门小计，同时下级部门的销售计划和费用预算自动合计到上级部门。它使物流信息中心可以有效控制费用，科学系统地定制销售计划。

6）分析决策

它对客户、合作伙伴、竞争对手、市场、销售、服务、产品及员工的各种信息进行统计和分析，为物流信息中心的发展提供决策依据。

(1) 销售分析。

①销售状况：通过对物流信息中心一定时间范围内的客户、合作伙伴和产品产生的销售额、销售量和利润，利用不同的分析方法得出物流信息中心销售的趋势和构成分布情况。

②销售构成：通过对物流信息中心一定时间范围内的客户、合作伙伴和产品产生的销售额和利润分别占物流信息中心所有客户、所有合作伙伴和所有产品产生的总销售额和利润的绝对数和相对数分析，得出物流信息中心销售的来源构成情况。

③前期比较：通过对物流信息中心当前销售业绩与上期或去年同期销售业绩的比较分析，协助物流信息中心分析销售业绩变化的内部原因。

④丢单分析：通过对一定时间范围内销售任务失败的原因构成分析，协助物流信息中心寻找销售丢单的主要因素，从而有针对性地提高竞争能力。

(2) 市场分析。

①市场活动分析：通过对物流信息中心一定时间范围内所有市场活动带来的销售额、利润以及相关的预算、费用支出金额的统计分析，帮助物流信息中心寻找成功和失败的市场活动的经验教训，提高市场部门的运营效益。

②竞争分析：通过对一定时间范围内竞争对手成功和失败的次数的统计分析，协助物流信息中心采取措施增强市场竞争能力，为进一步扩大销售提供可能。

③服务分析：首先是客户满意度分析，通过对物流信息中心一定时间范围内的反馈信息中反馈类型为"表扬"、反馈对象为"服务"的反馈单出现的比例，客观评价物流信息中心的客户满意程度，提高物流信息中心的各个管理运营效益；其次是客户投诉率分析，通过对物流信息中心一定时间范围内的反馈信息中反馈类型为"投诉"、反馈对象为"服务"的反馈单出现的比例，客观评价物流信息中心的客户投诉程度，总结教训，提高物流信息中心的各个管理运营效益。

(3) 产品分析。

①价值产品分析：销售额排行，通过对物流信息中心一定时间范围内每个产品发生的订单金额来统计产品累计销售额，并按照销售额进行降序分析，为物流信息中心寻找价值产品提供依据；销售量排行，通过对物流信息中心一定时间范围内每个产品发生的销售订单产品数量的统计，并按照订单产品数量进行降序分析，为物流信息中心寻找价值产品提供依据；利润额排行，通过对物流信息中心一定时间范围内每个产品发生的订单产品利润来统计累计产品利润额，并按照利润额进行降序分析，为物流信息中心寻找价值产品提供依据。

②问题产品分析：投诉排行，通过对物流信息中心一定时间范围内每个产品涉及的反馈类型为"投诉"的反馈单张数进行统计，并按照投诉单张数进行降序分析，为物流信息中心寻找问题产品提供依据；退货排行，通过对物流信息中心一定时间范围内每个产品发生的退货金额来统计累计退货额，并按照退货金额进行降序分析，为物流信息中心改进产品质量，寻找优先考虑的问题产品提供依据。

③产品特征分析：通过对物流信息中心一定时间范围内不同产品属性的产品销售额和利润情况的统计分析，找出销售情况良好或不理想的产品特性，为物流信息中心的产品选型提供市场销售依据。

(4) 客户/合作伙伴分析。

①价值客户/合作伙伴分析：交易次数排行，通过对物流信息中心一定时间范围内每个

客户/合作伙伴同物流信息中心签订的销售订单张数的统计，并按照订单数量进行降序分析，为物流信息中心寻找价值客户/合作伙伴提供依据；销售额排行，通过对物流信息中心一定时间范围内每个客户/合作伙伴同物流信息中心发生的订单金额来统计累计销售额，并按照销售额进行降序分析，为物流信息中心寻找价值客户/合作伙伴提供依据；利润额排行，通过对物流信息中心一定时间范围内每个客户/合作伙伴同物流信息中心发生的订单利润来统计累计利润额，并按照利润额进行降序分析，为物流信息中心寻找价值客户/合作伙伴提供依据。

②问题客户/伙伴分析：退货排行，通过对物流信息中心一定时间范围内每个客户/合作伙伴对物流信息中心产品填列的退货单的金额来统计累计退货额，并按照退货额进行降序分析，为物流信息中心改进产品质量，寻找优先考虑的问题客户/合作伙伴提供依据；投诉排行，通过对物流信息中心一定时间范围内每个客户/合作伙伴的反馈类型为"投诉"的反馈单张数进行统计，并按照投诉单张数进行降序分析，为物流信息中心寻找问题客户/合作伙伴提供依据；欠款排行，通过对物流信息中心一定时间范围内每个客户/合作伙伴的欠款金额进行统计，并按照欠款金额进行降序分析。

③友善客户/合作伙伴分析：表扬排行，通过对物流信息中心一定时间范围内每个客户/合作伙伴的反馈类型为"表扬"的反馈单张数进行统计，并按照表扬单张数进行降序分析，为物流信息中心寻找样板客户/合作伙伴提供依据；建议排行，通过对物流信息中心一定时间范围内每个客户/合作伙伴的反馈类型为"建议"的反馈单张数进行统计，并按照建议单张数进行降序分析，为物流信息中心寻找关心物流信息中心发展的友好客户/合作伙伴提供依据；联络分析，统计一定时间范围内与每一个客户/合作伙伴的联系情况。

④客户/合作伙伴特征分析：通过对物流信息中心一定时间范围内不同属性的客户/合作伙伴销售额和利润情况的统计分析，找出销售情况良好或不理想的客户/合作伙伴特性，为物流信息中心的客户/合作伙伴选型提供市场销售依据。

(5) 费用分析。

①员工费用趋势：通过对物流信息中心一定时间范围内指定员工的费用产生时间分布情况的分析，帮助物流信息中心寻找员工费用发生的规律，为物流信息中心合理安排运营资金，制订资金计划提供依据。

②部门费用趋势：通过对物流信息中心一定时间范围内指定部门的费用产生时间分布情况的分析，帮助物流信息中心寻找部门费用发生的规律，为物流信息中心合理安排运营资金，制订资金计划提供依据。

③任务费用分析：通过对物流信息中心一定时间范围内每种类型任务发生的费用进行分析，得出不同时间段内费用的发生分布情况，协助物流信息中心有针对性地制订各项费用开支预算和监控计划。

④费用执行分析：通过对物流信息中心一定时间范围内每种类型的任务发生的费用与任务预算的比较分析，得出不同任务的预算执行情况，协助物流信息中心考核预算执行结果，针对差异寻找原因和解决途径，协助物流信息中心提高预算编制的准确度和费用控制的力度和手段。

⑤费用计划分析：完成对物流信息中心一定时间范围内指定部门或员工的月计划、月完成、月完成比率、合计计划、合计完成、合计完成比率情况的分析。

⑥预算分析：完成对物流信息中心一定时间范围内指定部门或员工的预算和实际花费情况的分析。

6. 企业门户管理系统模块

企业门户管理系统模块如图3-14所示。

1）网上订单

货主可登录Web页直接向物流公司下达货物入库订单、出库订单和其他指令信息，物流公司经确认订单信息后，订单自动转入物流信息系统中处理。

2）网上跟踪

货主可登录Web页查询货物的库存信息和订单跟踪情况。

3）网站信息管理系统

网站信息管理系统广泛应用于大型专业网站、政府网站和企业网站等几乎所有的网站，是将新闻、信息栏目、产品发布和业界动态等信息集中起来发布、管理和查询等的一种网站应用程序。网站信息通过一个操作简单的界面加入数据库，然后通过已有的网页模板格式与审核流程发布到网站上，无须设计每个页面，大大减轻了工作量，效率非常高。手工制作发布的网页信息不但无法检索堆积如山的信息，而且每次更新内容并上传时都会使服务中断，导致用户无法访问而使企业形象和服务大打折扣。网站管理系统使网站内容可以实时更新而不中断服务，使新闻的发布变成实时的新闻。系统还集

图3-14 企业门户管理系统模块

成了图片广告管理功能。智能分析系统可以跟踪分析网站访问者的习惯。网站信息管理系统基于Web工作界面，无论采编人员身处何地，无论通过局域网还是互联网，都能在浏览器中直接对稿件进行录入、浏览、修改、删除和查阅等操作。所有操作都可以通过浏览器完成，客户端不需要配置其他应用软件。

4）信息发布管理系统

（1）信息发布。

①输入标题、内容、栏目、作者和转载来源等，系统即可自动生成新闻，并可立即发布到网站上，或按系统管理员设置的分级审查步骤审核之后才发布，以减少失误。

②支持相关链接自动化，可搜索信息数据库并选择相应的信息作为该信息的相关信息，这与专题的性质类似。

③可定时发布信息，缺省设置为立即发布。

④可利用HTML格式编辑工具编辑新闻，所见即所得。

（2）信息管理。信息管理实现网站内容的更新与维护，提供在后台输入、查询、修改、删除、暂停各新闻类别和专题中的具体信息的功能，还可选择每条信息是否出现在栏目的首页、网站的首页等。可手工调整信息排列的顺序。

（3）目录管理。网站管理员可随时调整各类别（包括总类别以及下一级的类别），可以

根据需要增加、修改或删除，支持多级子目录，也就是可以增加网站的栏目。这对于网站上新闻信息的分类调整以及网站发展规划中第二步的实现具有很大作用，可以极大地减少二次开发的工作量。类别管理提供的具体功能：增加、修改、删除新闻类别和专题的功能；更改类别顺序以确定新闻类别和专题在网站页面上出现的顺序的功能；更改新闻类别和专题的中文名称及其英文目录名的功能。

（4）专题管理。可搜索信息数据库并选择相应的信息组成信息专题或新闻热点专题；可组建组图新闻、图片新闻，并自动生成可点击放大的组图；支持连载文章，连载文章中的每一篇均可以链接到任何其他一篇文章。

（5）模板管理。主要用来管理网站各个栏目及不同页面的风格，可以让用户随心所欲地按自己的风格定制页面。

（6）信息检索。可按关键字、标题、全文、作者、来源、发布时间和发布时间段等检索信息。

（7）调查分析系统。可用于单位内部民意调查、意见收集，也可以用于对外的客户调查，使用广泛。

（8）邮件列表。邮件列表是一种可以获得特定客户群体的电子邮件地址并快速方便地发送大批量电子邮件的工具。邮件列表具有传播范围广、使用简单方便的特点，只要能够使用电子邮件，就可以使用邮件列表。它和传统媒体最大的区别就是实时和个性化，每一份发送出去的电子邮件都是不相同的，满足不同的人的特殊要求。

将网站的更新内容及用户自己定制的特别内容定期或不定期地以电子邮件的方式自动发送给用户。系统自动发送和编辑信息，不需要人工管理，而且可以做到实时自动发送，同时可以自动通知到用户，用户可以随时知道最新的信息，且只收取本人关心的信息。

办公自动化——向各级部门和职员一次性发送大量的传真、邮件，并可定期自动发送。

建立电子杂志——邮件列表的主要应用就是建立电子杂志供读者订阅。

物流组织、俱乐部、学术讨论之间的联络交流——通过公开的、多角参与的电子讨论组，订户不仅能够订阅信息，还可以参与讨论，讨论内容将发送到所有订阅者的信箱。用户也可以管理和授权，进行某些秘密话题的讨论，可以和世界各地或某个领域的专家一起讨论。

邮件列表功能强大，前台用户可以任意选择自己喜欢的信息类别，可以选择发送的日期间隔，可以选择实时发送（一有新信息就自动发送），可随时订阅或退订，可详细定义电子商务网站的商品和商业机会信息，可按用户的要求增加其他功能。后台的电子杂志编辑系统用于网络邮件列表的编辑、预览、HTML优化、文章管理和发行，可创建自己的电子刊物模板，减少重复劳动。

（9）网上招聘。

①发布管理。对待发布职位信息定义发布的条件，如发布语言、发布方式及发布时间等；可设置多种发布方式并对其进行管理，如可发布到企业主页、招聘网站、猎头公司、职介中心等企业常用的招聘机构。

②简历管理。用户可以自定义筛选条件，寻找最合适的人选；定义列表关键字只显示简历中与定义的关键字相符的字段并进行列表；用户可快速阅读大量简历，并以简历中某一项或几项进行列表；用户可将文本简历输入至简历库中。

③面试管理。具有信息丰富、使用便捷的电子化面试流程管理功能；针对不同职位建立相应的面试题库。

④聘用管理。向应聘者发送录用通知；通知相应部门办理相关手续；实现与企业 HR、OA 系统的无缝连接。

⑤招聘效果分析。分析来自不同招聘渠道的招聘效果；统计经每种招聘渠道所收到的简历数，统计进入面试的人数，统计被聘用的人数；统计年度招聘总预算、部门预算和每个职位预算；统计实际发生的每个职位的招聘费用和部门费用；统计每个部门的简历处理的效率及效果，有利于引导企业及部门改善招聘工作方法，提高工作效率。

项目小结

本项目介绍了分析了电子商务物流系统的组成，构建了电子商务物流系统的模型，对电子商务物流系统的部分功能模块进行了阐述，分析了物流信息系统建设中应该注意的问题与应对措施。

教学建议：建议本项目讲授 4 课时，实验 2 课时。

【推荐研究网址】

1. www.jctrans.com　　　　　锦程物流交易网
2. www.t-0.com.cn　　　　　中国大件运输物流网
3. www.e3356.com　　　　　三山国际物流网
4. www.chinawuliu.com.cn　　中国物流与采购网

习题与思考

一、思考题

1. 如何实现电子商务物流系统合理化？
2. 如何开展电子商务物流系统的分析与评价？
3. 简述物流系统的含义，并说明其设计目标。
4. 常见的电子商务物流运作模式有哪些？

二、上机实训题

访问 IBM、锦程物流、联想公司或其他企业的官方网站，了解其电子商务解决方案的构成和功能。

项目四

电子商务物流信息技术

知识目标

了解电子商务物流信息技术。

能力目标

掌握条形码技术、射频技术、EDI 技术和自动跟踪技术在物流中的应用。

项目任务

任务一　电子商务物流技术
任务二　条码技术、射频技术、EDI 技术和自动跟踪技术在物流中的应用

任务导入案例

EDI 在物流中的应用

EDI 最初应用在美国企业间的订货业务中,其后 EDI 的应用范围从订货业务向其他业务扩展,如 POS 销售系统传送业务、库存管理业务、发货送货信息和支付信息的传送业务等。近年来 EDI 在物流中广泛应用,被称为物流 EDI。

所谓物流 EDI,是指货主、承运企业以及其他相关的单位之间,通过 EDI 系统进行物流数据交换,并以此为基础实施物流作业活动的方法。物流 EDI 参与单位有货主、承运企业、实际运送货物的交通运输企业、协助单位和其他物流相关单位。

物流 EDI 系统的优点在于,供应链组成各方面基于标准化的信息格式和处理方法,EDI 系统共同分享信息,提高流通效率,降低物流成本。例如,对于零售商来说,应用物流 EDI 系统可以大大降低进货作业的出错率,节省进货商品检验的时间和成本,迅速核对订货与到货的数据,易于发现差错。

应用传统的 EDI 系统成本较高,一是因为通过 VAN 进行通信的成本高,二是制定和满足 EDI 系统标准较为困难,因此过去仅大企业因得益于规模经济能从 EDI 系统中得到利益。近年来,互联网的迅速普及为物流信息活动提供了快速、简便、廉价的通信方式,互联网将为企业进行有效的物流活动提供坚实的基础。

提出问题：企业是怎样通过 EDI 取得成功的？

任务一　电子商务物流技术

电子商务物流技术主要包括以下内容：

（1）条形码技术。条形码是由一组按特定规律排列的条、空及其对应字符组成的表示一定信息的符号。条形码中的条、空分别由深浅不同且满足一定光学对比度要求的两种颜色（通常为黑、白）表示，条为深色，空为白色。

（2）射频技术。射频技术是一种非接触式的自动识别技术，通过射频信号识别目标对象并获取相关数据。优点：可非接触识读，抗恶劣环境能力强，保密性强；可同时识别多个对象，应用领域广。缺点：很少用于消费品标识；多用于物流器具；维修成本高。

（3）EDI 技术。EDI 是企业的内部应用系统之间，通过计算机和公共信息网络，以电子化的方式传递商业文件的过程。换言之，EDI 就是供应商、零售商、制造商和客户等在其各自的应用系统之间通过公共 EDI 网络，自动交换和处理商业单证的过程。

（4）GPS 技术。GPS 即全球定位系统，是 Global Positioning Systemd 的简称。它是利用发布在约 2 万 m 高空的多颗卫星对地面状况进行精确测定以进行定位、导航的系统。

（5）GIS 技术。GIS 即地理信息系统，是 Geographic Information System 的简称，是人们在生产实践中，为描述和处理相关地理信息而逐渐产生的软件系统。它以地理空间数据为基础，采用地理模型分析方法，适时地提供多种空间的和动态的地理信息，是一种为地理决策和地理研究服务的计算机技术系统。GIS 技术经历了以下几个阶段：

第一阶段为准备阶段（1978—1980 年）；

第二阶段为起步阶段（1981—1985 年）；

第三阶段为全面发展阶段（1986 年至今）。

任务二　条形码技术、射频技术、EDI 技术和自动跟踪技术在物流中的应用

4.2.1　条形码技术

条形码技术始于 20 世纪 60 年代，经过几十年的不断改进，现已被世界各国广泛用于商品流通、生产自动化管理、交通运输以及仓储管理和控制等领域。条形码技术在仓储业的自动化立体仓库中发挥着重要作用，特别是对于小型物品的管理和入库不均衡的物品管理更显示出其优越性。

1. 条形码与编码技术

1）条形码技术

（1）条形码的相关概念

①条形码：由一组规则排列的条、空及其对应字符组成的标记，用来表示一定的信息，以标识物品、资产、位置和服务关系等。

②码制：条形码符号的类型，每种类型的条形码都是由符合特定编码规则的条和空组合

而成的。

③字集符：指某种码制的条形码符号可以表示的字母、数字和符号的集合。

④连续性与非连续性：连续性指每个条形码字符之间不存在间隔；相反，非连续性是指每个条形码字符之间存在间隔。

⑤定长条形码和非定长条形码：定长条形码是仅能表示固定字符个数的条形码；非定长条形码是指能表示可变字符个数的条形码。

⑥双向可读性：指从左、右两侧开始扫描都可被识别的特性。

⑦条形码密度：单位条形码所表示字符的个数。

⑧条形码质量：指条形码的印制质量。

(2) 条形码的分类

条形码的分类：一维条形码和二维条形码。

①一维条形码，按条形码的长度可分为定长和非定长条形码；按排列方式可分为连续型和非连续型条形码；按校正方式可分为自校验和非自校验型条形码。

②二维条形码，可分为排式二维条形码和矩阵式二维条形码。

(3) 条形码的生成与识读

①条形码的生成：编制项目代码——是否采用预印刷方式——是——制作条形码胶片——到指定印刷厂印刷——条形码质量检测。

编制项目代码——是否采用预印刷方式——否——选择相应的条形码打印设备——打印条形码。

②条形码识读是指条形码所表示的信息采集到计算机系统的过程，由条形码识读设备来完成。

③条形码识读设备由条码扫描设备和译码设备两部分组成。

④条形码识读的分类。

a. 从操作方式上分类，分为手持式和固定式。

b. 从原理上分类，分为光笔、CCD、激光和拍摄。

c. 从扫描方向上分类，分为单向和全向。

⑤数据采集的分类。

a. 处理方式：在线数据、批处理式。

b. 产品性能：手持终端、无线型手持终端、无线掌上电脑、无线网络设备。

(4) 条形码技术的特点

①条形码是由宽窄不同、反射率不同的条、空按照一定的编码规则组合起来的一种信息符号。

②条形码技术的组成：编码技术、符号表示技术、识读技术、生成与印刷技术、应用系统设计。

③条形码技术的特点：简单；信息采集速度快；信息采集量大；可靠性高；灵活、实用；自由度大；设备结构简单、成本低。

2) 编码技术

(1) 商品代码和商品条形码

商品代码是指用一组阿拉伯数字标识商品的过程，这组数字称为代码。商品代码与商品条形码是两个不同的概念。商品代码是代表商品的数字信息,而商品条形码是表示这一信息的符号。在商品条形码工作中,要制作商品条形码符号,首先必须给商品编一个数字代码。

商品条形码的代码是按照国际物品编码协会的统一规则编制的,分为标准版和缩短版两种。标准版商品条形码的代码由 13 位阿拉伯数字组成,简称 EAN – 13 条码;缩短版商品条形码的代码由 8 位数字组成,简称 EAN – 8 条码。前 3 位数字叫"前缀码",中国目前有 690、691、692、693 等。

(2)商品编码原则

①唯一性。唯一性是指商品项目与其标识代码——对应,即一个商品项目只有一个代码,一个代码只标识一个商品项目。商品项目代码一旦确定就永不改变。

②无含义。无含义代码是指代码数字本身及其位置不表示商品的任何特定信息。在 EAN 及 UPComing 系统中,商品编码仅是一种识别商品的手段,而不是商品分类的手段。

③永久性。商品代码一经分配就不再更改,并且是终身的。当此种商品不再生产时,其对应的商品代码只能搁置起来,不得重复起用再分配给其他商品。

2. 物流条形码技术

1)物流条形码的概念

物流条形码是物流过程中用以标识具体实物的一种代码,是由一组黑白相间的条、空组成的图形,其利用识读设备可以实现自动识别和自动数据采集。

在商品运输、交换的整个物流过程中,都可以通过物流条形码来实现数据共享,使信息的传递更加方便、快捷、准确,提高整个物流系统的经济效益。

2)物流条形码与商品条形码的区别

(1)标识目标不同。商品条形码通常是单个商品的唯一标识,用于零售业的现代化管理;物流条形码是储运单元的唯一标识,通常标识多个或多种类商品的集合,用于物流的现代化管理。

(2)应用领域不同。商品条形码服务于消费环节:商品一经出售到最终用户,商品条形码就没有了存在的价值,商品条形码在零售业的 POS 系统中起到了单个商品的自动识别、自动寻址、自动结账等作用,是零售业现代化、信息化管理的基础;物流条形码服务于供应链全过程:生产厂家生产出产品,经过包装、运输、仓储、分拣、配送,直到零售商店,中间经过若干环节,物流条形码是这些环节中的唯一标识,因此它的涉及面更广,是多种行业共享的通用数据。

(3)采用的码制不同。通常,商品条形码是一个无含义的 13 位数字条形码;物流条形码则是一个可变的、可表示多种含义、多种信息的条形码,是无含义的货运包装的唯一标识,可表示货物的体积、重量、生产日期和批号等信息,是贸易伙伴根据贸易过程中的共同需求,经过协商统一制定的。

(4)可变性。商品条形码是一个国际化、通用化、标准化的商品唯一标识,是零售业的国际化语言;物流条形码是随着国际贸易的不断发展,贸易伙伴对各种信息需求的不断增加而产生的,其应用在不断扩大,内容也在不断丰富。

(5)维护性。物流条形码的相关标准是一个需要经常维护的标准,及时沟通用户需求,传达标准化机构有关条形码应用的变更内容,是确保国际贸易中物流现代化、信息化管理的重要保障之一。

3）物流条形码的标准体系

物流条形码涉及面较广，因此相关标准也较多。它的实施和标准化基于物流系统的机械化、现代化，包装运输等作业的规范化、标准化。物流条形码标准化体系已基本成熟，并日趋完善。

(1) 物流条形码标识的内容。

物流条形码标识的内容主要有项目标识（货运包装箱代码 SCC-14）、动态项目标识（系列货运包装箱代码 SSCC-18）、日期、数量、参考项目（客户购货订单代码）、位置码、特殊应用（医疗保健业等）及内部使用，具体规定见相关国家标准。

(2) 物流条形码符号的码制选择。

目前现存的条形码码制多种多样，但国际上通用的和公认的物流条形码码制只有 3 种：EAN-13 条形码、交叉二五条形码和 UCC/EAN-128 条形码。选用条形码时，要根据货物的不同和商品包装的不同，采用不同的条形码码制。

①通用商品条形码。单个大件商品，如电视机、电冰箱和洗衣机等商品的包装箱往往采用 EAN-13 条形码。储运包装箱常常采用 ITF-14 条形码或 UCC/EAN-128 条形码，包装箱内可以是单一商品，也可以是不同的商品或多件头商品小包装。

②ITF-14 条形码。ITF-14 条形码是一种连续型、定长、具有自校验功能，并且条、空都表示信息的双向条形码。ITF-14 条形码的条形码字符集、条形码字符的组成与交叉二五条形码相同。它由矩形保护框、左侧空白区、条形码字符和右侧空白区组成。

③UCC/EAN-128 条形码。UCC/EAN-128 条形码是一种连续型、非定长条形码，能更多地标识贸易单元中需表示的信息，如产品批号、数量、规格、生产日期、有效期、交货地等。UCC/EAN-128 条形码由应用标识符和数据两部分组成，每个应用标识符由 2~4 位数字组成。条形码应用标识的数据长度取决于应用标识符。

条形码应用标识采用 UCC/EAN-128 条形码表示，并且多个条形码应用标识可由一个条形码符号表示。UCC/EAN-128 条形码是由双字符起始符号，数据符，校验符，终止符及左、右侧空白区组成的。UCC/EAN-128 条形码是使信息伴随货物流动的全面、系统、通用的重要商业手段。

4.2.2 射频技术

1. 射频识别的概念

射频识别（Radio Frequency Identification，RFID），常称为感应式电子晶片或近接卡、感应卡、非接触卡、电子标签、电子条形码等。其原理为由扫描器发射一特定频率之无线电波能量给接收器，用以驱动接收器电路将内部的代码送出，此时扫描器便接收此代码。接收器的特殊在于免用电池、免接触、免刷卡，故不怕脏污，且晶片密码为世界唯一，无法复制，安全性高，寿命长。射频识别的应用非常广泛，目前典型应用有动物晶片、汽车晶片防盗器、门禁管制、停车场管制、生产线自动化、物料管理。射频识别标签有两种：有源标签和无源标签。

2. 射频识别系统的组成

自 2004 年起，全球范围内掀起了一场无线射频识别技术的热潮，包括沃尔玛、宝洁、波音公司在内的商业巨头无不积极推动射频识别在制造、物流、零售、交通等行业的应用。射频识别技术及其应用正处于迅速上升的时期，被业界公认为 21 世纪最具潜力的技术之一，它的发展和应用推广是自动识别行业的一场技术革命。射频识别技术在交通物流行业的应用更是为通信技术提供了一个崭新的舞台，将成为未来电信业有潜力的利润增长点之一。

射频识别系统在具体的应用过程中，根据不同的应用目的和应用环境，系统的组成会有不同，但从射频识别系统的工作原理来看，系统一般由信号发射机、信号接收机和天线等部分组成。

1）信号发射机

在射频识别系统中，信号发射机为了不同的应用目的，会以不同的形式存在，典型的形式为标签（Tag）。它是由耦合元件及芯片组成的，每个标签具有唯一的电子编码，附着在物体上标识目标对象。

2）信号接收机

在射频识别系统中，信号接收机一般叫作阅读器（Reader）。根据支持标签类型的不同与完成功能的不同，阅读器的复杂程度是显著不同的。阅读器读取（有时还可以写入）标签信息，可设计为手持式或固定式。

3）天线

天线（Antenna）是标签与阅读器之间传输数据的发射和接收装置。天线在标签和阅读器间传递射频信号。在实际应用中，除了系统功能率，天线的形状和相对位置也会影响数据的发射和接收，需要专业人员进行设计、安装。通信设施为不同的射频识别系统提供安全通信连接，是射频识别系统的重要组成部分。

通信设施包括有线或无线网络和阅读器或控制器与计算机连接的串行通信接口。无线网络可以是个域网（PAN）（如蓝牙技术）、局域网（如 802.11x、WiFi），也可以是广域网（如 GPRS、3G 技术）或卫星通信网络（如同步轨道卫星 L 波段的射频识别系统）。

3. 数据通信

1）现代数据通信历史

电信（Telecommunication）是从 19 世纪 30 年代开始的。1831 年，法拉第发现电磁感应现象；1837 年，莫尔斯发明电报；1873 年，马克斯韦尔提出电磁场理论；1876 年，贝尔发明电话；1895 年，马可尼发明无线电，开辟了电信的新纪元；1906 年，发明电子管，从而模拟通信得到发展；1928 年，提出奈奎斯特准则和取样定理；1948 年，提出山农定理；20 世纪 50 年代，发明半导体，从而数字通信得到发展；20 世纪 60 年代，发明集成电路；20 世纪 40 年代，提出静止卫星概念，但无法实现；20 世纪 50 年代，提出航天技术；1963 年，第一次实现同步卫星通信；20 世纪 60 年代，发明激光，企图用于通信，未成功；20 世纪 70 年代，发明光导纤维，光纤通信得到发展。

2）现代通信系统的分类

（1）按信息类型，分为电话通信系统、数据通信系统和有线电视系统。

（2）按调制方式，分为基带传输和调制传输。

（3）按传输信号特征，分为模拟通信系统和数字通信系统。

3）通信系统的传输手段

（1）电缆通信。

电缆包括双绞线和同轴电缆等,用于市话和长途通信。调制方式为 SSB/FDM。

(2) 微波中继通信。

微波中继通信投资小,周期短。模拟电话微波通信主要采用 SSB/FM/FDM 调制技术,通信容量为 6 000 路/频道。数字微波采用 BPSK、QPSK 及 QAM 调制技术。采用 64QAM、256QAM 等多电平调制技术提高微波通信容量,可在 40M 频道内传送 1 920~7 680 路 PCM 数字电话。

(3) 光纤通信。

光纤通信是利用激光在光纤中长距离传输的特性进行的,具有通信容量大、通信距离长及抗干扰性强的特点,目前用于本地、长途、干线传输,并逐渐发展用户光纤通信网。目前基于长波激光器和单模光纤,每路光纤通话路数超过万门,光纤本身的通信潜力巨大。几十年来,光纤通信技术发展迅速,并有各种设备应用,如接入设备、光电转换设备、传输设备、交换设备、网络设备等。光纤通信设备由光电转换单元和数字信号处理单元两部分组成。

(4) 卫星通信。

卫星通信的优点是通信距离长、传输容量大、覆盖面积大、不受地域限制及高可靠性。目前,成熟技术使用模拟调制、频分多路及频分多址。数字卫星通信采用数字调制、时分多路和时分多址。

(5) 移动通信。

移动通信(Mobile Communication)是移动体之间的通信,或移动体与固定体之间的通信。移动体可以是人,也可以是汽车、火车、轮船和收音机等处于移动状态的物体。

4. 射频识别系统的特点

射频卡的几个主要模块集成到一块芯片中,完成与阅读器的通信。芯片上有内存的部分用来储存识别号码或其他数据,内存容量从几位到几十千位。芯片外围仅需要连接天线。卡封装可以有不同的形式,如常见的信用卡的形式及小圆片的形式等。和条形码、磁卡、IC卡等同期或早期的识别卡相比,射频卡具有非接触、工作距离长、适于恶劣环境、可识别运动目标等优点,完成识别工作时无须人工干预,适于实现自动化且不易损坏,可识别高速运动物体并可同时识别多个,操作快捷方便。射频卡可在有油脂、灰尘污染等的环境中使用,短距离的射频卡可以在这样的环境中替代条形码,长距离的射频卡多用于交通领域,识别距离可达到几十米。

5. 射频识别系统的分类

根据射频识别系统完成功能的不同,可以粗略地把射频识别系统分为 4 种类型:EAS 系统、便携式数据采集系统、物流控制系统和定位系统。

1) EAS 系统

EAS 是 Electronic Article Surveillance 的简称,即电子商品防窃(盗),是目前大型零售行业广泛采用的商品安全措施之一。

(1) EAS 系统的组成。

EAS 系统主要由 3 部分组成:检测器(Sensor)、解码器(Deactivator)和电子标签(Electronic Label and Tag)。电子标签分为软标签和硬标签。软标签成本较低,直接黏附在较"硬"的商品上,软标签不可重复使用;硬标签一次性成本较软标签高,但可以重复使用。硬标签需配备专门的取钉器,多用于服装类柔软的、易穿透的商品。解码器多为非接触式设备,有一定的解码高度,当收银员收银或装袋时,电子标签无须接触消磁区域即可解码。也有将解码器和激光条形码扫描仪合成到一起的设备,可将商品收款和解码一次性完成,方便收银员的工作,此种方式需和激光条形码供应商配合,排除二者间的相互干扰,提高解码灵敏度。未经解码的商品被带离商场时,在经过检测器装置(多为门状)时会触发报警,从而提醒收银人员、顾客和商场保安人员及时处理。

(2) EAS 系统的作用。

①防止失窃。EAS 系统改变以往"人盯人""人看货"的方式,它以高科技手段赋予商品一种自卫能力,使安全措施落实到每一件商品上,彻底有效地解决商品失窃问题。调查显示,安装有 EAS 系统的商家失窃率比没有安装 EAS 系统的商家低 60%~70%。

②简化管理。EAS 系统能有效地遏止"内盗"现象,缓和员工和管理者的矛盾,排除员工的心理障碍,使员工全身心投入到工作中去,从而提高工作效率。

③改善购物气氛。以往"人盯人"的方式令很多消费者反感,商家也可能因此门庭冷清。EAS 系统能给消费者创造良好轻松的购物环境,让其自由地、无拘无束地选购商品,大大改善了商家和消费者之间的关系,为商家赢得更多的顾客,最终增加销售额,增加利润。

④威慑作用。EAS 系统以强硬而礼貌的方式阻止顾客"顺手牵羊"的行为,避免人为因素造成的纠纷,在尊重人权的同时也维护了商家的利益。对偷盗者来说,EAS 系统在心理上给其造成巨大的威慑。

⑤美化环境。EAS 系统本身是一种高科技的产品,它美观的外型、精良的制作工艺能与现代化的装潢融为一体,达到"锦上添花"的效果,在保护商品的同时也美化了商场的环境,是高档次商场、大中型超市显示经济实力与科技含量的标志性设备,是现代化商场发展的必然趋势。

2) 便携式数据采集系统

便携式数据采集系统是使用带有手持式阅读器射频识别标签上的数据。这种系统具有比较大的灵活性,适用于不宜安装固定式射频识别系统的应用环境。手持式阅读器可以在读取数据的同时,以无线电波数据传输方式实时地向主机系统传输数据,也可以暂将数据存储在阅读器中,成批地向主机系统传输数据。

3) 物流控制系统

在物流控制系统中,阅读器分散布置在给定的区域,并且阅读器直接与数据管理信息系统相连,信号发射机是移动的,一般安装在移动的物体上面。当物体和人经过阅读器时,阅读器会自动扫描标签上的信息并把数据信息输入数据管理信息系统进行存储、分析和处理,达到物流控制的目的。

4) 定位系统

定位系统用于自动化加工系统中的定位及对车辆、轮船等进行运行定位支持。阅读器放置在移动的车辆、轮船或者自动化流水线中移动的物料、半成品和成品上,信号发射机嵌入操作环境的地表下面。信号发射机上存储有位置识别信息,阅读器一般通过无线或者有线方式连接到主信息管理系统。

4.2.3 EDI 技术

案例导入

日本化妆品物流交易中的 EDI 应用

日本的化妆品产业一直给人华丽和时尚的印象，但其内在实情却与这个光鲜的外表相距甚远。日本化妆品行业中多数企业长期存在着过时的商业习惯和低效率的交易形态。虽然日本化妆品产销商在市场保持增长的东风中获得了良好的发展和理想的利润，但是近年来日本化妆品市场增长放缓，行业竞争也日趋激烈。

为此，日本的化妆品产销商不断寻求让企业获得更大发展空间、取得更高利润的方法，其中，EDI 的应用成为各企业重点关注的对象。这些企业希望借助 EDI 尽可能减少不必要的开支，实现物流和交易的效率化和资源配置的合理化。本书以在日本具有代表性、EDI 应用较成熟的化妆品生产商以及销售商为例，浅析日本化妆品物流交易中 EDI 的应用及其发展趋势。

在日本，长期以来化妆品的流通环节是相当复杂的，并且物流效率很低。制造商和零售商之间夹杂着贸易公司、分店、批发商等各种名目的组织机构，每个组织机构都在各自重复着发货、收货、装卸、库存、点验货等物流作业。尤其在百货商店、化妆品专营店中销售的制度品（生产商直接向百货商店、化妆品专营店等设有该品牌化妆品专柜和专职销售人员的店铺，按照合约内容供应的化妆品）物流作业效率低的现象更为明显。

长期以来，在百货商店制度品的物流环节中，在商品送达百货商店、化妆品专营店前往往要在不同的组织机构中反复点验货。零售店和生产厂之间存在物流中转站、百货商店物流中心等各种物流中心，它们各自独立地对商品进行点验货等工作。生产商在发货时也会进行点验货，而零售商在收货时同样也进行点验货。这就使商品起码需要进行 4 次点验货手续才能在零售店中上架。

另一方面，重复烦琐的点验货手续也会耗费产销商大量的人力资源。以某著名百货商店为例，该店每个月约从某化妆品生产商进货 150 箱。一箱货所需的点验货时间约为 50 min。这就是说，该百货商店每个月在点验一个化妆品生产商的货品上要耗费 125 h。这些点验货作业同时最终会消耗导购员的工作时间，据统计，该百货商店化妆品部的导购员平均每月要花费总劳动时间的 3% 用于协助商场点验货。

这种耗费导购员工作时间的制度，让生产商和零售商感到切肤之痛。因为导购人员是化妆品销售的前线人员，通过为顾客提供导购服务来提高顾客的购买欲，从而提升生产商和零售商的销售业绩。如果这些担负重任的导购员花费过多时间在其他工作上，将影响导购服务的质量，给生产商和制造商造成直接损失。在化妆品的物流环节中，处理发货单、收货单等纸质文件也会消耗大量的时间。按照日本的商业习俗，物流中转站和百货商店物流中心会对每批货物中不同的商品进行收发货单核对。还有一点是值得注意的，由于在百货商店、化妆品专营店中的导购人员多是生产商派遣来的美容部员工，并不是店铺的正式员工，所以他们基本上都不能通过自己掌握的顾客的需求情况进行订货，而必须得到店铺负责人的许可才能下订单。这不但增加了订货的手续，还不能按照店铺的销售量和库存商品情况及时订货，这让注重流行的化妆品错过了最佳的销售时机，严重影响了化妆品的销售额。日本化妆品产销商认识到物流交易环节对业绩和利润的密切关系，开始着手对物流环节进行改革。这个活动的中心之一就是 EDI 导入。

当前的日本化妆品行业界通过 EDI 实现电子商务，尤其是一些著名的百货商店和化妆品生产商，都在积极地引进 EDI，希望借助 EDI 的无纸化、电子传输化、信息共享化等优势提高物流和交易环节的效率，降低物流成本，减少所耗费的资源。外资化妆品 MAXFACTOR 和日本老牌百货商店三越之间的 EDI 的应用模式，成为日本化妆品产销商引入 EDI 的楷模。从 1999 年 5 月开始，这两个企业就开展了一系列引入 EDI 制度的措施，以求实现灵活运用 EDI 技术、简化点验货的手续和流程、废除收发货传票等纸质交易文书、提高订货处理的效率这四大目标，从而降低成本、增加利润。在引入 EDI 后，这两家企业把订货、接受订货、销售额管理、交货、点验货、赊账等情况通过网络共享。这就大量节省了不必要的手续和工作时间，例如生产商在发货后的点验货工序。生产商会把在发货时点验货的记录通过网络和各流通部门共享，而各个部门原则上不需要再度进行点验货。三越百货商店则会对该生产商的商品进行定期抽检。电子化的信息共享最大限度地减少了纸质交易文书的使用，节省了处理这些文书的时间和劳动力。在引入 EDI 后，这两家企业还对化妆品的订货手续进行了简化。生产商派驻的导购员无须得到百货商店相关负责人的认可，就可直接凭借自己对顾客需求的把握和其他专业的判断去确认订单的内容，并通过网络向企业发订单。百货商店每个月会定出下个月订货的限额，只要在这个限额范围内，导购员都可以自主决定订单的内容。这样导购员就无须因为每张订单都向百货商店确认而浪费本应用在导购服务上的时间，保证使商品获得最佳的销售时机。三越百货商店在 1999 年的 10 月率先在东京的银座分店引入了 EDI 体系，于同年的 12 月，在东京的全部三越百货商店都引入了 EDI，并且在 2000 年所有三越百货商店都实现了物流管理的 EDI 化。引入 EDI 物流管理系统后，三越百货商店的化妆部门取得了良好的效益。统计数据显示，化妆品部门的订货业务量减少了 77.4%，与商品相关的工作量减少了 72.9%，并且化妆品的物流流通时间也大为缩减，由原来的 3~4 日缩减到 1~2 日，最大限度地确保了商品的及时供应以及最佳的销售时机。同时，通过这一系列的改革措施还让化妆品部门的导购人员有更多的时间和精力用于导购工作，增加了导购服务的质量。由于 EDI 在 MAXFCTOR 和三越间成功运用并取得了良好的效益，日本全国化妆品生产商和百货商店组成的"化妆品流通 BPR 委员会"决定以 MAXFCTOR 和三越共同开发的商业模式和系统作为化妆品生产商和百货商店之间在线交易的基准。另一方面，不少日本的化妆品产销商相应加快了引入 EDI 的步伐，从 2000 年春季开始，资生堂、佳娜宝、花王、高斯这四家位于日本化妆品行业前列的化妆品生产商相继在不同程度上引入 EDI。在日本引入 EDI 的化妆品产销商不断增加。

综上所述，EDI 在日本化妆品产销商中的成功应用可以证明 EDI 能够在化妆品行业中广泛运用，并可让化妆品产销商获得更大的发展空间，取得更高的利润。目前我国的化妆品产销商在物流和交易过程中还存在着一些不合理的制度和低效率的行为，希望日本化妆品物流交易中 EDI 的应用实例能够为中国的化妆产销商带来新的思考空间。

在电子商务时代的企业物流管理活动中，企业每天都要与供应商、客户、其他企业以及企业内部各部门之间进行通信或交换数据，每天都产生大量的纸张文献，纸张文献是企业物流管理中重要的信息流，信息流一旦中断，企业的物流就会不畅通，从而导致重大的经济损失。

EDI 技术可以通过计算机系统和网络实现这些信息流的电子化、自动化，有效地减少企业物流管理活动中的纸面文献，实现无纸化办公，提高信息交换的效率？

1. DEI 概述

EDI 是一种在企业之间传输订单、发票等作业文件的电子化手段。它通过计算机通信网络将重要的信息，用一种国际公认的标准格式，实现各有关部门或企业之间的数据交换与处理，并完成以贸易为中心的全部过程，是 20 世纪 80 年代发展起来的一种电子化贸易工具，是计算机、通信和现代管理技术相结合的产物。

1）DEI 的含义

本书给出的 EDI 的定义为：按照协议，对具有一定结构特征的标准经济信息，经过电子数据通信网络，在商业贸易伙伴的计算机系统之间进行交换和自动处理的全过程。理解 DEI 的定义，需要把握以下几个方面：

（1）EDI 定义的主体是"经济信息"，也就是说它是面向商业文件的，如订单、运单、发票和报关单等。

（2）交换的信息是按协议形成的，是"具有一定结构特征的"。

（3）信息传递的路径是从计算机到"电子数据通信网络"，再到对方的计算机，中间传输渠道中无人工干预。

（4）EDI 信息的最终用户通过计算机应用软件系统自动处理传递来的数据。

手工条件下贸易单证传递方式如图 4-1 所示，EDI 条件贸易单证传递方式如图 4-2 所示。

图 4-1　手工条件下贸易单证传递方式

图 4-2　EDI 条件下贸易单证传递方式

2）EDI 的特点

经过 20 年的发展和完善，EDI 作为一种全球性的具有巨大商业价值的电子化贸易手段及工具，具有几个显著的特点：

（1）单证格式化。EDI 传输的是企业间格式化的数据，如订购单、报价单、发票、货运单、装箱单和报关单等，这些信息都具有固定的格式与行业的通用性。

（2）报文标准化。EDI 传输报文符合轨迹标准或行业标准，这是计算机能自动处理的前提条件。目前广泛使用的 EDI 标准是 UN/EDI FACT 和 ANSIX.12。

（3）处理自动化。EDI 信息传递的路径是计算机到数据通信网络，再到商业伙伴的计算机，信息的最终客户是几十级应用系统，它自动处理传递来的信息，因此这种数据交换流程是机—机，应用—应用，无须人工干预。

（4）软件结构化。EDI 功能软件由 5 个模块组成：客户界面模块、内部 EDP 接口模块、报文生成与处理模块、标准报文格式转换模块和通信模块。这 5 个模块功能分明，结构清晰，形成了较为成熟的商业软件。

（5）运作规范化。EDI 以报文的方式交换信息有其深刻的商贸背景，EDI 报文是目前商业化应用中最成熟、最有效、最规范的电子凭证之一，EDI 报文具有法律效力，已被普遍接受。

2. EDI 的标准

EDI 的定义中指出，EDI 处理的信息是按照协议形成的，是"具有一定结构特征"的，这就是 EDI 的标准。一个贸易伙伴所处理的各种贸易文件，必须可以被另外不同的商业伙伴的计算机系统识别和处理，否则就不可能进行电子数据交换。

EDI 标准的作用主要有以下几个方面：

（1）EDI 网络通信标准的作用是确定 EDI 通信网络应该建立在哪种网络通信协议之上，保证各类 EDI 用户系统的互联。

（2）EDI 语法标准是为了使交换的报文结构化而建立的，包括报文类型规格规定、数据的编码以及字符与语法规则等。

（3）EDI 处理的标准。不同区域、不同行业的 EDI 报文，虽然在总体上是不同的，但也存在若干"公共报文"，为了沟通及处理引文，必须建立有关文件的标准。

（4）EDI 联系标准一般是显示机构内部的，目的是解决 EDI 系统与机构内其他信息系统的联系问题。

（5）EDI 行业的应用标准。

（6）标准还有一个作用，就是简化数据表示，从而大大缩减数据在处理、存储及传输过程中的开销。

3. EDI 技术在企业物流管理中的应用

企业与客户之间的商业行为大致可以分为接单、出货、催款及收款作业等，往来的单据包括采购进货单、出货单、催款对账单及付款凭证。

企业使用 EDI 的目的是改善作业，降低成本，减少差错。企业可以将 EDI 与企业内部的 MIS 对接，实现一体化管理。企业物流管理中的 EDI 与 MIS 关联如图 4-3 所示。

由图可以看出，与企业物流有关的作业活动由于采用了 EDI 技术，效率得到提高，主要表现在以下几个方面：

图 4-3 企业物流管理中 EDI 与 MIS 关联

（1）引入采购进货单。采购进货单是整个交易流程的开始，接到 EDI 订单就不需要重新输入，从而节省订单输入的人力，保证数据正确；开发核查程序，核查收到的订单是否与交易条件相符，从而节省核查订单的人力，降低核查的错误率；与库存系统、拣货系统集成，自动生成拣货单，加快拣货与出货的速度，提高服务质量。

（2）引入出货单。在出货前事先用 EDI 发送出货单，通知客户出货的品名及数量，以便客户事先打印验货单并安排仓库，从而加快验收速度，节省双方交货、收货的时间。

（3）引入催款对账单。开发对账系统，并与出货系统集成，从而减轻财务部门每月对账的工作量，降低对账错误率以及业务部门催款的人力和时间。

（4）引入转账系统。实现了与客户对账的系统后，可以引入银行的 EDI 转账系统，有银行直接接受客户的 EDI 汇款再转入企业的账户内，这样可以加快收款作业，提高资金利用效率。

4.2.4　自动跟踪技术

1. GIS 技术

1）GIS 的概念

GIS 处理、管理的对象是多种地理空间实体数据及其关系，包括空间定位数据、图形数据、遥感图像数据和属性数据等，用于分析和处理在一定地理区域内分布的各种现象和过程，解决复杂的规划、决策和管理问题。

通过上述分析和定义可提出 GIS 的以下基本概念：

（1）GIS 的物理外壳是计算机化的技术系统，它由若干个相互关联的子系统构成，如数据采集子系统、数据管理子系统、数据处理和分析子系统、图像处理子系统、数据产品输出子系统等，这些子系统的优劣、结构直接影响着 GIS 的硬件平台、功能、效率、数据处理的方式和产品输出的类型。

（2）GIS 的操作对象是空间数据和属性数据，即点、线、面、体这类具有三维要素的地理实体。空间数据最根本的特点是每个数据都按统一的地理坐标进行编码，实现对其定位、定性和定量的描述，这是 GIS 区别于其他类型信息系统的根本标志，也是其技术难点之所在。

（3）GIS 的技术优势在于它的数据综合、模拟与分析评价能力，它可以得到用常规方法或普通信息系统难以得到的重要信息，实现地理空间过程演化的模拟和预测。

（4）GIS 与测绘学和地理学有着密切的关系。大地测量、工程测量、矿山测量、地籍测量、航空摄影测量和遥感技术为 GIS 中的空间实体提供各种不同比例尺和精度的定位数；电子速测仪、全球定位技术、解析或数字摄影测量工作站、遥感图像处理系统等现代测绘技术的使用，可直接、快速和自动地获取空间目标的数字信息产品，为 GIS 提供丰富和实时的信息源，并促使 GIS 向更高层次发展。地理学是 GIS 的理论依托。

2）GIS 的组成

GIS 由硬件、软件、数据、人员和方法 5 个部分组成。

（1）硬件。硬件主要包括计算机和网络设备，存储设备，数据输入、显示和输出的外围设备等。

（2）软件。软件主要包括操作系统软件、数据库管理软件、系统开发软件和 GIS 软件等。

（3）数据。数据是 GIS 的重要内容，也是 GIS 的灵魂和生命。

（4）人员。人员是 GIS 的能动部分。人员的技术水平和组织管理能力是决定系统建设成败的重要因素。

（5）方法。方法指采用何种技术路线、何种解决方案实现系统目标。各个部分齐心协力、分工协作是 GIS 成功建设的重要保证。

3）GIS 的基本功能

（1）输入。数据的采集与编辑主要用于获取数据，保证 GIS 数据库中的数据在内容与空间上的完整性。

（2）数据转换与处理。其目的是保证数据入库时内容上的完整性、逻辑上的一致性。方法主要有数据编辑与处理、错误修正；数据格式转化，包括矢量、栅格转化，不同数据格式转化；数据比例转化，包括平移、旋转、比例转换和纠正等；投影变换，主要是投影方式变换；数据概化，主要是平滑和特征集结；数据重构，主要是几何形态变换（拼接、截取、压缩和结构）；地理编码，主要是根据拓扑结构编码。

（3）数据管理。对于小型 GIS 项目，把地理信息存储成简单的文件就足够了。但是，当数据量很大且数据用户很多时，最好使用一个数据库管理系统，以帮助存储、组织和管理数据。

（4）查询分析。GIS 提供简单的鼠标点击查询功能和复杂的分析工具，为管理者提供及时的、直观的信息。

（5）可视化。对于许多类型的地理操作，最终结果以地图或图形来显示。

4）GIS 的应用

（1）用于全球环境变化动态监测。

①1987 年，联合国开始实施一项环境计划（UNEP），其中包括建立一个庞大的全球环境变化监测系统（GEMS）。

②全球森林监测和森林生态变化有关项目（1990 年对亚马逊地区原始森林的砍伐状况进行了调绘，1991 年编制了全球热带雨林分布图）。

③海岸线及海岸带资源与环境动态变化的监测。

④全球性大气环流形势和海况预报等。

(2) 用于自然资源调查与管理。

①在资源调查中,提供区域多条件下的资源统计和数据快速再现,为资源的合理利用、开发和科学管理提供依据。

②应用于不同层次和不同领域的资源调查与管理(如农业资源、林业资源和渔业资源)。

(3) 用于监测、预测。

①借助遥感(RS)和航测等数据,利用 GIS 对森林火灾、洪水灾情、环境污染等进行监视,例如,1998 年长江流域发生特大洪水灾害期间,洪水淹没动态变化趋势影像图为管理部门提供了有效的决策依据。

②利用数字统计方法,通过定量分析进行预测,如在对加拿大金矿带的调查中,分析不宜再行开采的存在储量危机的矿山,优选出新的开采矿区,并作出综合预测图。

(4) 用于城市、区域规划和地籍管理。

①GIS 技术能进行多要素的分析和管理,可以实施城市和区域的多目标开发和规划,包括总体规划、建设用地适宜性评价、环境质量评价、道路交通规划和公共设施配置等。

②城市和区域规划研究(研究城市地理信息系统的标准化、城市与区域动态扩展过程中的数据实时获取、城市空间结构的真三维显示、数字城市等)。

③地籍管理(土地调查、登记、统计、评价和使用)。

(5) 军事应用。

①反映战场地理环境的空间结构;完成态势图标绘,选择进攻路线,合理配置兵力,选择最佳瞄准点和打击核心,分析爆炸等级、范围、破坏程度、射击诸元等。

②在海湾战争中,美军利用 GIS 模拟部队和车辆的机动性,估算了化学武器扩散范围,模拟烟雾遮蔽战场的效果,提供水源探测所需点位,评定地形对武器性能的影响,为军事行动提供决策依据。

③美国陆军测绘工程中心在工作站上建立了 GIS 和 RS 的集成系统,及时(不超过 4 h)将反映战场现状的正射影像图叠加到数字地图上,数据直接送到前线指挥部和五角大楼,为军事决策提供 24 h 服务。

④在科索沃战争中,美军利用 3S 高度集成技术,使打击目标更精准。

5) GIS 的作用

据统计,在军事、自然资源管理、土地和城市管理、电力、电信、石油和天然气、城市规划、交通运输、环境监测和保护、110 和 120 快速反应系统等国防、经济建设、日常生活中,有 80% 的内容与 GIS 密切相关。目前国内 GIS 市场总额(包括软件、应用和服务)为 10 亿~15 亿元人民币,到成熟期将超过 200 亿元人民币。可见,GIS 已经深入人们的日常生活。因此,GIS 被公认为 21 世纪的支柱性产业,是信息产业的重要组成部分。

"GIS 产业是关系到国民经济增长、社会发展和国家安全的战略性产业,它不仅为国家创造直接经济利益,而且是其他众多产业的推动力,对众多经济领域具有辐射作用,能在国民经济的发展中起到倍增器的效果,其渗透作用已深刻影响国民经济的各个方面。"

2. GPS 技术

GPS 结合了卫星及无线技术的导航系统,具备全天候、全球覆盖、高精度的特征,能够实时地、全天候地为全球范围内的陆地、海上、空中的各类目标提供持续实时的三维定位、三维速度及精确的时间信息。

1）GPS 概述

GPS 是美国从 20 世纪 70 年代开始研制的，历时 20 年，耗资 200 亿美元，于 1994 年全面建成，具有在海、陆、空进行全方位实时三位导航语定位能力的新一代卫星导航与定位系统。我国测绘等部门历经 10 年的使用表明，GPS 以全天候、高精度、自动化和高效率等显著特点，赢得了广大测绘工作者的信赖，并成功地应用于大地测量、工程测量、航空摄像测量、运载工具导航和管制、地壳运动监测、工程变形监测、资源勘查、地球动力学等多种学科，给测绘领域带来了一场深刻的技术革命。

2）GPS 的物流功能

（1）实时监控功能。在任意时刻通过发出指令查询运输工具所在的地理位置并在电子地图上直观地显示出来。

（2）双向通信功能。GPS 的通信功能可使用 GSM 的话音功能与驾驶员进行通话，或使用本系统安装在运输工具上的移动设备的液晶显示终端进行消息收发对话。

（3）动态调度功能。调度人员能在任意时刻通过调度中心发出文字调度指令，并得到确认信息。可进行运输工具待命计划管理，操作人员通过在途信息的反馈，在运输工具未返回车队前即做好待命计划，可提前布置运输任务，减少等待时间，加快运输工具周转速度。

（4）数据存储、分析功能。实现路线规划及路线优化，事先规划车辆的运行路线、运行区域、确定车辆何时应到达扫描地方等，并将该信息记录在数据库中，以备以后查询、分析使用。

可进行可靠性分析，通过汇报车辆的运行状态，了解车辆是否需要修理，预先做好修理计划。计算车辆平均每天差错时间，动态衡量该型号车辆的性能价格。

4.2.5 物流自动化技术

1. 自动化立体仓库的形成

自动化立体仓库（automatic warehouse）简称高层货架，是随着生产力的高度发展，自动化技术的广泛应用，为适应仓储作业的高效、准确、低成本的要求而产生的。自动化立体仓库是现代物流的重要装备。自动化立体仓库一般是指采用十几层乃至几十层高的货架来储存单元货物，并用相应的搬运设备进行货物入库、出库作业的仓库。自动化立体仓库的建筑高度一般在 5 m 以上，最高的可达 40 m，常用的自动化立体仓库高度为 7～25 m。库内高层货架每两排合成一组，设有一条巷道，以供堆垛起重机和叉车行驶作业。巷道堆垛起重机自动对准货位存取货担。出库、入库的搬运系统完成自动存取作业。

1）自动化立体仓库的构成

自动化立体仓库主要由以下 4 个部分组成：

（1）高层货架。高层货架是自动化立体仓库的主要构筑物，一般用钢材或钢筋混凝土制作。钢货架的优点是构件尺寸小、仓库空间利用率高、制作方便、安装建设周期短。钢筋混凝土货架的突出优点是抗腐蚀能力强、维护保养简单。

（2）巷道堆垛起重机。巷道堆垛起重机是自动化立体仓库中最重要的搬运设备。它是随着自动化立体仓库的出现而发展起来的专用起重机。它的主要用途是在高层货架的巷道内来回穿梭，将位于巷道中的货物存入货格，或者从货格中取出货物运到巷道口。巷道堆垛起重机一般由机架、运行机构、升降机构、货叉伸缩机构和电气控制设备组成。

(3) 周边搬运系统。周边搬运系统包括搬运机、自动导向车、叉车、台车和托盘等。其作用是配合巷道堆垛起重机完成货物运输、搬运和分拣等作业，还可以临时取代其他主要搬运系统，使自动存取系统维持工作，完成货物出入库作业。

(4) 控制系统。自动化立体仓库的控制形式有手动控制、随机自动控制、远距离自动控制和计算机自动控制4种形式。

2) 自动化立体仓库的功能

(1) 大量储存。一个自动化立体仓库的货位数可以达到30万个，可储存30万个托盘，以平均每托盘储存货物1吨计算，则一个自动化立体仓库可同时储存30万吨货物。

(2) 自动存取。自动化立体仓库的出、入库及库内搬运作业全部实现由计算机控制的机电一体化作业。

(3) 信息处理。自动化立体仓库的计算机系统能随时查询仓库的有关信息和伴随各种作业所产生的信息报表单据。

3) 自动化立体仓库的特点

与传统的普通仓库相比，自动化立体仓库系统具有以下特点：

(1) 采用多层货架存储货物。自动化立体仓库的货架通常是几层或十几层，有的甚至达几十层。存储区向高空的大幅度发展，使仓库的空间得到充分利用，节省了库存占地面积，提高了空间利用率。自动化立体仓库的单位存储量可达 $7.5\ t/m^2$，是普通仓库的 $5\sim10$ 倍。同时，多层货架储存还可以避免或减少货物的丢失和损坏，有利于防火防盗。

(2) 使用自动设备存取货物。自动化立体仓库系统使用机械和自动化设备，不仅运行和处理速度快，而且降低了操作人员的劳动强度，提高了劳动生产率。这种非人工直接处理的存取方式，能较好地适应黑暗、低温、易爆及有污染等特殊场所货物存取的需要。此外，该系统能够方便地纳入企业整体物流系统，有利于实现物流的合理化。

(3) 运用计算机进行管理和控制。计算机能够准确无误地对各种信息进行存储和处理。使用计算机管理可减少货物和信息处理的差错，及时准确地反映库存状况。这不仅便于及时清点和盘库，有效利用仓库的储存能力，合理调整库存，防止货物出现自然老化、生锈、变质等损耗，而且能够为管理者决策提供可靠的依据，有利于加强库存管理。

同时，通过自动化立体仓库信息系统与企业生产信息系统的集成，还可实现企业信息管理的自动化。

基于上述特点，使用自动化立体仓库能够给企业带来减少土地占用和土建投资费用、降低库存成本、加快储备资金周转、提高劳动生产率以及有效控制存货损失和缺货风险等诸多利益。实践证明，自动化立体仓库的使用能够产生巨大的经济效益和社会效益。

4) 自动化立体仓库的设计原则

(1) 牢记设计目标原则。在设计过程中，必须始终牢记设计目标，从而避免其他次要因素的干扰。

(2) 保持物料向前移动原则。保持物料始终向最终目的地移动，尽量避免返回、侧绕和转向。直接从起点到终点的路线是最经济、最快捷和最有效的。

(3) 物料处理次数最少原则。不管是人工方式还是自动方式，每一次物料处理都需要花费一定的时间和费用。应通过复合操作或减少不必要的移动，或引入能同时完成多个操作的设备来减少物料处理次数。

（4）使用合适的设备原则。应选择能完成特定任务最廉价而有效的设备。

（5）最少的人工处理原则。人工处理是昂贵的，并且容易产生错误，因此应尽量采用机械设备来减少对人工处理的需要。

（6）安全性原则。设计的物流系统应能保护人、产品和设备不受损伤。在系统设计中必须考虑防撞、防掉落和防火等措施。

（7）简化原则。尽量使用以低成本能完成工作的最简单的系统。一般来说，系统越简单，操作和维护成本越低，可靠性越高，系统响应速度越快。

（8）高利用率原则。应尽量减少设备空闲时间，实现故障时间最小化和运行时间最大化。

（9）灵活性原则。系统应能满足未来的需求和变化。由于系统的经济性通常会限制其灵活性，因此需要在现在和未来需要之间作出平衡。

（10）容量富余原则。设计者和管理者应能根据发展规划预测未来要增加的容量，并使系统能够满足现在和不久的将来的需要。

（11）自动化原则。最大限度地应用自动化控制进行操作。恰当的自动化控制能减少差错，降低使用成本，提高仓库利用率和产量。

（12）降低使用成本原则。要预测系统的使用费用，并尽可能使其处于较低的水平。

（13）利用有效空间原则。建设自动化立体仓库需要大量土地、基础资料和各种设施，要投入大量经费，因此要充分利用库房内外的空间存储物料，避免空间的浪费。

（14）有效维护原则。系统要能有效维护，且维护费用低廉。有效维护指日常保养和快速修理。

（15）复合操作原则。尽量把几种操作合并在一起进行，以减少操作数量。

（16）简化流程原则。因为每种操作都需要一定的费用，因此要尽量减少操作。

（17）人机工程学原则。应符合人机工程学原理，使系统中的人员（管理、操作和维护人员）安全、舒适、方便和不易犯错误。

（18）最短移动距离原则。以物料和设备最短的移动距离达到希望的目的。

（19）易于管理和操作原则。操作方便、灵活，易于管理。

（20）充分利用能量原则。应充分利用系统中的能量，尤其是重力产生的能量。

（21）标准化原则。标准化的设计、产品、设备和货物单元能为制造者和使用者带来极大的方便。

（22）超前规划原则。规划要有预见性，以减少不必要的浪费，并使系统具有很强的适应性。

（23）低投资原则。以最少的资本投入，获得最大的经济效益。

（24）低操作费用原则。保持日常的低成本操作，以降低操作费用。

上述每一条原则看起来都很简单，也比较容易实现，但要兼顾每一条原则，并对其加以综合运用却困难得多。只有具备较高的理论水平和丰富的实践经验，并对使用者的要求具有深入的了解，才能使系统达到最佳状态，发挥最大作用。

2. 自动化立体仓库系统

自动化立体仓库系统通常由自动存取货系统、自动分拣系统和自动控制系统组成。

1) 自动存取货系统

在通常情况下，自动存取货系统由立体货架、巷道堆垛起重机和托盘组成。立体货架储存货物，其存取动作是由巷道堆垛起重机根据控制指令自动进行的。

(1) 立体货架。

用支架、隔板或托架组成的立体储存货物的设施称为货架。立体货架［图4-4（a）］是自动化立体仓库的主要组成部分，是储存、保管货品的场所。根据所储存货品的形态，可选择不同的货架形式，常见的货架形式有单元货格式货架、流动货架、移动式货架和回转式货架等。

(2) 巷道堆垛起重机。

在自动化立体仓库中使用的堆垛机主要是巷道堆垛机，如图4-4（b）所示，其主要作用是在自动化立体仓库的货架区巷道内来回穿梭运行，将位于巷道口的货品存入货格；或取出货格内的货品运送到巷道口。在入库作业中，当输送系统将货品运送到货架区巷道口时，自动控制系统向巷道堆垛起重机发出指令，巷道堆垛起重机则根据指令将货品自动运送到指定的货位。在出库作业中，控制系统向巷道堆垛起重机发出取货指令，巷道堆垛起重机根据此指令将位于相应货格中的货品取出，运送到巷道口。巷道堆垛起重机的主要技术性能指标如下：

①起重量：指被起升单元货物的重量（包括托盘和货箱的重量），根据使用要求不同，起重量的大小也不同，一般起重量在2 t以下，有的可达4~5 t。

②起升高度：一般为10~25 m，最高可达40 m以上。

③起升速度：指巷道堆垛起重机一定载荷条件下所能起升的最大速度，一般为6.3~40 m/min。

④运行速度：指水平行驶速度，它是巷道堆垛起重机在轨道上水平运行时所能达到的最大速度，运行速度的高低直接影响着搬运作业效率，一般为25~180 m/min。

⑤货叉伸缩速度：一般为5~30 m/min。

(a) (b)

图4-4 立体货架与巷道堆垛机

(a) 立体货架；(b) 巷道堆垛起重机

(3) 托盘。

托盘是为了使物品能够有效地进行装卸、搬运和储存，适应装卸搬运机械化和自动化而发展起来的一种集装器具，托盘与机械装置或自动化装置配合作业，大大提高了装卸搬运作业的工作效率。

托盘的规格尺寸必须是标准的,其标准化是使用托盘的前提。标准托盘如图 4-5 所示。国际标准化组织先后颁布了一些托盘标准,1982 年我国国家标准(GB 2934—1982)将联运托盘的平面尺寸定为:800 mm × 1 200 mm、800 mm × 1 000 mm、1 000 mm × 1 200 mm 3 种,其载重量均为 1 t。后来,陆续颁布了 GB3716—1983《托盘名词术语》、GB 4995—1985《木制联运平托盘技术条件》、GB 4996—1985《木制联运平托盘试验方法》、铁道部标准(TB 1554—1985)《铁路货运钢制平托盘》等,为我国物流托盘化奠定了技术基础。

图 4-5 标准托盘

2) 自动分拣系统

物流中心每天要接收大量的不同类的商品,为了在最短的时间内将这些商品按一定的规则(如商品的品种、货主、储位或发送地点)快速准确地分类,然后将其运送到仓储区指定的位置,同时按客户订单或配送路线的要求,将不同品种的货品在最短的时间内从储存区拣取出来,运送到不同的理货区域或配送站台,以备装车配送,需要一套自动分拣系统来自动地完成这些工作。

自动分拣系统通常与自动输送系统配套使用。自动分拣系统是实现自动化立体仓库高速运转的基本条件,在出入库作业中,分拣作业的工作量最大,分拣作业是制约自动化立体仓库运转效率的关键因素。

自动分拣系统一般由控制装置、分类装置、输送装置及分拣道口组成。

(1) 控制装置。控制装置的作用是识别、接收和处理分拣信号。根据分拣信号指示分类装置,按一定的规则(如商品品种、送达地点或货主的类别)对商品进行自动分类,从而决定商品的流向。

分拣信号来源于货主的入库单证、客户订单,一般需要先将这些原始单证提供的分拣信息经过处理后,转换成拣货单、入库单或电子拣货信号,指导拣货人员或自动分拣设备进行分拣作业。

(2) 分类装置。分类装置的作用是执行控制系统发来的分拣指令,使商品进入相应的分拣道口。所谓分类,是先识别和引入货品,然后通过分类装置把货品分流到指定的位置。分类的依据主要有:货品的形状、重量和特性等,用户、订单和目的地。分类过程是货品通过输送设备进入识别区域,经过识别后送入分类机构。控制装置根据识别信息控制分类机构对货品进行分类,并把分类后的货品输送到指定位置。

(3) 输送装置。输送装置的作用是将已分拣好的商品输送到相应的分拣道口,以便进行后续作业。输送装置如图4-6所示。

图4-6 输送装置

（4）分拣道口。分拣道口是将商品脱离输送装置并进入相应集货区域的通道。一般由钢带、皮带和滚筒等组成滑道，使商品从输送装置滑向缓冲工作站，然后进行入库上架作业或配货作业。

以上4部分装置在控制系统的统一指挥下，分别完成不同的功能，各机构之间有机配合构成一个完整的自动分拣系统。

3）自动控制系统

自动控制系统是由各种计算机硬件设备、网络设备以及运行于其上的软件构成的信息系统。该系统主要用于完成以下两项功能：自动化物流立体库信息管理；自动化物流立体库设备控制。

与之对应，该系统从功能上划分为配送中心信息管理系统（WMS）和配送中心设备控制系统（WCS）两部分。这两部分既相对独立地完成各自的功能，又进行信息交互和共享，以保证配送中心数据的完整性和一致性。由于整个信息系统是通过局域网进行连接的，因此WMS可根据需要灵活地运行于系统中的各台计算机上，WCS则运行于专用的控制用计算机上，并通过局域网与WMS连接，控制用计算机同时通过专用通信网络与自动设备连接。

4.2.6 电子商务的前沿技术与运作模式展望

电子商务是依托互联网的商业活动，新的互联网技术不断涌现，例如物联网技术、VR/AR技术、5G技术、可穿戴技术、3D打印技术等，电子商务运作模式和理念也在不断创新。

1. 物联网技术在电子商务物流中的应用

物联网是继计算机，互联网与移动、通信网之后的又一次信息产业浪潮，全球正面临着一次新的物流信息化革命。物联网应用环境提高了物流信息化的复杂性，为物流信息采集、互联互通、智能应用在技术标准和投资成本、开放性和安全性、应用的部署和发展等多方面带来挑战，对电子商务物流管理、实施方案等方面都提出了新的要求。

1）物联网的相关概念

物联网指的是将各种信息传感设备与互联网结合起来而形成的一个巨大网络。其目的是让所有的物品都与网络连接在一起，以方便识别和管理，实现物理空间与数字空间的无缝连接。

（1）物联网：通过射频识别、红外感应器、GPS、激光扫描器等，按约定的协议，把任何物体与互联网相连，进行信息交换和通信，以实现对物体的智能化识别、定位、跟踪、监控和管理。

（2）智能交通：智能交通是一个基于现代电子信息技术面向交通运输的服务系统。它的突出特点是以信息的收集、处理、发布、交换、分析和利用为主线，为交通参与者提供多样性的服务。

（3）智能物流：智能物流是在智能交通系统和相关信息技术的基础上，电子商务化运作的现代物流服务体系。通过智能运输系统（ITS）和相关信息技术解决物流作业的实时信息采集，并在一个集成的环境下对采集的信息进行分析和处理，通过在各个物流环节中的信息传输，为物流服务提供商和客户提供详尽的信息和咨询服务，为顾客提供最好的服务。

2）物联网的发展阶段

物联网的发展可分为4个阶段：第一个阶段是大型机、主机的联网；第二个阶段是台式机、笔记本与互联网相连；第三个阶段是手机等一些移动设备的互联；第四个阶段是嵌入式互联网的兴起，更多与人们的日常生活紧密相关的应用设备，包括洗衣机、冰箱、电视、微波炉等都将加入互联互通的行列，最终形成全球统一的物联网。

3）物联网环境下我国物流信息化发展的对策

在经济全球化和信息化进程快速推进，物联网技术与物流管理不断推陈出新的形势下，要加快我国物流信息化建设，应该着重做以下几个方面的工作：

（1）加强物联网发展政策保障体系，不断完善发展规划，起到物联网发展"指挥棒"的作用，引导物流企业的信息化建设。

（2）为了物联网环境下我国物流信息化发展，应该加快制定我国物流企业物联网编码标准和数据共享交换等标准规范。

（3）结合物联网技术的新特点和新要求，加快各物流区域公共物流信息化平台建设，进行横向整合，实现同类资源集约化，例如利用信息网络整合分散的货主和车辆并进行优化匹配、利用多式联运平台整合各种运输方式、利用物流枢纽和物流园区对各种资源进行整合和有效管理等，实现物流企业信息的畅通无阻，为中小型物流企业信息化提供统一的信息平台，提供物流中的标准化服务，如仓储、运输、货代和快递等，提高物流信息化的使用效率与效益。

（4）加快大型物流企业新型网络商务与信息化平台建设，通过装置在各类物体上的电子标签、传感器、二维码等经过接口与无线网络相连，按专业化类别进行物流流程的信息采集，给物体赋予智能，实现人与物体以及物体与物体的沟通和对话。

4）物联网在电子商务物流中的应用

（1）物流是物联网发展的基础。物联网的发展离不开物流行业的支持，早期的物联网叫作传感网，而物流业最早就开始有效应用了传感网技术，比如电子标签在汽车上的应用就是最基础的物联网应用，物流是物联网发展的一块重要的土壤。

（2）物流是物联网的重要应用领域。物联网的应用主要集中在物流和生产领域，物流是物联网相关技术最有现实意义的应用领域之一。特别是在国际贸易中，由于物流效率一直是整体国际贸易效率提升的瓶颈，物联网是提高效率的关键因素。物流与物联网的关系十分密切，通过物联网建设，企业不但可以实现物流的顺利运行，城市交通和市民生活也将获得很大的改观。

目前，物联网在电子商务物流中的应用日渐成熟，物品可追溯领域的技术与政策等条件也已经成熟，应加快全面推进。在可视化与智能化物流管理领域应该开展试点，力争取得重点突破，取得有示范意义的案例。在智能物流中心建设方面需要物联网理念进一步提升，加强网络建设和物流与生产的联动，在智能配货的信息化平台建设方面应该统一规划，全力推进。

3）物联网在物流业应用的未来趋势

当前，物联网的发展正推动着中国智慧物流的变革，随着物联网理念的引入、技术的提升和政策的支持，未来物联网将给中国物流业带来革命性的变化，中国智慧物流将迎来大发展的时代，未来物联网在物流业的应用将出现以下四大趋势：

（1）智慧供应链与智慧生产融合。随着射频识别技术与传感网的普及，物与物的互联互通将给企业的物流系统、生产系统、采购系统与销售系统的智能融合打下基础，而网络的融合必将产生智慧生产与智慧供应链的融合，企业物流完全智慧地融入企业经营之中，打破工序、流程的界限，打造智慧企业。

（2）智慧物流网络开放共享，融入社会物联网。物联网是聚合型的系统创新，必将带来跨行业的网络建设与应用。如一些社会化产品的可追溯智能网络能够融入社会物联网，开放追溯信息，让人们可以方便地借助互联网或物联网手机终端，实时便捷地查询、追溯产品信息。这样，产品的可追溯系统就不仅是一个物流智能系统，它将与质量智能跟踪、产品智能检测等紧密联系在一起，从而融入人们的生活。

（3）多种物联网技术集成应用于智慧物流。目前在物流业应用较多的感知手段主要是射频识别和 GPS 技术，今后随着物联网技术的发展，传感技术、蓝牙技术、视频识别技术、M2M 技术等也将逐步集成应用于现代物流领域，用于现代物流作业中的各种感知与操作。例如温度的感知用于冷链物流，侵入系统的感知用于物流安全防盗，视频的感知用于各种控制环节与物流作业引导等。

（4）物流领域的物联网创新应用模式将不断涌现。物联网带来的智慧物流革命远不止以上几种模式。实践出真知，随着物联网的发展，更多的创新模式会不断涌现，这才是未来智慧物流大发展的基础。

目前，很多企业已经开始积极探索物联网在物流领域应用的新模式。例如有的企业在探索给邮筒安上感知标签，组建网络，实现智慧管理，并把邮筒智慧网络用于快递领域。当当网在无锡新建的物流中心探索物流中心与电子商务网络的融合，开发智慧物流与电子商务相结合的模式。无锡新建的粮食物流中心探索将各种感知技术与粮食仓储配送相结合，以实时了解粮食的温度、湿度、库存和配送等信息，打造粮食配送与质量检测管理的智慧物流体系。

虽然物联网已经在国内物流业实现了一些应用，但依然是一个新生事物，物联网要想在物流行业真正大展宏图，还需要解决技术、商业文化和政策等一系列问题。尤其是标准化问题，这是一个新生事物能否大规模发展的关键因素。可以预见，在不久的将来，物联网技术必将给物流行业带来革命性的变化。

2. VR/AR 技术

VR 是 Virtual Reality（虚拟现实）的缩写；AR 是 Augmented Reality（增强现实）的缩

写。VR 技术是一种可以创建和体验虚拟世界的计算机仿真系统，它利用计算机生成一种模拟环境，是一种多源信息融合的、交互式的三维动态视景和实体行为的系统仿真，使用户沉浸到该环境中。AR 技术是一种实时地计算摄影机影像的位置及角度并加上相应图像的技术，这种技术的目标是在屏幕上把虚拟世界套在现实世界中并进行互动。这种技术最早于 1990 年提出。随着随身电子产品运算能力的提升，AR 技术的用途越来越广泛。2019 年 3 月 17 日，阿里巴巴宣布成立 VR 实验室，发布 "Buy+" 计划，将全面布局 VR，这一消息也表明，以阿里巴巴为首的国内巨头正式开始在 VR 领域发力。迄今为止，VR 在游戏世界变成万众瞩目的大热门，但是随着电子商务企业慢慢尝试着给消费者提供同样沉浸式的体验，VR 和 AR 在电子商务领域中也将扮演下一个不可替代的角色。从 T 台上带来的时尚萌芽，再到商铺中的 "虚拟旅程"，VR 和 AR 从各个视角给消费者创造体验新奇产品的机会，同时也为电子商务带来了前所未有的、近乎真实生活的购物体验。2015 年上半年，著名轻奢品牌 Rebecca Minkoff 与 River Island 同谷歌联手使用 Cardboard 展出它们的新作品。Rebecca Minkoff 将时装秀提前拍摄好，用户可以通过一个简单的头部动作将影片下载到他们的智能手机上，用户可以从 T 台的机位、某个摄影师的机位，甚至任一个观众的机位观看时装秀。

3. 5G 技术

5G 网络是指第五代移动通信网络，其峰值理论传输速度可达每秒数十 Gb，比 4G 网络的传输速度快数百倍。举例来说，一部 1 GB 超高画质的电影可在 3 s 之内下载完成。随着 5G 技术的诞生，用智能终端分享 3D 电影、游戏以及超高画质节目的时代即将来临。5G 技术改变最大的领域就是电子商务领域，其中包括平台型电商，也包括社交电商。从现状看，一是基于人脉分享的社交电商模式，二是基于平台技术的电商模式，如短视频、POI 和朋友圈等。在将来，平台经济将被云经济代替，所有的数据、计算、存储、应用、人脉和流转均源自云端。5G 技术的应用将使云服务变得前所未有的重要，交易机会和拉新成本将不会出现成本门槛问题，都体现为数据和人工智能的应用，所以，商业问题将彻底转变成技术问题。

4. 可穿戴技术

可穿戴技术主要探索和创造能直接穿在身上，或整合进用户的衣服或配件的设备的科学技术。可穿戴技术是在 20 世纪 60 年代，由美国麻省理工学院媒体实验室提出的创新技术，利用该技术可以把多媒体、传感器和无线通信等技术嵌入人们的衣着中，它支持手势和眼动操作等多种交互方式。

1）可穿戴技术设计的十大原则

（1）为人们解决经常性问题。

（2）基于人，而非机器。

（3）要求吸引关注。

（4）提升人的能力，而不是取代人的能力。

（5）减少用户的更多问题。

（6）能够激发深入广泛的连接。

（7）服务软件。

（8）影响力最大化。

（9）增加用户的美好体验。

2）可穿戴技术在电子商务中的应用

可穿戴设备，即直接穿在身上，或整合到用户的衣服或配件中的一种便携式设备。智能可穿戴设备，是应用可穿戴技术对日常穿戴进行智能化设计、开发出可以穿戴的设备的总称，如眼镜、手套、手表、服饰及鞋等。可穿戴技术在电子商务中的应用主要有以下形式：

（1）移动工具营销。

智能手机、平板电脑等移动工具成为联系客户、促销的主要工具，商家应利用最先进的科学技术，拓宽销售渠道。锁定目标进行促销，开展移动电子商务、移动支付、忠诚度计划、积分奖励计划等。未来随着可穿戴技术的普及，越早把握这些机会，越容易赢得更广阔的市场。

（2）利用内容和社交媒体。

如今，许多消费者在购物前往往先上网浏览，一些零售商已经认识到这一点，它们撰写一些软性的内容在各大网站大力宣传、推销自己的品牌。其实只有文字宣传是不够的，因为消费者往往没有时间与耐性阅读大段的文字，而将产品展示在图片社交平台上，精美的图片很容易印在潜在顾客的脑海里，让用户全方位了解产品和服务。

（3）利用大数据实现精准营销。

通过大数据的收集、挖掘、研究顾客的态度和行为数据，利用先进的移动技术，如地理围栏、近场通信（NFC）、WiFi服务、增强现实技术、低功耗蓝牙技术和iBeacons技术，更好地进行产品宣传、推广等活动，可以在推广的同时，避免打扰客户，既提升了销售业绩，又赢得了客户满意度。例如，一家商店可在调查用户的消费行为和购买意向后，针对该区域的20～55岁的高收入女性发送广告信息，举办限时抢购活动，这样用户不仅不反感，反而非常期待，效果可想而知。

（4）O2O双向服务。

商家可以采用网络与实体店销售相结合的方式，提升顾客在店内的用户体验，以便更好地与纯网络零售商进行竞争。可以推出在线订购，门店提货服务，实施店内移动支付，建立客户忠诚度计划，实行会员卡购物制度等，让线上的客户在线下体验，使消费真正落地，形成O2O的闭环。

在线上和线下对接方面，苏宁为人们提供了思路。传统零售业在积极向线上迁移的同时，传统实体店的布展、出样、服务等功能已很难满足消费者的需求，传统实体店进一步被互联网格式化，开始运用互联网技术嫁接、改造、优化线下的实体资源。在此背景之下，苏宁在业内创新性地推出了互联网化的第一款产品——云店，把线上的电子商务网站变成线下的实体门店，为消费者提供全方位的生活场景。同时，苏宁还积极探索店面的科技化、智能化，通过虚拟试衣镜、虚拟出样和机器人导购等技术打造未来门店。

5. 3D打印技术

3D打印是快速成型技术的一种，它是一种以数字模型文件为基础，运用粉末状金属或塑料等可黏合材料，通过逐层打印的方式来构造物体的技术。3D打印通常是采用数字技术材料打印机来实现的，常在模具制造、工业设计等领域被用于模型制造，后逐渐用于一些产品的直接制造，已经有使用这种技术打印而成的零部件。该技术在珠宝、鞋类、工业设计、建筑、工程和施工（AEC）、汽车、航空航天、牙科和医疗、教育、地理信息系统、土木工程、枪支以及其他领域都有应用。在北美的一些中学、普通高校和军事院校，3D打印机已经被用于教学和科研。从市场应用份额看，3D 打印技术应用在汽车及零配件领域占 37%，在消费品领域占 18.2%，在航空航天和国防军工领域占 13.7%，在商业机器领域占 11.2%，在医疗领域占 8.8%，在科研领域占 11.1%。

6. 电子商务新的运作模式和理念

1) 新零售

2016 年 10 月，阿里巴巴的马云在云栖大会上提出了"新零售"的概念；2017 年 3 月，苏宁的张近东在"两会"期间提出了"智慧零售"的概念，同年 7 月，京东的刘强东在《财经》杂志发表了《第四次零售革命》一文，而根据京东与腾讯的动作，其实质应当就是"无界零售"的概念。其实这三种说法都是殊途同归的。阿里巴巴研究中心给新零售设定了 3 个特征：一是以心为本，以消费者体验为中心，重构人、货、场；二是零售二重性，完全数据化；三是零售物种大爆发，催生更多服务形态。最后大概可以归纳为：以用户为核心，线上线下全渠道打通。阿里收购线下的百货超市，例如银泰、大润发等，全面打通线上线下，向全渠道进发，通过 VR 购物、无人收银等新科技提升用户体验。

新零售很难定义，但其核心就是人、货、场的重新组织和优化。新零售是指未来的电子商务平台可能消失，如淘宝、京东和亚马逊等，然后线上线下和物流结合在一起，线上是指云平台，线下是销售门店和生产商，而新物流则可以消减库存、减少囤货量。所以新零售是"线上线下的结合""人、货、仓、配的结合"。通过新零售，可拉近与消费者之间的距离。由于线上和线下是共存又竞争的关系，只有二者，共同发展，才能真正实现服务大众同时降低成本。

2) 跨界

跨界是一种营销方式。跨界代表一种新锐的生活态度与审美方式的融合。跨界对于品牌的最大益处，是让原本毫不相干的元素相互渗透，相互融合，从而给品牌一种立体感和纵深感。可以建立跨界关系的不同品牌，一定是互补性而非竞争性品牌。这里所说的"互补"，并非功能上的互补，而是用户体验上的互补。跨境电子商务是指分属不同关境的交易主体，通过电子商务平台达成交易，进行支付结算，并通过跨境物流运送商品，完成交易的一种国际商业活动。跨境电子商务市场前景很好，增长很快，天猫、京东等电子商务平台都已经进入。国内跨境电子商务领域已汇集了天猫、亚马逊、京东、聚美优品、唯品会、一号店和聚划算等众多电子商务平台。国民收入不断增长，海外购物需求上升，国内电子商务市场竞争激烈，导致跨境电子商务的崛起。

3) 共享经济

从概念上讲，共享经济是将原先由于技术手段或者商业模式的限制无法参与经济活动与经济流通的生产生活资源，通过新的技术手段或者商业模式投入到经济活动与经济流通中，重新产生经济价值与社会效益的经济模式。简单来说，共享经济是基于闲置资源使用权的精准匹配与连接，实现生产要素的社会化，提高存量资产的使用效率。

共享经济产业链是一个动态的生态圈，它打通了生产与消费的壁垒。每个消费者既可以是生态圈中以供给为形式的外围组成，也可以随时转化成以需求为核心的中心，每个人或企业都有可能是产品和服务的供给者或需求方，这种方式决定了整个交易市场的无限外延能力。共享经济一般是指以获得一定报酬为主要目的，基于陌生人且存在物品使用权暂时转移的一种新的经济模式。其本质是整合线下的闲散物品、劳动力、教育/医疗资源。也有人说共享经济是人们公平享有社会资源，各自以不同的方式付出和受益，共同获得经济红利。此种共享更多的是以互联网为媒介来实现的。共享经济涉及三大主体，即商品或服务的需求方、供给方和共享经济平台。共享经济平台作为连接供需双方的纽带，通过移动 LBS 应用、动态算法与定价、双方互评体系等一系列机制的建立，使供需双方通过共享经济平台进行交易。最具代表性的企业有滴滴 Uber、Airbnb 和全球蛙。在北京、广州和杭州等多个城市，共享单车、共享汽车，共享充电宝、共享篮球、共享雨伞等共享经济新形态不断涌现。共享经济的 5 个要素分别是：闲置资源、使用权、连接、信息和流动性。共享经济关键在于如何实现最优匹配，实现零边际成本，其关键是解决技术和制度问题。

分享经济（Sharing Economy）是指将社会海量、分散、闲置资源平台化、协同化地集聚，通过复用与供需匹配，从而实现经济与社会价值创新。分享经济的两个核心理念是"使用而不占有"（Access over Ownership）和"不使用即浪费"（Value Unused is Waste）。不要把共享经济和分享经济混淆。

项目小结

物流是物品实体的流动，而信息流则是在商流、物流中产生或者对商流、物流施加影响的信息的流动。电子商务物流信息技术包括网络技术、数据库技术、条形码技术、射频识别技术、电子数据交换技术、GIS 技术和 GPS 技术等。本章介绍了数据、信息、物流信息、信息技术和物流信息技术的概念，介绍了信息与决策的关系、物流信息的特点和作用、现代物流的特点及物流信息技术的应用，介绍了物联网、VR/AR 等电子商务前沿技术与运作模式及其在电子商务物流中的应用与发展趋势。

教学建议：建议本项目讲授 4 课时，实验 2 课时。

【推荐研究网址】
1. www.t-o.com.cn　　　　　　　　　　中国大件运输物流网
2. http://www.chinawuliu.com.cn　　　　中国物流与采购网
3. http://www.iotcn.org.cn/　　　　　　中国物联网

习题与思考

一、思考题

1. 条形码技术有哪些特点？其应用系统是如何构成的？
2. 物流条形码的标准体系包括哪些？
3. 射频识别系统是由哪几个部分组成的？它有何特点？其主要应用领域有哪些？
4. EDI 系统是由哪几个部分组成的？实施 EDI 的条件是什么？
5. GPS 是由哪几个部分组成的？应用 GPS 如何实现货物的跟踪与调度？
6. 什么是 GPS 技术？如何将 GPS 技术应用于物流分析？
7. 什么是物联网？什么是 VR/AR？简述其在电子商务物流中的应用。

二、上机实训题

浏览淘宝网、苏宁易购、京东商城或亚马逊等电子商务网站，分析站点需要改进的地方，并说明物联网、VR/AR 等在其中如何应用。

项目五

电子商务物流成本管理

知识目标

（1）了解电子商务物流成本的含义。
（2）了解电子商务物流成本的分类。

能力目标

（1）掌握电子商务物流成本的含义。
（2）掌握电子商务物流成本管理方法。

项目任务

任务一　电子商务物流成本的含义
任务二　电子商务物流成本的种类
任务三　电子商务物流成本管理方法

任务导入案例

德国宝马公司

汽车制造工业对物流供应要求很高，其工作难点在于如何有效提供生产所需的千万种零件器材。居世界汽车领导地位的德国宝马公司，针对客户个别需求生产多样车型，其中3个在德国境内负责3、5、7系列车型的工厂，每天装配所需的零件高达4万个运输容器，供货商有上千家。面对如此庞大的供应链，德国宝马公司有一套先进的方法。

在订单方面，德国宝马公司已在挖掘当日需要量潜力，在汽车组装零件的送货控制中，最重要的是提出订货需求，也就是将货物的需要量和日期通知给物流采购中心。德国宝马公司在生产规划过程中，可以针对10个月后所需货物的需要量提出订货需求，供货商也可借此预估上游供货商所需货物的种类及数量。不过，随着生产日期的接近，双方才会更确切地知道实际需要量。针对送货控制而言，一般可分为两种不同的形式：一种为根据生产步骤所需提出订单；另一种为视当日需要量提出需求。前者由生产顺序决定需要量，其零件大多在极短时间内多次运送，由于此种提出订单的方式对整个送货链的控制及时间要求相当严格，因此适用于大量、高价值或者变化大的零件。对于大多数组装程序而言，只要确定当天需要量就足够了，区域性货运公司在前一天从供货商处取货，隔天就可送抵德国宝马公司的组装工厂。在送抵组装工厂前先取货并将货物停放在转运点的过程称为"前置运送"，而第二阶段送抵组装工厂的步骤称为"主要运送"。通过几年的时间，德国宝马公司已把根据生产顺序所需的订货方式最佳化。视当日需要量提出订单的方式仍有极大的发展潜能，所以德国宝马公司目前正积极对其最佳化进行研究。

在仓储方面，德国宝马公司已在处理低存货带来的运输成本。"前置运送"和"主要运送"的费用计算有所区别。前者的费用计算是把转运点到供货商的路程、等待及装载时间都列入费用计算，与运送次数成正比，但与装载数量无关；后者的费用计算是与货物量成正比，不受送货次数的影响。大多数供货商接到德国宝马公司不同工厂的订单，可由同一个货运公司把货物集中到综合的转运站，然后再配送到各所需工厂，这样有效地安排取货路径，降低了"前置运送"的成本。同时，也考虑各工厂间整合性仓储设备及运送的供应链管理、各个价值创造部分的程序及其系统，使其产生互动影响，不再只限于局部最佳化，而是以整体成本为决定的依据。

在供应链方面，德国宝马公司已把其合作伙伴纳入成本节约的考虑因素。德国宝马公司把其供应链上的合作伙伴（如运输公司等）纳入成本节约的考虑因素，这也是物流链管理的意义所在。在此基础上，德国宝马公司建立成本方程式，并且考虑到不同的取货方式，例如在一次的"前置运送"中，安排替几个组装工厂同时取货。这个成本方程式建立在最佳化计算法的基础上，考虑因素为对供货商成本最低化的送货频率、其他与实务有关的不同附加条件，例如尽可能让运输工具满载、每周固定时间送货等。如果同一货运公司替多个组装工厂送货，则必须安排送货的先后次序，以达到成本最佳化。此外，运送货量最好一星期内平均分配，让运输工具及仓储达到最高使用率，不致影响等待进货时间。

提出问题：德国宝马公司从供应链管理的角度是如何降低电子商务物流成本的？这样做有何意义？

任务一　电子商务物流成本的含义

电子商务物流成本指电子商务物流活动过程中所发生的人、财、物耗费的货币表现。它是衡量电子商务物流经济效益的重要指标。长期以来，我国对物流成本的核算与管理重视不够，企业历来不进行物流成本的专门统计与核算，掩盖了物流方面的成本，造成了物流成本的浪费。电子商务的发展把物流提高到一个非常重要的地位，也使人们充分认识到降低物流费用的重要性。

因此，在电子商务物流过程中，加强电子商务物流成本的管理，建立电子商务物流管理会计制度，降低电子商务物流成本不仅是我国物流经济管理需要解决的重要问题，也是企业进行电子商务活动、开展物流配送所必须解决的一个重要问题。与发达国家的物流业相比，我国的物流成本高得多。

有关资料显示，美国的物流成本仅占整个运营成本的9%左右，而我国的物流成本则占20%。从库存情况来看，中国企业产品的周转周期为35~45天，国外一些企业的产品库存时间不超过10天。另外，中国企业更愿用自己的车队，但货物空载率达37%以上，同时包装问题造成的货物损失每年达 150 亿元人民币，货物运输每年损失 500 亿元人民币。导致这些问题的根源在于企业规模小、管理分散、员工素质低。

据了解，这样的公司在全国已注册的有 1 500 家左右，没有形成网络，缺乏竞争力，企业之间也缺乏了解和相互沟通，不利于物流企业的发展。简单来说，现代物流就是要最省时、最有效地将货物从一个地方送到另一个地方。中国物流业要取得成功，必须运用现代物流管理，有效地降低物流成本。一位精通物流的电子商务企业高管测算过自建物流成本，自建物流的前期成本投入较高，一般来说，从物流基地租来的"毛坯房"每天需要花费 0.8～1.0 元/m^2。而如果物流企业使用自动化传送带，那么一条传送带需要 400 万元左右，再加上货架的资金投入，那么建设 1 万 m^2 的仓库，固定成本支出为 600 万元。如果加上 IT 系统、降温、电缆，那么 1 万 m^2 的仓库可能需要 1 000 万元。但是，这一部分开支可作为固定资产投入，当仓储、物流体系建成之后，它的边际成本将逐渐降低。"尤其是在大城市，客流量较高，通过加强对现货的控制、货品品质的管理，可以有效降低成本。"

任务二　电子商务物流成本的种类

从不同的方面划分，电子商务物流成本有很多种类。

1. 按范围划分

物流成本按其范围可以划分为狭义物流成本和广义物流成本。狭义物流成本是指由于物品实体的场所或位置转移所引起的运输、包装和装卸等成本；广义物流成本是指包括生产、流通和消费全过程的物品实体与价值变换所引起的各种成本，即从生产企业内部原材料协作间的采购、供应开始，经过生产制造过程中的半成品存放、分类、存储、保管、配送和运输，最后到达客户手中的全过程所引起的成本。

2. 按企业性质划分

物流成本按企业性质划分为物流企业的物流成本、商业企业的物流成本、生产企业的物流成本以及网站的物流成本等。

1）物流企业的物流成本

物流企业的物流成本是指物流企业在组织物流活动过程中所消耗的人力、物力和财力的货币表现。随着社会生产力和分工的专业化发展，物流将会成为社会经济生活中的一个独立产业而存在，并将发挥越来越重要的作用。一般来说，物流企业的物流成本主要包括以下几个方面：

（1）物流企业的职工工资及福利费。

（2）企业在经营过程中的物质消耗，如固定资产折旧等。

（3）企业在物流作业过程中所发生的包装成本、运输成本、装卸成本、保管成本、配送成本和加工成本以及退货成本等。

（4）企业在经营过程中所发生的物品损耗。

（5）企业在经营过程中所发生的信息成本。

（6）企业在经营过程中所发生的各项管理成本，如办公费、差旅费等。

（7）企业在经营过程中支付给银行的贷款利息。

2) 商业企业的物流成本

在我国,商品的经营主要是由物流企业和商业企业承担的。其物流成本是指在组织物品的购进、运输、保管和销售等一系列活动中所消耗的人力、物力和财力的货币表现。其基本内容如下:

(1) 企业的职工工资及福利费。
(2) 支付有关部门的服务费,如运输费、邮电费等。
(3) 经营过程中的物质消耗,如固定资产折旧等。
(4) 经营过程中所发生的物品损耗。
(5) 经营过程中的各项管理成本,如办公费、差旅费等。

3) 生产企业的物流成本

生产企业是生产一定的产品、满足社会某种需要的企业。为了进行生产经营活动,生产企业必须进行有关生产要素的购进和产品的销售;同时,为了保证产品质量,为消费者服务,还要进行产品的返修和废物的回收。生产企业的物流成本是指企业在进行供应、生产、销售、回收等过程中所发生的运输、包装、保管、输送和回收方面的成本。与物流企业的物流成本相比,生产企业的物流成本最终都体现在其所生产的产品成本中,具有与产品成本的不可分割性。生产企业的物流成本一般包括:

(1) 供应、销售人员的工资及福利费。
(2) 生产要素的采购成本,包括运输成本、邮电成本、采购人员的差旅费等。
(3) 产品的推销成本,如广告成本、宣传成本。
(4) 企业内部仓库保管费、维护费、搬运费等。
(5) 有关设备、仓库的折旧费等。
(6) 物流信息费,如邮电费、簿记费等。
(7) 支付给银行的贷款利息。
(8) 回收废弃物发生的物流成本。

4) 网站的物流成本

随着电子商务的发展以及网上有形商品交易活动的展开,网站也存在着物流成本,在网站的实际经营过程中,网站采取的经营模式不同,其物流成本的构成也不同。

若网站采取第三方的物流经营模式,其物流成本包括网站自身从事物流活动人员的成本以及支付第三方(物流企业)的物流成本;若网站采用互用型的物流经营模式,则网站物流成本的构成比较复杂,需要根据具体情况进行进一步的分析和研究。

3. 按与流转额的关系划分

按与流转额的关系,物流成本可分为可变成本和相对不变成本。

1) 可变成本

可变成本也称为直接成本,是指物流成本随着货物流转变动而变动的那一部分成本。这种成本与货物流转额的变化有直接的关系,即流转额增加,物流成本的支出额也随之增加;反之,则减少。

2) 相对不变成本

相对不变成本也称为间接成本或固定成本,是指物流成本中不随货物流转额的变动而变动的那一部分成本,这种成本与货物流转额是间接关系。一般情况下,货物流转额增减变动的影响较小，绝对金额也是固定的。

4. 按经济性质划分

按经济性质，物流成本可分为生产性的流通成本和纯粹流通成本。

1）生产性的流通成本

生产性的流通成本也称为追加成本，是企业在进行物流活动中，从事货物运输、装卸、包装和储存所产生的成本。这些成本是生产在流通领域的继续，是为了实现货物的位移过程，便于消费而发生的成本，因而它们要转移到物品的价值中去。

2）纯粹流通成本

纯粹流通成本也称为销售成本，是企业在经营管理中，因组织货物交换而发生的成本，是指为使货物变成货币、使货币变成货物，实现货物交换行为所发生的开支和货币管理方面的开支，再加上职工工资、差旅费和银行贷款利息等。

5. 按发生的流转环节划分

按发生的流转环节，物流成本可划分为进货成本、商品储存成本和销售成本。

1）进货成本

进货成本是指商品由供应单位到需求企业仓库所发生的运输费、装卸费、损耗费、包装费、入库验收和中转单位收取的成本。

2）商品储存成本

商品储存成本是指企业在商品保管过程中所发生的转库搬运、检验、挑选整理、维护保养、管理和包装等方面的成本以及商品的损耗费等。

3）销售成本

销售成本是指企业在商品销售过程中所发生的检验、挑选整理、维护保养、管理和包装等方面的成本以及商品的损耗费等。

6. 按供应链划分

1）供应物流成本

供应物流成本是指企业为了生产产品而购买各种各样的原材料、燃料和外构件等所发生的运输、装卸、搬运等成本。

2）生产物流成本

生产物流成本是指企业生产产品时由于材料、半成品和成品的位置转移而发生的搬运配送、发料、收料等方面的成本。

3）销售物流成本

销售物流成本是指企业为了实现商品的价值，在商品销售的过程中发生的运输费、包装、推销等的成本。

4）退货物流成本

退货物流成本是指企业成品由于质量、规格和型号不符合以及不按合同发货，造成客户退货所发生的有关运输、包装等的成本。

5）废弃物物流成本

废弃物物流成本是指企业某些资产和产品因自然灾害、物流性能、质量事故而损毁后进行处理、拆卸、输送整理所发生的成本。

7. 按支付方式划分

1) 本企业支付的物流成本

本企业支付的物流成本是指企业在供应、销售、退货等阶段，因运输、包装、搬运、整理等发生的由企业自己支付的物流成本。

2) 其他企业支付的物流成本

其他企业支付的物流成本是指企业由于采购材料、销售产品等业务而发生的由供应者和购买者支付的各种包装、运输、验收等的物流成本。

8. 按物流机能划分

1) 退货流通成本

退货流通成本是指货物实体因空间位置转移而发生的成本，包括包装成本、运输成本、保管成本、装卸成本及流通加工成本。

2) 物流信息成本

物流信息成本是指为了实现物资价值变换、处理各种物流信息而发生的成本，包括与库存管理、订货处理、客户服务有关的成本。

3) 物流管理成本

物流管理成本是指为了组织、计划、控制、调配物流活动而发生的成本，如物流工作人员奖金、办公费、差旅费等。

4) 其他物流管理成本

为了有效地制订物流计划，开展物流管理，也可以按其他不同项目对物流成本进行分类。

任务三　电子商务物流成本管理方法

5.3.1　电子商务物流成本管理

物流成本管理指的是"对物流相关费用的计划、协调和控制"。实际上物流成本管理的工作要建立在物流成本计算的基础上，然后进行物流成本的计划与预算的编制，再对其计划与预算的运行进行测定，并用计划或预算目标去考核，即绩效评定，从而实现改进物流作业活动，控制物流成本，提高物流活动的经济效益的目的。

物流费用的管理是由物流费用预算制定、物流费用预算执行和物流费用预算总结三个阶段有机结合在一起的，它们可以称为物流费用预算的三部曲。其中，物流费用预算的制定由物流费用预测、物流费用决策和物流费用预算3个环节组成；物流费用预算执行由物流费用控制、物流费用核算和物流费用调节3个环节组成；物流费用预算总结则由物流费用分析、物流费用检查和物流费用考核3个环节组成。在企业物流费用的管理过程中，这3个阶段9个环节是一个不断循环往复的运动过程，也是企业物流费用管理内容不断丰富、管理方法不断提高的过程。从一般意义上来说，电子商务物流费用的管理内容和方法与传统物流费用的管理内容和方法基本相同。

1. 物流费用预测

物流费用预测是根据企业物流费用的历史和现状以及企业物流的发展趋势，对未来物流费用所作出的预计和测算。通过物流费用预测，可以寻求降低物流费用的有关措施，指导电子商务物流费用计划的制定。物流费用预测是新一轮循环的起点和物流费用预算的第一步，它为物流费用决策提供依据，是制定物流费用的前提。

2. 物流费用决策

物流费用决策就是在多个物流费用方案中选出一个最优方案的过程。物流费用决策是编制物流费用预算的基本依据，是物流费用预算制定阶段的主要环节。物流费用决策按期间长短划分，有长期决策和短期决策；按物流的功能划分，有运输费用、库存费用和配送费用等方面的决策。

物流费用决策的程序是：

（1）确定物流费用的决策对象。

（2）确定物流费用的备选方案。

（3）选择最优的物流费用方案。

（4）选定最优的物流费用方案。

3. 物流费用预算

物流费用预算是关于一定时期内物流费用分配以及运用的计划。物流费用预算是对物流费用决策所选定的最优方案的具体化和系统化，使物流费用决策所选定的物流费用方案更接近现实情况，具有更强的可操作性。在编制物流费用预算时，应充分考虑物流的业务现实和未来的发展趋势，谨防出现脱离业务现实和生产发展的情况。

在物流费用预算过程中，对产生的物流费用按权责发生制和配比原则进行汇总、划拨、核算，尤其是对电子商务物流各个环节的费用要用适当的方法进行计算。其中关键的问题是物流费用计算范围的确定，确定物流费用的计算范围应注意以下几个方面的问题：

（1）起止范围。物流活动贯穿企业活动全过程，包括供应物流、生产物流、销售物流、配送物流和回收物流等。在实际计算时，企业应科学合理地确定物流活动的起点和终点，使统计计算出的物流费用能够准确地反映物流活动的实际情况。

（2）活动环节。物流活动包括运输、保管、装卸、流通加工和配送等许多环节，统计计算的环节不同，其结果也会不同。正确的方法是对一项物流活动应根据其实际发生的环节进行统计和计算。

（3）费用种类。对于支付的各种物流费用，企业应根据自身的性质、物流作业方式以及物流运作模式等来确定。

4. 物流费用控制

物流费用控制是以物流费用预算以及其他有关定额为依据，对物流费用所进行的监督和控制。物流费用控制是物流费用预算执行阶段的主要环节，是保证物流费用预算实现的基本手段。如果控制有效，物流费用就会沿着预算目标的方向、要求和轨道有序地运行，物流费用预算就能得到切实的执行。必须对日常的物流费用支出采取各种方法进行严格的控制和管理，以达到物流计划目标，并根据物流费用的变化进行调整，使物流费用降到最低。

物流费用控制的内容主要有以下几个方面：

（1）落实目标任务。落实目标任务就是把物流费用预算所确定的各项目标按照企业内部的管理体制加以分解、分配，逐一落实到各个部门和各个层次，并将分解、落实的目标和任务作为物流费用控制的基本依据和具体要求。

（2）实施限制监督。实施限制监督就好似以分配的各项物流费用目标和各种定额为标准，运用各种控制工具监控一切费用的开支，凡符合目标和定额的予以支持；不符合目标和定额的予以制止和纠正。

（3）调整消除差异。根据预计完成情况与原定目标的差异及形成原因，采取切实有力的对策和措施，调整原有的物流费用目标，消除原定目标和现实的差异。

5. 物流费用核算

物流费用核算是对物流费用预算执行情况所进行的记录、计算以及处理和反映。它既是物流费用预算执行情况的真实写照，也是进行物流费用控制、物流费用调节的重要手段，还是实施物流费用分析、检查和考核的基本依据。

6. 物流费用调节

物流费用调节是指在物流费用预算执行过程中，根据企业生产经营和物流活动情况的变化，对企业物流费用的运用所进行的调节。物流费用调节是企业保证物流费用预算切合实际、顺利执行和实现的必要步骤，是企业衡量使用物流费用、提高物流效率的重要环节，企业之所以要进行物流费用调节，主要是由于市场不断变化引起企业生产经营和物流活动的变化。

7. 物流费用分析

物流费用分析是根据企业物流费用的实际支出与所取得的经济收益所进行的综合评价。物流费用分析的目的在于剖析物流费用的形成因素和根源，寻找物流费用管理中存在的矛盾，并采取有力的措施加以解决。

物流费用分析的方法主要有以下 4 种：

（1）平均法。这是计算同类物流费用平均值的方法。它可以表明某企业物流活动在某一时期或某一环节和项目所达到的一般水平，用以评价企业物流水平的高低。常见的具体方法主要有算术平均法和加权平均法等。

（2）对比法。这是对同类物流费用加以比较、寻找差异的方法。

（3）比率法。这是将企业物流活动中的相关变量进行互相比较，计算其比率，进而进行分析的一种方法。运用该种方法，可以揭示企业物流活动中相关变量之间的内在联系，用以评价企业物流效率和物流费用水平的高低。

（4）构成法。这是计算不同环节、不同层次物流费用在物流费用总量中所占比例的一种分析方法。它可以表明企业物流费用的构成情况，用以评价和分析物流费用结构的合理程度。

8. 物流费用检查

物流费用检查是对企业物流费用的合法性、合理性以及有效性所进行的检查和评价。它是促进企业物流费用开支行为规范化的重要保证。物流费用检查是在物流费用分析的基础上进行的，有利于监督企业认真贯彻执行党和国家的方针政策、法规制度和财经纪律，揭露和打击违法行为，维护社会主义法制；有利于保证国家财政收入；有利于暴露企业物流费用管理中的薄弱环节；有利于降低物流费用，提高物流效率与收入等。

9. 物流费用考核

物流费用考核是对物流活动、物流费用执行结果以及物流费用管理工作的考核。物流费用考核的主要内容如下：

（1）对物流费用预算的执行情况进行考核。

（2）在对预算进行考核的基础上，总结物流费用管理工作的经验教训，探索物流费用管理和物流活动的规律，提高物流费用和物流活动的管理水平，建立和健全财务管理制度，降低物流费用，提高物流效率。

（3）考核物流管理人员，特别是物流费用管理人员和物流业务人员的工作业绩，提高物流管理人员和物流业务人员的素质。

上述各项成本管理活动的内容是相互配合、相互依存的一个有机整体。成本预算是成本决策的前提。成本计划是成本决策所确定目标的具体化。成本控制是对成本计划的事实进行监督，以保证目标的实现。成本核算与分析是对目标是否实现的检验。

5.3.2 电子商务物流退货成本控制

电子商务企业的物流合理化，是一种兼顾成本与服务的"有效率的系统"；以最低的物流成本达到可以接受的物流服务水平，或以可以接受的物流成本达到最高的服务水平。

1. 电子商务退货物流

1999 年，Dale S. Rogers 和 Ronald Tibben – Lembke 提出："逆向物流是这样的一个过程，它规划、实施并控制了从消费点到供应起始点的物料、在制品库存、成品和相关信息的高效与低成本的流动，从而实现重新获取价值并妥善处置物资的目的。"

国家标准《物流术语》中的定义：反向物流（reverse logistics）是指物品从供应链下游向上游的运动所引发的物流活动，也称逆向物流。

2. 电子商务退货原因

据有关材料显示，一般零售商的退货率是 5%～10%，而通过产品目录和网络销售的产品的退货率高达 35%。90% 的消费者认为网站方便的退货程序对于他们作出购买决策起着重要作用；85% 的消费者表示在退货不方便时他们可能不会到网上购物；81% 的消费者表示，当他们选择网上购物时，会把退货方便与否纳入考虑因素，如图 5 – 1 所示。

图 5 – 1　电子商务退货原因

3. 电子商务退货的财务分析

电子商务退货（图 5 – 2）导致流动资金减少，增加短期负债，延长订货周期，因为销售损失而降低销售收入。

图 5-2　电子商务退货物流

退款因不同的付款方式而不同，手续麻烦，交易周期长（确认可退——退货运输——收到退货——检验认可——退款），商品损坏风险大，客户满意度低。

4. 电子商务退货成本控制

（1）退货管理。退货管理的功能如图 5-3 所示。

图 5-3　退货管理的功能

（2）退货战略。采用组建退货联盟或与第三方物流合作的战略。

（3）退货处理中心。其主要包括分拣退货、货物修理和分解、集中装运和信息交换功能，其流程如图 5-4 所示。

图 5-4　退货处理中心工作流程

项目小结

通过本项目的学习,要求学生能够对成本这一概念有更深意义上的把握,熟悉各种成本的划分,同时掌握电子商务物流成本管理。

教学建议:建议本项目讲授 4~6 课时。

【推荐研究网址】

1. http://www.zczy56.com   中储智运
2. http://www.661.cn   物流之家
3. http://www.chinawuliu.com.cn   中国物流与采购网
4. http://www.sd56.net.cn   中国电商物流网
5. http://www.633.biz   中国物流网官网

习题与思考

一、思考题

1. 电子商务物流成本的含义是什么?
2. 物流企业的物流成本包含哪些内容?
3. 可通过哪些途径来降低电子商务物流成本?

二、上机实训题

进行电子商务物流成本调研,了解目前电子商务物流服务的现状,并从消费者的角度了解直接的物流成本,调研内容和步骤如下:

(1) 登录"三只松鼠"网站、国美大型购物网站、天猫电子商务网站,查看它们分别能使用哪些物流公司。

(2) 对于同一商品,查看 3 家卖家的网站,比较到同一距离的物流费用。

(3) 对于类似商品,查看 3 家物流公司,比较各自的价格和物流时间。

(4) 撰写调查报告,阐述实训结果,并以小组为单位进行 PPT 展示和讨论。

项目六

电子商务物流管理

知识目标

（1）理解电子商务物流管理的含义、原则。
（2）掌握电子物流商务管理的内容。

能力目标

重点掌握电子商务物流管理的含义、主要内容，以及在实施电子商务物流管理时应注意的原则；熟悉电子商务物流技术。

项目任务

任务一　电子商务物流管理的含义、原则。
任务二　电子商务物流管理的内容。
任务三　电子商务物流技术与电子商务物流管理信息系统

任务导入案例

亚马逊公司的困惑

亚马逊公司自 1995 年创办以来，到 2002 年共亏损 12 亿美元，而且有一半是在 2003 年上半年发生的。据分析家苏利亚称，亚马逊公司为了运销更多商品而建立了更多仓库，这样很大程度地减少了商品的流通速度。速度的降低使亚马逊公司与传统的零售商的差别进一步缩小。这就使该公司与其宗旨——建立更有效的"虚拟"零售商相背离。

苏利亚将亚马逊公司与传统零售商相提并论，他的理由很简单：亚马逊公司投入巨资建立仓储及配送中心，用以存放不断增多的销售货品；依靠品牌认知度及巨额投资来刺激营业额的增长。从这种意义上说，它面对的管理问题与传统的零售商并无不同。

苏利亚还认为，亚马逊所做的与传统零售商没有什么区别，但如果以传统经济的标准来衡量，亚马逊公司的经营状况甚至比三流零售商还糟糕。苏利亚同时指出，自 1998 年年底以后，亚马逊公司的存货周转速度不断下降，这也是他怀疑亚马逊公司零售管理能力的又一理由。亚马逊公司 1998 年的存货周转率为 8.5，但到 2002 年首季已下降至 2.9。2001 年亚马逊公司的营业额较前一年增加近190%，但其库存上升速度更快，高达650%。亚马逊公司的债务也在滚雪球般激增，在2002年已增至21亿美元。

提出问题： 亚马逊公司有必要建立自己的仓库吗？亚马逊公司的亏损源于何处？

任务一　电子商务物流管理的含义、原则

物流管理（Logistics Management）是指为了以最低的物流成本达到客户满意的服务水平，对物流活动进行的计划、组织、协调与控制，即物流管理是对原材料、半成品和成品等物料在企业内外流动的全过程所进行的计划、实施和控制等活动。

可以说，电子商务物流实际上就是在电子商务环境下的现代物流。具体来说，是指基于电子化、网络化的信息流、商流、资金流下的物资或服务的配送活动，包括软体商品的网络传送和实体商品的物理传送。

电子商务物流过程包括运输、储存、装卸、包装、流通加工、配送、与其相联系的物流信息处理以及客户服务管理。它们相互联系，构成物流系统的功能组成要素。可以把其中的5个过程称为：电子商务的起点——商品包装；电子商务的动脉——商品运输；电子商务的中心——商品储存；电子商务的接点——商品装卸；电子商务的中枢神经——物流信息处理。

所谓电子商务物流管理，是指在社会过程中，根据物质资料流动的规律，应用管理的基本原理和科学方法，对电子商务物流活动进行计划、组织、协调、控制和决策，使各项物流活动实现最佳协调与配合，以降低物流成本、提高物流效率和经济效益。简而言之，电子商务物流管理就是通过研究并利用电子商务物流规律对物流全过程、各环节和各方面的管理。电子商务物流管理主要包括对物流过程的管理、对物流中具体职能的管理和对物流要素的管理。

6.1.1　对物流过程的管理

1. 运输管理

它是指运输方式及服务方式的选择。例如，一家网上零售店，在选择送货方式时，有自己送货、邮政送货、快递送货、专业物流公司送货等各种方式。管理者必须考虑客户要求的时间、商品的性质、客户的地理位置等因素来选择合适的送货方式。运输管理另一方面就是运输路线的选择，选择运输路线时要考虑运量尽可能少，这就要求较短的运输距离，同时还要考虑路线的车流量等问题。解决方法可以用最短路、最大流、节约里程法等数学模型进行。运输管理的最后一个内容是车辆调度和组织。

2. 储存管理

电子商务既需要建立网站，又需要建立或具备物流中心，而物流中心的主要设施之一就是仓库及附属设备。需要注意的是，电子商务服务提供商的目的不是在物流中心的仓库中储存商品，而是通过仓储保证开展市场分销活动，同时尽可能降低库存占压的资金，从而减少储存成本。因此，提供社会化物流服务的公共型物流中心需要配备高效率的物流分拣、传送、储存和拣选设备。在电子商务方案中，可以利用电子商务的信息网络，尽可能多地通过完善的信息沟通，将实物库存暂时用信息代替，即将信息作为虚拟库存，解决的办法是建立

需求端数据自动收集系统；在供应链的不同环节采用 EDI 技术交换数据，建立网站，为用户提供 Web 服务器，以便数据实时更新和浏览查询。一些生产厂商和下游的经销商、物流服务商共用数据库，共享库存信息等，目的都是尽量减少实物库存。那些能将供应链上各环节的信息系统有效集成，并能利用尽可能低的库存满足营销需要的电子商务方案提供商将竞争的真正领先者。

3. 装卸搬运

装卸搬运是指装卸搬运系统的设计、设备规划与配置和作业组织等。装卸搬运系统的设计主要是指装卸搬运的路线、方式、程序与工艺等方面的综合设计。电子商务物流的装卸管理强调装卸搬运的工作量最小化、均衡化和无缝连接。

4. 包装管理

包装管理是指包装容器和包装材料的选择与设计，包装技术和方法的改进，包装的系列化、标准化、自动化。包装管理的重点是系列化、标准化、自动化，只有实现标准化与自动化才能满足电子商务物流管理的自动化与智能化，从而提高物流运作的效率与效益。

5. 流通加工管理

流通加工管理是指加工场所的选定、加工机械的配置、加工技术与方法的研究和改进。

6. 配送管理

配送管理是指配送中心选址及系统优化布局。配送中心选址要考虑企业在电子商务下的生产模式和顾客服务战略，企业生产模式是备货型还是按订单生产，如果是按订单生产则需要供应商建立在企业周围，原材料配送中心尽可能离企业比较近，从而降低供应的不确定性。如果企业虚拟生产，例如耐克、美特斯邦威这些企业，则要考虑配送中心尽可能实现生产的同步化、销售的及时化。

7. 物流信息管理

物流信息管理是指对反映物流活动内容的信息、物流要求的信息、物流作业的信息和物流特点的信息所进行的收集、加工、处理、储存和传输。

8. 客户服务管理

客户服务管理是指对物流活动相关服务的组织和监督，如调查和分析顾客对物流活动的反映，决定顾客所需要的服务水平和项目等。电子商务的客户服务更强调个性化，如何建立客户的档案、根据不同的客户需求确定不同的服务模式已成为客户服务管理的重点。

6.1.2 对物流中具体职能的管理

1. 物流作业管理

物流作业管理是指对物流活动或功能要素的管理，主要包括运输与配送管理、储存与物料管理、包装管理、装卸搬运管理、流通加工管理和物流信息管理等。

2. 物流战略管理

物流战略管理（Logistics Strategy Management）是对企业的物流活动实行的总体性管理，是企业制定、实施、控制和评价物流战略的一系列管理决策与行动，其核心问题是使企业的物流活动与环境相适应，以实现物流的长期、可持续发展。它是为了达到某个目标，物流企业或职能部门在特定的时期和特定的市场范围内，根据企业的组织机构，利用某种方式发展的全过程管理。物流战略具有全局性、整体性、战略性、系统性的特点。

3. 物流成本管理

物流成本管理是指有关物流成本方面的一切管理工作的总称，即对物流成本所进行的计划、组织、指挥、监督和调控。物流成本管理的主要内容包括物流成本核算、物流成本预测、物流成本计划、物流成本决策、物流成本分析、物流成本控制等。

4. 物流服务管理

所谓物流服务，是指物流企业或企业的物流部门从处理客户订货开始，直至商品送交客户的过程中，为满足客户的要求，有效地完成商品供应、减轻客户的物流作业负荷所进行的全部活动。

5. 物流组织与人力资源管理

物流组织是指专门从事物流经营和管理活动的组织机构，既包括企业内部的物流管理和运作部门、企业间的物流联盟组织，也包括从事物流及其中介服务的部门、企业以及政府物流管理机构。

6. 供应链管理

供应链管理（Supply Chain Management）是用系统的观点通过对供应链中的物流、信息流和资金流进行设计、规划、控制与优化，以寻求建立供、产、销企业以及客户间的战略合作伙伴关系，最大限度地减少内耗与浪费，实现供应链整体效率的最优化并保证供应链成员取得相应的绩效和利益，从而满足顾客需求的整个管理过程。

7. 物流业务管理

物流业务管理主要包括运输、仓储保管、装卸搬运、包装、协调配送、流通加工及物流信息传递等基本内容。

6.1.3 对物流要素的管理

物流要素管理内容见表 6-1。

表 6-1 物流要素管理内容

物流要素	具体内容
人的管理	物流从业人员的选用和录用，物流专业人才的培训与提高，物流教育和物流人才培训规划与措施的制定
物的管理	"物"指的是物流活动的对象，即物质资料实体，它涉及物流活动诸要素，即物的运输、储存、包装、流通加工等
财的管理	指物流管理中有关降低物流成本、提高经济效益等方面的内容，包括物流成本的计算与控制、物流经济效益指标体系的建立、资金的筹措与运用、经济效益的提高
设备管理	对物流设备进行管理，包括对各种物流设备的选型与优化配置，对各种设备的合理使用和更新改造，对各种设备的研制、开发与引进

续表

物流要素	具体内容
方法管理	包括各种物流技术的研究、推广普及，物流科学研究工作的组织与开展，新技术的推广普及，现代管理方法的应用
信息管理	掌握充分的、准确的、及时的物流信息，把物流信息传递给适当的部门和人员，从而根据物流信息作出物流决策

6.1.4　电子商务物流管理原则

电子商务物流具有综合性、新颖性、智能性、信息化、自动化、网络化和柔性化等特点。物流一体化就是电子商务物流管理的基本指导思想。依据物流一体化的思想和我国物流管理的实际情况，电子商务物流管理应遵循系统化原则、标准化原则和服务化原则。也可以认为它是运用最适合的运输工具，结合最便利的联合运输，通过最短的运输距离，使用最合理的包装，占用最少的仓储，利用最快的信息，在最短的时间内，提供最佳的服务。

1. 系统化原则

系统化原则就是强调应从物流系统整体出发进行电子商务物流管理。具体表现为：物流方案的制定必须从物流的运输、储存、装卸搬运、流通加工、配送和包装等整体考虑，而不能单独考虑某一功能要素；物流的计划、组织、执行与控制必须从供应链整体最优的角度进行，而不仅从某个企业最优角度为出发点进行。这就要求通过电子商务的信息网络实施协同化运作，同时要求企业在制定物流管理的绩效考核指标时必须从系统的角度出发。

2. 标准化原则

对电子商务物流要进行系统化管理，前提之一是必须首先实施标准化。电子商务物流管理涉及环节较多、范围较广、参与者较多，这就要求对企业与企业之间的信息传递、物流作业的设施设备、物流作业流程、物流作业单证等进行标准化。只有在社会范围内建立一个系统的、大家都认可的标准，物流管理才能实现系统化管理，从而实现电子商务物流管理的及时化、协同化、虚拟化和全球化等要求。

3. 服务化原则

服务化原则是指电子商务物流管理必须树立服务的理念，强调在最合适的时间、利用最合适的方式把最合适的产品以最合适的数量、最合适的质量和最合适的成本送达最合适的顾客。这里顾客对于企业内部的物资资料需求部门而言是内部顾客，而企业物资资料的需者则是外部客户。

也就是说物流管理应追求上面所说的7R。这就要求管理人员在制定服务策略时必须考虑顾客需求、产品特性等，在满足顾客要求的基本服务能力的基础上尽可能创造更多的增值服务，不断提高服务水平。

任务二　电子商务物流管理的内容

1. 组织管理

物流系统自主机构设计的科学化、合理化是物流系统正常运行的前提和基础。因此，电子商务物流组织管理是整个电子商务管理的首要环节。如果说组织设计是物流管理的静态组织，那么组织管理则是物流组织体系的运行过程，即组织体系对物流过程的动态管理，其功能是使物流系统的各组成部分按照明确的业务分工，准确无误地执行各自的职能，从而保证物流总体活动的系统协调进行。在构建电子商务物流管理组织模式时，要充分考虑电子商务物流系统的内外环境，遵循协作分工、集分权结合的原则，合理确定管理宽度和管理层次。一般的电子商务物流组织管理有以下几种。

1）集权型的集中管理组织模式

集权型的集中管理组织模式是指电子商务物流的全部商品和物流流程集中交由第三方物流公司实施统一计划、统一订购、统一保管、统一分配、统一调度、统一控制。这种方式有利于实施专业化分工协作管理，降低流通费用；统一的计划、订购和调度也有助于储存设施的机械作业现代化，提高物流设施的利用效率。同时，集权型的集中管理组织模式要求电子商务物流企业有先进完善的物流信息系统、训练有素的专业队伍。

2）集分权相结合的分级/分散管理组织模式

集分权相结合的分级/分散管理组织模式是指电子商务物流企业设置物流管理中枢机构，并在中枢机构的领导下划分物流类别，按照不同的管理层次进行分级管理。这种方式可以调动基层单位和人员的积极性，但是物流成本过高，经济效益较差。

3）分权型事业部集中管理组织模式

分权型事业部集中管理组织模式是指物流机构是电子商务公司的一个事业部，同时也是一个利润中心，实行企业化的管理。

4）集分权结合的各事业部分散管理组织模式

集分权结合的各事业部分散管理组织模式不是按照供应链划分事业部门，而是按照物流的性质划分事业部门，每类产品的物流由使用或管理该类产品的部门负责，这种管理组织模式是低层次的。

2. 业务管理

电子商务物流业务管理主要包括 11 个部分，分别是：电子商务物流运输配送管理、电子商务物流仓储管理、电子商务物流运输管理、电子商务物流调度管理、电子商务物流货运代理管理、电子商务物流报关管理、电子商务物流采购管理、电子商务物流结算管理、电子商务物流合同管理、电子商务物流客户管理和电子商务物流数据交换管理。

3. 质量管理

长期以来，在物流行业中的传统思想中，数量观念是非常牢固的，而质量意识却很淡薄。物流概念强调解决产/需之间的差额，因此忽视了在创造时间及场所效用中质量的作用。物流过程中的丢失、损坏、变质、延迟等事故，不仅使物流中的货物数量受到损失，而且使货物本身受到损失，其结果是使物流本身和企业经营活动量方面都受到挫折。

物流管理的内容十分广泛，根据物流管理的特点，可分为物流业务管理和物流技术管理两大方面。

（1）物流业务管理：物流的计划管理、物流经济活动管理、物流的人才管理和物流过程管理。

（2）物流技术管理：物流硬技术及其管理、物流软技术及其管理。

任务三　电子商务物流技术与电子商务物流管理信息系统

1. 电子商务物流技术

电子商务物流技术是与物流要素活动有关的所有专业技术的总称，可以包括各种操作方法、管理技能等，如流通加工技术、物品包装技术、物品标识技术和物品实时跟踪技术等；电子商务物流技术还包括电子商务物流规划、电子商务物流评价、电子商务物流设计和电子商务物流策略等；当计算机网络技术的应用普及后，电子商务物流技术综合了许多现代信息技术，如 GIS 技术、GPS 技术、EDI 技术、条形码技术等。

2. 电子商务物流管理信息系统

电子商务物流管理信息系统（LMIS）是一个由人和计算机网络等组成的能进行物流相关信息的收集、传送、储存、加工、维护和使用的系统。由于电子商务物流是信息网络和传统物流的有机结合，物流企业本身正以崭新的模块化方式进行要素重组，所以，电子商务物流管理信息系统不仅是一个管理系统，更是一个网络化、智能化和社会化的系统。

项 目 小 结

本项目首先对电子商务物流管理进行了概述，介绍了其含义、原理与职能；其次重点从组织管理、业务管理和质量管理几个方面讲述了电子商务物流管理的主要内容。

教学建议：建议本项目讲授 4 课时。

【推荐研究网址】

1. www.t-o.com.cn　　　　　中国大件运输物流网
2. www.633.biz　　　　　　中国物流网官网
3. www.56net.com　　　　　美泰物流网
4. www.56888.com　　　　　深圳全程物流服务有限公司官网

习题与思考

一、思考题

1. 什么是电子商务物流管理？
2. 电子商务物流管理要素有哪些？
3. 电子商务物流管理的内容有哪些？
4. 电子商务物流质量管理的指标体系有哪些？

二、上机实训题

1. 在淘宝网或京东商城开店，了解其全过程。
2. 注册淘宝网、京东商城或其他电子商务平台会员，登录后台，使用后台管理系统的各项功能。
3. 客户如何进行投诉和举报？
4. 如何看待淘宝评价的作用？

项目七

电子商务与供应链管理

知识目标

（1）了解供应链和供应链管理的基本概念以及供应链管理与电子商务管理的关系。
（2）了解供应链管理所涉及的内容。
（3）了解供应链管理的基本方法。

能力目标

（1）熟悉供应链管理所涉及的内容。
（2）掌握供应链管理的基本方法和电子商务供应链管理的主要方法和途径。

项目任务

任务一　供应链和供应链管理的基本概念
任务二　供应链管理所涉及的内容，掌握供应链管理的基本方法

任务导入案例

长城集团的供应链管理

长城集团董事长访问了美国思科公司时观察到，思科公司自己的工厂很少，但其产品从设计到样品出来只需要5~6天的时间，订单下达至生产厂，生产厂再向配套厂订货。整个供应链管理协调一致，又都利用网络处理，不但节省成本，而且大大提高了效率。访美回来之后，长城集团董事长提出并着手解决这个问题："用什么样的办法管理越来越庞大的长城制造业？"

对此，长城集团首先从自身的供应链管理上进行突破。现在长城集团50%以上的显示器和个人计算机元件采购都在网上实现，虽然执行得并不彻底。长城集团还在与供应链下游的销售商的交易中采用电子商务解决方案，从信息采集、下订单到网上支付，力求实现真正的网上销售。

与之前相比，长城集团的业务流程已发生很大变化，从信息传递、人事、财务到物料采购等，很多供应链环节已经通过电子商务解决，电子商务与供应链管理的结合取得显著

效益。

提出问题：长城集团董事长用什么样的办法管理越来越庞大的长城制造业？

任务一　供应链和供应链管理的基本概念

7.1.1　供应链概述

供应链的定义：供应链是围绕核心企业，通过对信息流、物流和资金流的控制，从采购原材料开始，到制成中间产品以及最终产品，最后由销售网络把产品送到客户手中的将供应商、制造商、分销商、零售商，直到最终客户连成一个整体的功能网链结构模式。它是一个范围更广的企业结构，包含所有加盟的节点企业，从原材料的供应开始，经过链中不同企业的制造加工、组装和分销等过程直到最终客户。它不仅是一条连接供应商到客户的物料链、信息链和资金链，而且是一条增值链，物料在供应链上因加工、包装和运输等过程而增加其价值，给相关企业都带来收益。

根据以上供应链的定义，其结构可以简单地归纳为图 7-1 所示的模型。

图 7-1　供应链的结构模型

从图中可以看出，供应链由所有加盟的节点企业组成，其中一般有一个核心企业，节点企业在需求信息的驱动下，通过供应链的职能分工与合作，以资金流、物流或服务流为媒介实现整个供应链的不断增值。

从供应链的结构模型可以看出，供应链是一个网链结构，由围绕核心企业的供应商、供应商的供应商和客户的客户组成。一个企业是一个节点，节点企业和节点企业之间是需求与供应的关系。

7.1.2 供应链管理概述

供应链管理（Supply Chain Management，SCM）是一种集成的管理思想和方法，它执行供应链中从供应商到最终用户的物流的计划和控制等职能。从单一的企业角度来看，它是指企业通过改善上、下游供应链关系，整合和优化供应链中的信息流、物流和资金流，以获得企业的竞争优势。

供应链管理是企业的有效性管理，表现了企业在战略和战术上对整个作业流程的优化。它整合并优化了供应商、制造商和零售商的业务效率，使商品以正确的数量、正确的品质，在正确的地点，以正确的时间和最佳的成本进行生产和销售。

国家标准《物流术语》中对供应链管理的定义如下：利用计算机网络技术全面规划供应链中的商流、物流、信息流和资金流等，并进行计划、组织、协调与控制等。全球供应链论坛（Global Supply Chain Forum，GSCF）将供应链管理定义成：为消费者带来有价值的产品、服务以及信息的，从源头供应商到最终消费者的集成业务流程。

1. 供应链管理的概念

计算机网络的发展进一步推动了制造业的全球化、网络化进程。虚拟制造、动态联盟等制造模式的出现，更加迫切需要新的管理模式与之适应。传统的企业组织中的采购（物资供应）、加工制造（生产）、销售等看似整体，但却缺乏系统性和综合性的企业运作模式，已经无法适应新的制造模式发展的需要，而那种大而全、小而全的自我封闭的管理体制，更无法适应网络化竞争的社会发展的需要。因此，供应链的概念和传统的销售链是不同的，它已跨越了企业界限，从建立合作制造或战略伙伴关系的新思维出发，从产品生命线的源头开始，到产品消费市场，从全局和整体的角度考虑产品的竞争力，使供应链从一种运作性的竞争工具上升为一种管理性的方法体系。这就是供应链管理概念被提出的实际背景。

供应链管理是一种集成的管理思想和方法，它执行供应链中从供应商到最终用户的物流计划和控制等职能。例如，伊文斯（Evens）认为，供应链管理是通过前馈的信息流和反馈的物料流及信息流，将供应商、制造商、分销商、零售商，直到最终用户连成一个整体的管理模式。菲利浦（Phillip）则认为，供应链管理不是供应商管理的别称，而是一种新的管理策略，它把不同的企业集成起来以增加整个供应链的效率，注重企业之间的合作。最早人们把供应链管理的重点放在管理库存上，作为平衡有限的生产能力和适应用户需求变化的缓冲手段，它通过各种协调手段，寻求把产品迅速、可靠地送到用户手中所需要的费用与生产、库存管理费用之间的平衡点，从而确定最佳的库存投资额。因此其主要的工作任务是管理库存和运输。现在的供应链管理则把供应链上的各个企业作为一个不可分割的整体，使供应链上各企业分担采购、生产、分销和销售等职能，成为一个协调发展的有机体。

2. 供应链管理涉及的内容

（1）供应链管理主要涉及4个主要领域：供应（Supply）、生产计划（Schedule Plan）、物流（Logistics）和需求（Demand）。

（2）供应链管理是以同步化、集成化生产计划为指导，以各种技术为支持，以Internet/Intranet为依托，围绕供应、生产作业、物流（主要指制造过程）、满足需求来实施的。

（3）供应链管理主要包括计划、合作、控制从供应商到用户的物料（零部件和成品等）和信息。

(4) 供应链管理的目标在于提高用户服务水平和降低总的交易成本，并且寻求二者的平衡（二者往往有冲突）。

(5) 供应链管理可细分为职能领域和辅助领域。职能领域主要包括产品工程、产品技术保证、采购、生产控制、库存控制、仓储管理和分销管理，而辅助领域主要包括客户服务、制造、设计工程、会计核算、人力资源和市场营销。

(6) 供应链管理关心的不仅是物料实体在供应链中的流动，除了企业内部与企业之间的运输问题和实物分销以外，供应链管理还包括以下主要内容：

①战略性供应商和用户合作伙伴关系管理。
②供应链产品需求预测和计划。
③供应链的设计（全球节点企业、资源和设备等的评价、选择和定位）。
④企业内部与企业之间的物料供应与需求管理。
⑤基于供应链管理的产品设计与制造管理，集成化生产计划、跟踪和控制。
⑥基于供应链的用户服务和物流（运输、库存和包装等）管理。
⑦企业间资金流管理（汇率和成本等问题）
⑧基于 Internet/Intranet 的供应链交互信息管理等。

任务二　供应链管理所涉及的内容，掌握供应链管理的基本方法

7.2.1　供应链管理方法

常见的供应链管理方法如下。

1. 快速反应（Quick Response，QR）

1) 快速反应的概念

快速反应是指物流企业面对多品种、小批量的买方市场，不是储备"产品"，而是准备各种"要素"，在用户提出要求时，以最快的速度抽取"要素"，及时"组装"，提供所需服务或产品。

快速反应是美国纺织服装业发展起来的一种供应链管理方法。

快速反应要求零售商和供应商一起工作，通过共享 POS 信息来预测商品的未来补货需求，并且不断地监视趋势以探索新产品，以便对消费者的需求能更快地作出反应。

快速反应的着重点是对消费者的需求作出快速反应。

2) 快速反应的来源

从 20 世纪 70 年代后期开始，美国纺织服装的进口急剧增加，到 20 世纪 80 年代初期，进口商品大约占纺织服装业总销售量的 40%。针对这种情况，美国纺织服装企业一方面要求政府和国会采取措施阻止纺织品的大量进口；另一方面进行设备投资以提高企业的生产效率。但是，即使这样，廉价进口纺织品的市场占有率仍在不断上升，而本地生产的纺织品市场占有率却在连续下降。

为此，一些主要的经销商成立了"用国货为荣委员会"。一方面通过媒体宣传国产纺织品的优点，采取共同的销售促进活动；另一方面，委托零售业咨询公司 Kurt salmon 从事提高竞争力的调查。Kurt salmon 公司在经过大量充分的调查后建议零售业者和纺织服装生产厂

家合作，共享信息资源，建立一个快速反应系统来实现销售额增长和客户服务最大化，以及库存量、商品缺货、商品风险和减价最小化的目标。

3）快速反应的作用

快速反应反映厂商及时满足顾客的服务需求的能力。信息技术提高了在最短的时间内完成物流作业并尽快交付所需存货的能力，这样就可减少传统上按预期的顾客需求过度地储备存货的情况。快速反应的能力把作业的重点从根据预测和对存货储备的预期，转移到以装运的方式对顾客需求作出快速反应上来。不过，由于在顾客需求尚未下达之前，存货实际上并没有发生移动，因此必须仔细安排作业，不能存在任何缺陷。

这里需要指出的是，虽然应用快速反应的初衷是对抗进口商品，但是实际上并没有出现这样的结果。相反，随着竞争全球化和企业经营全球化，快速反应系统得以迅速在各国企业界扩展。现在，快速反应方法成为零售商实现竞争优势的工具。同时，随着零售商和供应商结成战略联盟，竞争方式也从企业与企业间的竞争转变为战略联盟与战略联盟之间的竞争。

4）快速反应实施的3个阶段

（1）快速反应的初期阶段。对所有的商品单元条码化，利用EDI传输订购单文档和发票文档。

（2）快速反应的发展阶段。增加内部业务处理功能，采用EDI传输更多的文档，如发货通知和收货通知等。

（3）快速反应的成熟阶段。与贸易伙伴密切合作，采用更高级的策略，如联合补库系统等，以对客户的需求作出迅速的反应。

5）实施快速反应必备的5个条件

（1）改变传统的经营方式、企业经营意识和组织结构。

①企业不能局限于依靠本企业独自的力量来提高经营效率的传统经营意识，要树立通过与供应链各方建立合作伙伴关系，努力利用各方资源来提高经营效率的现代经营意识。

②零售商在垂直型快速反应系统中起主导作用，零售店铺是垂直型快速反应系统的起点。

③在垂直型快速反应系统内部，通过POS数据等销售信息和成本信息的公开和交换，来提高各个企业的经营效率。

④明确垂直型快速反应系统内各个企业之间的分工协作范围和形式，消除重复作业，建立有效的分工协作框架。

⑤必须改变传统的事务作业的方式，通过利用信息技术实现事务作业的无纸化和自动化。

（2）开发和应用现代信息处理技术。这是成功进行快速反应活动的前提条件，这些信息处理技术有商品条码技术、物流条码技术、电子订货系统（EOS）、POS数据读取系统、EDI系统、预先发货清单技术和电子支付系统等。

（3）与供应链各方建立战略伙伴关系。具体内容包括以下两个方面：一是积极寻找和发现战略合作伙伴；二是在合作伙伴之间建立分工和协作关系。合作的目标定为消减库存，避免缺货现象发生，降低商品风险，避免大幅度降价现象发生，减少作业人员和简化事务性作业等。

（4）改变传统的对企业商业信息保密的做法。实现销售信息、库存信息、生产信息和成本信息等与合作伙伴交流分享，并在此基础上要求各方在一起发现问题、分析问题和解决问题。

（5）供应方必须缩短生产周期，减少商品库存。具体来说，供应方应努力做到：缩短商品的生产周期；进行多品种、少批量生产和多频度、少数量配送，降低零售商的库存水平，提高顾客服务水平；在商品实际需要将要发生时采用JIT方式组织生产，减少供应商自身的库存水平。

6) 应用快速反应系统的效果

研究结果显示，应用快速反应系统的效果见表7-1。

表7-1 应用快速系统的效果

对象商品	实施快速反应的企业	零售业者的快速反应效果
休闲裤	零售商：WalMart 服装生产厂家：Semiloe 面料生产厂家：Milliken	销售额：增加31% 商品周转率：提高30%
衬衫	零售商：J. C. Penney 服装生产厂家：Oxford 面料生产厂家：Burlinton	销售额：增加59% 商品周转率：提高90% 需求预测误差：减少50%

应用快速反应系统之所以有这样的效果，其原因如下：

（1）销售额大幅度增加。
①可以降低经营成本，从而降低销售价格，增加销售额。
②伴随着商品库存风险的减少，商品以低价位定价，增加销售额。
③能避免缺货现象，从而避免销售机会的损失。
④易于确定畅销商品，能保证畅销品的品种齐全，连续供应，增加销售额。

（2）商品周转率大幅度提高。应用快速反应系统可以减少商品的库存量，并保证畅销品的正常库存量，加快商品周转。

（3）需求预测误差大幅度减少。根据库存周期和预测误差的关系可以看出，如果在季节开始之前的26周进货，则需求预测误差达40%左右。如果在季节开始之前的16周进货，则需求预测误差达20%左右。如果在很靠近季节时进货，需求预测误差只有10%左右。

2. 有效客户反应（Efficient Consumer Response，ECR）

1) 有效客户反应的概念

有效客户反应是1992年从美国食品杂货业发展起来的一种供应链管理策略，是一个由生产厂家、批发商和零售商为供应链成员的，各方相互协调和合作，以用更低的成本和更好、更快的服务满足消费者的需要为目的的供应链管理解决方案。有效客户反应是以满足顾客要求和最大限度地降低物流费用为原则，能及时做好准确反应，使提供的物品供应或业务流程最佳化的一种供应链管理战略。

2) 有效客户反应产生的背景

有效客户反应的产生可归结于20世纪商业竞争的加剧和信息技术的发展。20世纪80—90年代以后，美国食品杂货业零售商和生产厂家的交易关系，由生产厂家占据支配地位转换为零售商占主导地位，在供应链内部，零售商和生产厂家为取得供应链主导权，为商家品牌（PB）和厂家品牌（NB）占据零售店铺货架空间的份额展开激烈的竞争，使供应链各个环节间的成本不断转移，供应链整体成本上升。

从零售商的角度来看，新的零售业态如仓储商店、折扣店大量涌现，食品杂货业的竞争更趋激烈，他们开始寻找新的管理方法。从生产厂家的角度来看，为了获得销售渠道，直接或间接降价，牺牲了生产厂家的利益。生产厂家希望与零售商结成更为紧密的联盟，这对双方都有利。

另外，从消费者的角度来看，过度竞争使消费者的需求——高质量、新鲜、服务好和价格合理——被忽视。许多企业通过诱导型广告和促销来吸引消费者转移品牌。

为此，美国食品市场营销协会（Food Marketing Institute）联合 COCA–COLA、P&G、KSA 公司对供应链进行调查、总结、分析，得到改进供应链管理的详细报告，提出了有效客户反应的概念体系，这一概念被广大零售商和生产厂家采用，广泛应用于实践。

有效客户反应真正实现了以消费者为核心，转变了生产厂家与零售商对立、竞争的关系，实现供应与需求一体化的运作流程，日益被生产厂家和零售商所重视。

3）应用有效客户反应时必须遵守的 5 个基本原则

要实施有效客户反应，首先应联合整个供应链所涉及的生产厂家、分销商以及零售商，改善供应链中的业务流程，使其最合理有效；然后再以较低的成本，使这些业务流程自动化，以进一步降低供应链的成本和时间。这样才能满足客户对产品和信息的需求，即给客户提供最优质的产品和适时准确的信息。

ECR 的实施原则如下：

（1）以较少的成本，不断致力于向供应链客户提供性能更优、质量更好、花色品种更多的现货产品和更好、更加便利的服务。

（2）有效客户反应必须由相关的商业巨头带动。该商业巨头必须决心通过互利双赢的经营联盟来代替传统的输赢关系，以达到获利的目的。

（3）必须利用准确、适时的信息支持有效的市场、生产及后勤决策。这些信息将以 EDI 的方式在贸易伙伴间自由流动，它将影响以计算机信息为基础的系统信息的有效利用。

（4）产品必须以最大的增值过程进行流通，从生产至包装，直至流动至最终客户的购物篮中，以确保客户能随时获得所需产品。

（5）必须采用共同、一致的工作业绩考核和奖励机制。它着眼于系统整体的效益（即通过减少开支、降低库存以及更好的资产利用来创造更大的价值），明确地确定可能的收益（例如，增加收入和利润）并且公平地分配这些收益。

4）实施有效客户反应的四大因素

（1）快速产品引进（Efficient Product Introductions）：最有效地开发新产品，制订产品的生产计划，以降低成本。

（2）快速商店分类（Efficient Store Assortment）：通过二次包装等手段，提高货物的分销效率，使库存及商店空间的使用率最优化。

（3）快速促销（Efficient Promotion）：提高仓储、运输、管理和生产效率，降低供应商库存及仓储费用，使贸易和促销的整个系统效率最高。

（4）快速补充（Efficient Replenishment）：以需求为导向的自动连续补充和计算机辅助订货，使补充系统的时间和成本最优化。

5) 有效客户反应的实施方法

(1) 为变革创造气氛。对大多数组织来说，改变对供应商或客户的内部认知过程，即从敌对态度转变为将其视为同盟的过程，将比实施有效客户反应的其他步骤更困难，花费时间更长。创造有效客户反应的最佳氛围首先需要进行内部教育以及改善通信技术和设施，同时也需要采取新的工作措施和回收系统。

(2) 选择初期有效客户反应同盟伙伴。对于大多数刚刚实施有效客户反应的组织来说，建议成立2~4个初期同盟。每个同盟应首先召开一次会议，请来自各个职能区域的各级同盟代表对怎样启动有效客户反应进行讨论。

(3) 开发信息技术投资项目，支持有效客户反应。虽然在信息技术投资不大的情况下就可获得有效客户反应的许多利益，但是具有很强信息技术能力的公司要比其他公司更具竞争优势。

3. 有效客户反应与快速反应的比较

1) 差异

(1) 产品属性不同。有效客户反应主要以食品杂货业为对象，其主要目标是降低供应链各环节的成本，提高效率。快速反应主要集中在一般商品和纺织行业，其主要目标是对客户的需求作出快速反应，并快速补货。

这是因为食品杂货业与纺织服装业经营的产品的特点不同：食品杂货业经营的产品多数是一些功能型产品，每一种产品的寿命相对较长（生鲜食品除外），因此，订购数量过多（或过少）的损失相对较小。

纺织服装业经营的产品多属于创新型产品，每一种产品的寿命相对较短，因此，订购数量过多（或过少）造成的损失相对较大。

(2) 侧重点不同。快速反应侧重于缩短交货提前期，快速响应客户需求；有效客户反应侧重于减少和消除供应链的浪费，提高供应链运行的有效性。

(3) 管理方法不同。快速反应主要借助信息技术实现快速补发，通过联合开发产品缩短产品上市时间；有效客户反应除新产品快速有效引入外，还实行有效商品管理和有效促销。

(4) 适用的行业不同。快速反应适用于单位价值高、季节性强、可替代性差和购买频率低的行业；有效客户反应适用于产品单位价值低、库存周转率高、毛利少、可替代性强和购买频率高的行业。

(5) 改革的重点不同。快速反应改革的重点是补货和订货的速度，目的是最大限度地消除缺货，并且只在有商品需求时才去采购；有效客户反应改革的重点是效率和成本。

2) 共同特征

有效客户反应和快速反应的共同特性表现为超越企业之间的界限，通过合作追求物流效率化。具体表现在如下3个方面：

(1) 贸易伙伴间商业信息的共享。

(2) 商品供应方进一步涉足零售业，提供高质量的物流服务。

(3) 企业间的订货、发货业务全部通过EDI来进行，实现订货数据或出货数据的传送无纸化。

7.2.2 电子商务与供应链管理

1. 供应链管理的基本思想

现代供应链管理以现代信息技术为支撑,对供应链所涉及组织的集成和对物流、信息流及资金流进行协同,以满足客户的需求,提高供应链的整体竞争能力。换句话说,"供应链管理的对象是供应链的组织(企业)和它们之间的'流';应用的方法是以现代信息技术为支撑手段进行对象的集成和协同;目标是满足客户需求,最终提高供应链的整体竞争能力。"

2. 电子商务促进供应链管理的发展

电子商务是一个依靠 Internet 支撑的企业商务过程,用电子方式替代传统的基于纸介质的数据和资料的交换、传递和存储等作业方式。企业之间的电子商务就是利用 Internet 整合企业上、下游的产业,以中心制造厂商为核心,将产业上游原材料和零配件供应商、产业下游经销商、物流运输商及产品服务商以及往来银行结合为一体,构成一个面向最终顾客的完整电子商务供应链。

电子商务带来了全球市场的共享,从而促进了供应链管理的变革与发展,主要体现在以下几个方面:

(1) 供应链管理从功能管理向过程管理转变。对于传统的管理,供应链中的采购、制造、市场营销、配送等功能都具有各自独立的目标和计划,这些目标和计划经常冲突。电子商务时代的供应链管理就是要达成一种一致和协调的机制。企业通过自己的内部网及 Internet 搭建的电子商务平台,不仅在企业内部,而且在企业外部从功能管理走向过程管理。

(2) 供应链管理从产品管理向客户管理转变。在电子商务时代,企业垂直一体化的传统推动供应链发展,将其改造成由客户拉动的供应链。客户是主要的市场驱动力,是客户而不是产品主导企业的生产、销售活动,所以客户的需求、客户的购买行为和客户的意见等都是企业要谋求竞争优势所必须争夺的重要资源。

(3) 供应链管理从实体库存管理向虚拟库存管理转变。在电子商务时代,人们用信息代替库存,也就是"虚拟库存",而不是实物库存,只有到供应链的最后一个环节才交付实物库存,这样可以大大降低企业持有库存的风险。

(4) 供应链管理从交易管理向协同合作管理转变。传统的供应链伙伴之间考虑的是眼前的既得利益,供应链伙伴之间的关系是交易关系。电子商务时代的供应链管理以协调供应链关系为基础,既协同商务,合作竞争,同时又增加供应链各方的利益,使供应链整体的交易成本最小化、收益最大化。

(5) 供应链管理从大而全、小而全的管理向业务外包管理转变。传统的供应链管理忽视了社会分工可以提高效率这一简单的经济学原理,依照大而全、小而全的方式生存,从一个产品的设计、生产、包装到运输都是企业自己做。电子商务时代的供应链管理则是利用业务外包(Outsourcing),把资源集中在企业的核心竞争力上。

3. 基于电子商务的供应链管理的原理

供应链管理的内容包括生产计划与控制、库存控制、采购、销售、物流、需求预测、客户管理和伙伴管理等,其实质是信息流、物流和资金流的管理,因此可从这"三流"的运动来说明供应链管理的基本原理。所有成员企业的 Intranet 通过 Internet 实现互联而形成 Extranet，信息高度集成与共享。下面是对需求拉动的供应链管理中的信息流、物流和资金流管理的简要描述。

1）信息流

用户在分销商网站的电子商务交易系统在线下单，分销商订单处理实时完成，并立刻向产品制造商在线下单采购，产品制造商实时处理完成分销商的采购订单并向其上级供应商采购零部件或原材料。由于是在线下单，分销商、产品制造商与供应商几乎同时得到了需求信息。

2）物流

物流方向为从供应商到产品制造商到分销商再到用户，与传统供应链管理一样。不同的是，信息流指挥物流，基于 Internet/Intranet/Extranet 的电子商务的高度信息共享和即时沟通能力带来了物流的高速和适时性，即物料或产品在指定时刻到达指定地点，从而减少甚至消除了各节点企业的库存。

3）资金流

资金流方向为用户→分销商→产品制造商→供应商，与传统供应链管理一样。不同的是，支付方式以在线支付为主，从而大大提高了订单的执行速度和交货速度。

基于电子商务的供应链的目标是在企业之间交互传输动态的信息流和资金流，通过最终顾客的有效拉动，保证物流有效、畅通。为了实现这一目标，所有供应链的参加者必须采用统一的数据标准，从而实现信息的流畅和无缝传输。

供应链管理是多层次、多目标的集成化管理，随着电子商务时代市场经济的深刻变化，供应链管理的管理容量和复杂程度都大大增加，这就要求应该从系统科学和系统工程的角度看待供应链管理。

供应链管理不是依靠单一的科学管理方法或纯粹的技术手段就能够实现的，只有将系统管理技术、运筹学、管理科学、决策支持系统、信息技术有机地结合起来，并应用于供应链管理的各个环节，才能实现供应链的科学管理。

项目小结

通过本项目的学习，学生应了解供应链和供应链管理的基本概念以及供应链管理与电子商务的关系；掌握供应链管理的基本方法以及电子商务供应链管理的主要方法和途径。

教学建议：建议本项目讲授 4 课时。

【推荐研究网址】

1. www.cngylhyw.cn　　　　　中国供应链行业网
2. www.chinacoop.gov.cn　　　中国供销合作网
3. www.chinawuliu.com.cn　　　中国物流与采购网
4. www.interscm.com　　　　　泛联供应链
5. www.globrand.com　　　　　品牌网
6. www.linkshop.com.cn　　　　联商网
7. www.hr.com.cn　　　　　　中国人力资源网

8. www.e3356.com　　　　　三山国际物流网
9. www.jctrans.com　　　　锦程物流交易网
10. www.t-o.com.cn　　　　中国大件运输物流网

习题与思考

一、思考题

1. 什么是供应链?
2. 什么是供应链管理?
3. 电子商务与供应链管理有什么关系?
4. 简述供应链管理中的物流运作系统。
5. 试述电子商务时代供应链管理的主要发展趋势。
6. 供应链管理的支持技术有哪些?
7. 什么是快速反应?
8. 什么是有效客户反应?
9. 简述有效客户反应的四大要素。
10. 简述电子订货系统的流程。

二、上机实训题

掌握速卖通（www.aliexpress.com）平台的使用方法，在速卖通平台上发布产品并通过审核，总结其营销方式。

项目八

电子商务时代的国际物流

知识目标

(1) 理解国际物流的形式与特点。
(2) 了解国际物流的发展过程和发展趋势。
(3) 掌握国际物流系统的构成与运作模式。
(4) 理解电子商务时代国际物流的变革。

能力目标

(1) 能解释国际物流的基本内涵。
(2) 通过案例的学习和分析,基本能应用国际物流的基本知识。
(3) 能根据国际物流的特点解释我国加入WTO后与国际物流接轨应注意的问题。

项目任务

任务一　国际物流概述
任务二　国际物流运作相关知识

任务导入案例

加入WTO对我国物流业的影响

公路运输、水路运输和航空运输等交通行业属于服务业范畴,其有关的国际服务贸易受WTO约束。我国公路运输、水路运输行业在我国申请恢复在关贸总协定中的地位和加入WTO的历程中,作出了广泛的、实质性的市场开放的承诺。承诺的内容涉及公路运输、水路运输、仓储、船舶检验、交通基础设施建设等多个领域,其中在公路货运、仓储、海上班轮运输、船舶代理等方面作出了进一步开放市场的承诺。

我国加入WTO后,交通行业面临机遇与挑战并存的局面。首先,加入WTO将促进我国交通行业的发展。WTO所建立的多边贸易体制是以市场经济为基础的,其有关规则反映了市场经济的一般原则,因此加入WTO将进一步推进我国公路运输、水路运输行业管理体制和管理观念的转变。同时,市场经济也是法制经济,加入WTO必将加快我国公路运输、水路运输交通行业法制化建设的步伐。另外，市场的进一步开放和竞争将有利于提高行业服务水平和技术含量，降低服务价格，增强交通运输企业的市场竞争力。

加入WTO后，我国的公路运输、水路运输和航空运输等行业也面临着一些问题，其主要体现在两个方面：一是政府管理部门能否切实转变观念，使行业管理符合WTO的有关原则和要求，建立和营造公平、公正、公开、平等竞争的市场环境。这关系到政府体制改革、职能转变是否到位，法律、规章是否符合市场的经济规则。这些都是政府首先要考虑和下功夫做的事情。二是由于市场加大开放力度，国内相关企业能否承受竞争压力，并在竞争中发展壮大。我国加入WTO后，外商将加大进入我国仓储物流服务、集装箱多式联运和场站经营、公路快速货物运输、汽车维修、国际海上班轮运输、船舶代理等市场的力度。目前我国公路运输、水路运输行业的企业大多数规模小、技术落后、设备陈旧、现代化管理观念不强，与参与国际竞争的要求不适应，这也是当前我国物流行业急需解决的问题。

提出问题：我国加入WTO后与国际物流接轨应注意的问题有哪些？

任务一 国际物流概述

所谓国际物流，就是组织原材料、在制品、半成品和制成品在国与国之间进行流动和转移的活动。它是相对于国内物流而言的，在不同国家间进行的物流，是国内物流的延伸和进一步扩展，是跨国界的、流通范围扩大了的物的流通，也叫国际大流通或大物流。国际物流有广义和狭义之分，广义的含义是各种形式的物资在国与国之间的流入与流出，狭义含义是与一国进出口贸易相关的物流活动。其总目标就是为国际贸易和跨国经营服务，即选择最佳的方式和路径，以最低的费用和最小的风险，保质保量地、适时地将商品从某国的供方运送到另一个国家的需方。

8.1.1 国际物流的特点

国际物流与国内物流有许多相似的地方，它们都具有现代物流的共性，但它们也有许多不同之处。

1. 国际物流与国内物流的联系

国际物流与国内物流是根据物流活动的区域大小或活动的空间范围区分的。国际物流与国内物流往往是不可分割的。国际物流是国内物流越过国界或关境，在两个以上的国家或全球范围内开展的物流，但国际物流在货物出境前和入境后与国内物流基本相同，基本原理相同。

2. 国际物流与国内物流的区别

按复杂性来说，国际物流远远超过单纯的国内物流。国际物流运作的环境远比国内物流复杂，这可以用4个D来概括：距离（Distance）、单证（Documentation）、文化差异（Diversity in culture）和顾客需求（Demands of customer）。

3. 国际物流的特点

与国内物流相比，国际物流的复杂环境形成了国际物流运作的独有特点：

（1）国际物流需要国际贸易中间人。

（2）国际物流具有国际性，市场广阔。
（3）国际物流具有复杂性。
（4）国际物流具有高风险性。
（5）国际物流运输以远洋运输为主，多种运输方式组合。

8.1.2 国际物流的种类

（1）根据商品在国与国之间的流向分类，可以分为进口物流和出口物流。
（2）根据商品流的关税区域分类，可以分为不同国家之间的物流和不同经济区域之间的物流。
（3）根据跨国运送的商品特性分类，可以分为国际军火物流、国际商品物流、国际邮品物流和国际捐助物流等。

8.1.3 国际物流发展的背景

国际物流的概念虽然最近才提出并得到人们的重视，但国际物流活动随着国际贸易和跨国经营的发展而发展。国际物流活动的发展经历了以下几个阶段：

第一阶段——20世纪50年代—80年代初。这一阶段物流设施和物流技术得到极大的发展，建立了配送中心，广泛运用电子计算机进行管理，出现了立体无人仓库，一些国家建立了本国的物流标准化体系。物流系统的改善促进了国际贸易的发展，物流活动已经超出一国范围，但物流国际化的趋势还没有得到人们的重视。

第二阶段——20世纪80年代初—90年代初。随着经济技术的发展和国际经济往来的日益扩大，物流国际化趋势开始成为世界性的共同问题。美国密歇根州立大学的波索克斯教授认为，进入20世纪80年代，美国经济已经失去兴旺发展的势头，陷入长期倒退的危机之中。因此，必须强调改善国际性物流管理，降低产品成本，并且要改善服务，扩大销售，在激烈的国际竞争中获得胜利。与此同时，日本正处于成熟的经济发展期，以贸易立国，要实现与其对外贸易相适应的物流国际化，并采取了建立物流信息网络、加强物流全面质量管理等一系列措施，提高物流国际化的效率。这一阶段物流国际化的趋势局限在美、日和欧洲等发达国家。

第三阶段——20世纪90年代初至今。这一阶段国际物流的概念和重要性已为各国政府和外贸部门所普遍接受。贸易伙伴遍布全球，必然要求物流国际化，即物流设施国际化、物流技术国际化、物流服务国际化、货物运输国际化、包装国际化和流通加工国际化等。世界各国广泛开展国际物流方面的理论和实践方面的大胆探索。人们已经形成共识：只有广泛开展国际物流合作，才能促进世界经济繁荣，物流无国界。

任务二 国际物流运作相关知识

8.2.1 国际物流运作

1. 国际物流的业务运作流程

从国际贸易的一般业务角度来看，国际物流表现为实现国际商品交易的最终目的的过程，即实现卖方交付单证、货物和收取货款，而买方接受单证、支付货款和收取货物的贸易对流。国际贸易合同签订后的履约过程，便是国际物流业务的事实过程，国际物流业务的运作流程如图 8-1 所示。

图 8-1 国际物流业务的运作流程

2. 国际物流企业向集约化、协同化方向发展

其主要表现在两个方面：大力建设物流园区；物流企业整合与合作。物流园区的建设有利于实现物流企业的专业化和规模化，发挥它们的整体优势和互补优势。由于世界上各行业大型企业之间的并购浪潮和网上贸易的迅速发展，国际贸易的货物流动加速向全球化方向前进。为适应这一发展趋势，一些大型物流企业跨越国境，展开联横合纵式的并购，大力拓展国际物流市场，以争取更大的市场份额。这种联合与并购必然带动国际物流业加速向全球化方向发展。除了并购之外，另一种集约化方式是物流企业之间合作并建立战略联盟。

3. 实行一体化经营管理模式

大型物流公司可以采取总公司与分公司体制，采取总部集权式物流运作，实行业务垂直管理，实际上就是一体化经营管理模式（只有一个指挥中心，其他都是操作点）。从实践上讲，现代物流需要一个统一的指挥中心、多个操作中心的运作模式。因为有效控制是现代物流的保证。从物流业务的内容来看，每项内容并不复杂，但协调整个过程的服务必须建立一个高效而有权威的组织系统，能控制物流实施状态和未来运作情况，并能及时有效地处理衔接中出现的各种疑难问题和突发事件，也就是说需要有一个能力很强、指挥很灵的调控中心对整个物流业务进行控制和协调。各种界面和各种决策必须联系在一起，才能创建一个作业系统。如果各部门都强调自己是利润中心，考虑问题总是将成本与最大利润联系起来，这样对外报价肯定无竞争性。所以从事物流业务，承担全程服务时，只能有一个利润中心，其他各个机构、各个部门都应该是成本中心，一切听从利润中心的指挥，一切为利润中心服务，

一切以利润中心的最大利益为自己的利益。

8.2.2 国际物流系统

1. 国际物流系统的概念

国际物流系统是由商品的包装、储存、运输、检验、流通加工和其前后的整理、再包装以及国际配送等子系统组成的。其中,储存和运输子系统是物流的两大支柱。国际物流通过商品的储存和运输,实现其自身的时间和空间效益,满足国际贸易活动和跨国公司经营的要求。

2. 国际物流系统的组成

1) 运输子系统

运输的作用是将商品的使用价值进行空间移动,物流系统依靠运输作业克服商品生产地和需要地点的空间距离,创造了商品的空间效益。国际货物运输是国际物流系统的核心。商品通过国际货物运输作业由卖方转移给买方。国际货物运输具有路线长、环节多、涉及面广、手续繁杂、风险性大、时间性强等特点。运输费用在国际贸易商品价格中占有很大比例。国际运输主要包括运输方式的选择、运输单据的处理以及投保等有关方面。

我国国际物流运输存在的主要问题是:第一,海运力量不足、航线不齐、港口较少等,影响了进出口货物及时流进、流出,特别是出口货物的运输力更加不足。我国出口货物主要靠海运,目前虽然我国已拥有 2 000 多万吨的运载能力,居世界前列,成为我国外运的主力,并能为第三国开展货运经营,但总运输力的增长远远跟不上国际贸易发展的速度,运输力仍然不足。20 世纪 90 年代初期曾发生过的最严重的月份缺船量达 30 条。目前,现有的船型结构也不尽合理,中等船舶奇缺。由于船舶较大,运输间隔时间又长,这对要求批量小、需求供货快是很不适应的。我国港口不足和布局不合理问题也比较突出。例如我国输往中南美、澳大利亚、新西兰、南太平洋、西非等地的货物几乎全部需要中转,这样运费高、时间长,严重影响了我国出口商品的竞争力。

第二,铁路运输全面告急,内陆出口更加困难。我国同朝鲜、蒙古、越南等国虽然有铁路连接,但运力仍然不足。如内陆有的省份即使有货,而且有些货也是国际市场急需要的,但由于铁路运力不足也不能卖出去。

第三,航空运输力不足,运价昂贵,难以适应外贸发展的需要。20 世纪 80 年代以来,世界空运货物已被广泛采用,而我国在这方面却很落后。目前主要靠客运飞机捎带,真正的货运飞机数量少,年运量只有 20 万吨左右,远远满足不了外贸发展的需要。

总之,为解决外贸出口运输的困难,必须由国家和地方联合发展船队,加速沿海码头建设和航空事业的发展。

2) 仓储子系统

商品储存、保管使商品在其流通过程中处于一种或长或短的相对停滞状态,这种停滞是完全必要的。因为商品流通是一个由分散到集中,再由集中到分散的源源不断的流通过程。国际贸易和跨国经营中的商品从生产厂或供应部门被集中运送到装运港口,有时需临时存放一段时间,再装运出口,是一个集和散的过程。它主要是在各国的保税区和保税仓库进行的,主要涉及各国保税制度和保税仓库建设等方面。保税制度是对特定的进口货物,在进境后,尚未确定内销或复出口的最终去向前,暂缓缴纳进口税,并由海关监管的一种制度。这是各国政府为了促进对外加工贸易和转口贸易而采取的一项关税措施。

保税仓库是经海关批准专门用于存放保税货物的仓库。它必须具备专门储存、堆放货物的安全设施，健全的仓库管理制度和详细的仓库账册，配备专门的经海关培训认可的专职管理人员。保税仓库的出现为国际物流的海关仓储提供了既经济又便利的条件。有时会出现对货物不知最后作何处理的情况，这时买主（或卖主）将货物在保税仓库暂存一段时间。若货物最终复出口，则无须缴纳关税或其他税费；若货物将内销，可将纳税时间推迟到实际内销时为止。从物流角度看，应尽量减少储存时间和储存数量，加速货物和资金周转，实现国际物流的高效率运转。

3) 商品检验子系统

由于国际贸易和跨国经营具有投资大、风险高和周期长等特点，商品检验成为国际物流系统中重要的子系统。通过商品检验，确定交货品质、数量和包装条件是否符合合同规定。如发现问题，可分清责任，向有关方面索赔。在买卖合同中，一般都订有商品检验条款，其主要内容有检验时间与地点、检验机构与检验证明、检验标准与检验方法等。

根据国际贸易惯例，商品检验时间与地点的规定可概括为 3 种做法。第一种是在出口国检验。这可分为两种情况：在工厂检验，卖方只承担货物离厂前的责任，运输中品质、数量变化的风险概不负责；装船前或装船时检验，其品质和数量以当时的检验结果为准。买方对到货的品质与数量原则上一般不得提出异议。第二种是在进口国检验，包括卸货后在约定时间内检验和在买方营业处所或最后用户所在地查验两种情况。其检验结果可作为货物品质和数量的最后依据。在此条件下，卖方应承担运输过程中品质、数量变化的风险。第三种是在出口国检验，在进口国复验。货物在装船前进行检验，以装运港双方约定的商检机构出具的证明作为议付货款的凭证，但货到目的港后，买方有复验权。如复验结果与合同规定不符，买方有权向卖方提出索赔，但必须出具卖方同意的公证机构出具的检验证明。

在国际贸易中，从事商品检验的机构很多，包括卖方或制造厂商和买方或使用方的检验单位，有国家设立的商品检验机构以及民间设立的公证机构和行业协会附设的检验机构。在我国，统一管理和监督商品检验工作的是国家进出口商品检验局及其分支机构。究竟选定由哪个机构实施和提出检验证明，在买卖合同条款中必须明确加以规定。

商品检验证明即进出口商品经检验、鉴定后，应由检验机构出具具有法律效力的证明文件。如经买卖双方同意，也可采用由出口商品的生产单位和进口商品的使用部门出具证明的办法。检验证书是证明卖方所交货物在品质、数量、包装和卫生条件等方面是否与合同规定相符的依据。如与合同规定不符，买卖双方可据此作为拒收、索赔和理赔的依据。

此外，商品检验证明也是议付货款的单据之一。商品检验可按生产国的标准进行检验，或按买卖双方协商同意的标准进行检验，或按国际标准或国际习惯进行检验。商品检验方法概括起来可分为感官鉴定法和理化鉴定法两种。理化鉴定法对进出口商品检验更具有重要作用。理化鉴定法一般是指采用各种化学试剂、仪器器械鉴定商品品质的方法，如化学鉴定法、光学仪器鉴定法、热学分析鉴定法和机械性能鉴定法。

4) 商品包装子系统

杜邦定律（美国杜邦化学公司提出）认为，63% 的消费者是根据商品的包装进行购买的，国际市场和消费者是通过商品来认识企业的，而商品的商标和包装就是企业的面孔。

现在我国出口商品存在的主要问题是：出口商品包装材料主要靠进口；包装产品加工技

术水平低,质量上不去;外贸企业经营者对出口商品包装缺乏现代意识,表现为缺乏现代包装观念、市场观念、竞争观念和包装的信息观念,仍存在着"重商品、轻包装""重商品出口、轻包装改进"等思想。

为提高商品包装系统的功能和效率,应提高广大外贸人员对出口商品包装工作重要性的认识,树立现代包装意识和包装观念;尽快建立起一批出口商品包装工业基地,以适应外贸发展的需要,满足国际市场、国际物流系统对出口商品包装的各种特殊要求;认真组织好各种包装物料和包装容器的供应工作。这些包装物料、容器应具有品种多、规格齐全、批量小、变化快、交货时间急、质量要求高等特点以便扩大外贸出口和创汇能力。

5)国际物流信息子系统

国际物流信息子系统的主要功能是采集、处理和传递国际物流和商流的信息情报。没有功能完善的信息系统,国际贸易和跨国经营将寸步难行。国际物流信息的主要内容包括进出口单证的作业过程信息、支付方式信息、客户资料信息、市场行情信息和供求信息等。国际物流信息系统的特点是信息量大,交换频繁;传递量大,时间性强;环节多,点多,线长。所以要建立技术先进的国际物流信息系统。国际贸易中 EDI 的发展是一个重要趋势。我国应该在国际物流中加强推广 EDI 的应用,建设国际贸易和跨国经营的高速公路。

上述主要系统应该和配送系统、装搬系统以及流通加工系统等有机联系起来,统筹考虑,全面规划,建立适应国际竞争要求的国际物流系统。

8.2.3 国际物流组织和管理

国际物流管理就是通过对国际物流系统各个子系统的计划、组织和协调,实现货物的时空效应。国际物流管理的内容主要如下。

1. 国际货物运输的管理

国际货物运输是国际物流系统的核心,它可以创造物流的空间效应,实现商品由发货方向收货方的转移。国际货物运输是国内运输的延伸和扩展,同时又是衔接出口货物运输和进口货物运输的桥梁与纽带。

2. 外贸商品储存的管理

外贸商品流通是一个由分散到集中,再由集中到分散的过程。外贸商品储存的管理克服外贸商品使用价值在时间上的差异,创造商品的时间价值。外贸商品的储存地点可以是生产厂的成品库,也可以是流通仓库或国际运转站点,而在港口、站场储存的时间则取决于港口装运系统与轨迹运输作业的有机衔接。

3. 进出口商品装卸搬运的管理

在物流系统中,装卸搬运主要指垂直运输和短距离运输,其主要作用是衔接物流其他各环节的作业。货物的装船、卸船,商品的进库、出库以及在库内的搬、倒、清点、盘查、转运转装等都是装卸搬运的主要内容。

4. 进出口商品的流通加工与检验的管理

进出口商品在流通过程中的检验和加工,不仅可以促进商品销售,提高物流效率和资源利用率,而且还能通过加工过程保证并提高进出口商品的质量,扩大出口。流通加工既包括分装、配装、拣选等出口贸易商品服务,也包括套裁、拉拔、组装等生产性外延加工。这些加工不仅能最大限度地满足客户的多元化需求，还能增加外汇收益。对进出口商品的流通加工的有效管理是许多国际物流企业能否开展增值服务的基本保证。

5. 商品包装的管理

在国际物流系统中，商品包装的主要作用是保护商品、便利流通、促进销售。商品的商标与包装不仅反映了企业的经营水平与风格，也是一个国家综合科技文化水平的直接反映。在对出口商品包装进行设计及具体包装作业的管理中，应将包装、储存、装卸搬运和运输等物流各环节进行系统分析，全面规划，实现现代国际物流系统所要求的"包、储、运一体化"，从而提高整个物流系统的效率。

8.2.4 国际物流和电子商务的关系

1. 国际电子商务需要高效的国际物流体系

1）国际物流是实现国际电子商务交易的需要

国际电子商务能够准确、快速地反映市场需求，使企业根据所获得的市场信息进行生产调节或控制采购量。这就需要建立一套集成化、规模化的国际物流配送体系，进行网络化递送，以能使国际电子商务所具有的新优势得到有效发挥。

2）国际物流是国际电子商务实现高利润的保证

与传统商务交易相比，国际电子商务具有3个利润增长点，分别处于信息化的生产、流通和销售3个阶段。在生产阶段，随着国际电子技术的应用，企业可以降低物耗，提高劳动生产率；在销售阶段，国际电子商务使企业拥有更广泛的消费人群；在流通阶段，高效的国际物流体系使货物运输方式更加科学化，全程降低成本，实现高利润。

3）国际物流是国际电子商务取得良好信誉的关键

高效的国际物流是国际电子商务实现"以顾客为中心"理念的最终表现。国际电子商务在最大限度上方便了各国的最终消费者，但是缺少现代化的国际物流体系，国际电子商务给消费者最终带来的购物便利将等于零。物流配送效率是客户评价国际电子商务满意程度的重要标志之一。

2. 国际电子商务使国际物流发生质的变革

1）配送效率变革

国际电子商务网络在组织现有物流资源的规模、速度、效率方面要比传统物流配送方式优越得多。国际配送企业可以通过统一的国际虚拟电子平台，将分散在世界各地的仓库和多种运输工具通过网络系统连接起来，进行最科学的管理和调配，尽量缩短运输距离，减少货物在途时间，使商品在运输中达到费用最省、距离和时间最短。

2）网络运营变革

在国际电子商务时代，国际网络的高效性和全球化的特点可以使国际物流信息在全球范围内实现整体的网络控制和管理。当系统的任何一个终端收到需求信息时，都会在极短的时间内作出反应，并拟定详细的配送计划。

3）综合服务变革

国际电子商务下的国际物流服务流程，可以通过EDI等电子网络连接，大大简化烦琐、耗时的信息处理过程，加快国际物流的速度，将使货运时间变得相对较短，以充分满足客户的需要。同时，国际电子商务下的国际物流服务可以实现全过程的跟踪服务，从而提高物流服务水平和质量。

4）物流业态变革

国际电子商务将促进国际物流业的一体化过程。这就要求国际物流企业联合起来，形成一种协同的竞争状态，在相互协同中实现物流高效化、合理化、系统化的竞争，从而打破传统物流分散的状态，为此统一标准势在必行。

8.2.5 电子商务下我国国际物流的发展战略

我国的国际物流系统网络已具有一定的规模，为了促使我国国际物流系统网络更加合理，应该采取以下措施：

（1）总体布局合理，缩短进出口商品的在途积压。合理选择和布局国内外物流网点，扩大国际贸易的范围和规模，以达到费用省、服务好、信誉高、效益高、创汇好的物流总体目标。应尽力缩短出口商品的在途积压，包括进货在途（如进货、到货的待验和待进等）、销售在途、结算在途，以便节省时间，加速商品和资金的周转。

（2）增加运力，采用先进的运输方式、运输工具和运输设施。作为我国主要运输力量的海运力量不足、航线不齐、港口较少，影响进出口货物及时流进、流出，应加速进出口货物的流转。充分利用海运、多式联运方式，不断扩大集装箱运输和大陆桥运输的规模，增加物流量，扩大进出口贸易量和贸易额，并应注意改进运输路线，减少相向、迂回运输。

（3）改进包装，增大技术装载量，多装载货物，减少损耗。目前，我国出口的商品包装材料主要靠进口，包装产品加工技术水平低，质量上不去。外贸企业经营者对出口商品包装缺乏现代包装观念、竞争观念和包装的信息观念。因此，应提高广大外贸人员对出口商品包装工作重要性的认识，树立现代包装意识和观念；尽快建立起一批出口商品包装的工业基地，以适应国际物流系统对出口商品包装的各种特殊要求。

（4）加强国际物流信息网络的建设。为了更好地实现国际物流，应注意完善国际物流信息网络的建设，强化国际物流组织过程的信息处理功能，为国际物流发展提供网络化、强有力的信息支持。重视物流信息技术的标准化问题，使国际物流与信息流的有机结合更为通畅，便于国际物流的合理组织和信息共享。加强电子商务与国际物流的结合，使物流与电子商务之间形成紧密联系、互相促进的关系。

除此之外，还应注意改进港口装卸作业，有条件时要扩大港口设施，合理利用泊位与船舶的停靠时间，尽力减少港口杂费，吸引更多的买卖双方入港；改进海运配载，避免空仓或船货不适应的状况；综合考虑国内物流运输。在出口时，若有条件要尽量采用就地就近收购、就地加工、就地包装、就地检验、直接出口的物流策略等。可以预见，随着电子商务发展日趋成熟，跨国、跨区域的物流将日益重要。没有物流网络、物流设施和物流技术的支持，电子商务将受到极大抑制；没有完善的物流系统，电子商务能够降低交易费用，却无法降低物流成本，电子商务所产生的效益将大打折扣。只有大力发展电子商务，广泛开展国际物流合作，才能促进世界经济繁荣。

项目小结

通过本项目的学习，学生了解国际物流的特点、国际物流的各种子系统的构成及内容，以及国际物流作业。

教学建议：建议本项目讲授 4 课时。

【推荐研究网址】：

1. www.jctrans.com　　　　　　　锦程物流交易网
2. www.chinawuliu.com.cn　　　　中国物流与采购网

习题与思考

一、思考题

1. 如何理解国际物流？它有何特点？
2. 国际物流的形式主要有哪几种？
3. 国际物流历经了哪几个阶段？
4. 国际物流系统由哪些要素构成？
5. 国际物流系统能实现哪些功能？
6. 在电子商务时代国际物流有哪些变革？

二、上机实训题

访问锦程物流交易网、海尔官网和联邦快递官网，分析中外国际物流的差异。

项目九

电子商务物流相关法律问题及发展趋势

知识目标

了解电子商务物流交易平台的有关法律制度和电子商务物流在我国的现状以及发展趋势。

能力目标

理解电子商务物流平台及电子商务物流的发展趋势。

项目任务

任务一　电子商务物流交易平台的有关法律制度
任务二　电子商务物流对社会发展的影响及发展趋势

任务导入案例

网上交易传统监管太虚拟

网络经济被视为中国经济飞跃的一个新的助推器。如今,网上交易形式五花八门,经营者鱼龙混杂。从整体上来说,目前网上交易尚处于欠成熟的快速发展期。网上交易的行为主体大多数没有在当地工商部门登记注册,网络商品的交易量很大,这也是引发消费者投诉的主要问题。

相当一部分网上交易是跨地区完成的,而管辖的属地性和互联网无疆域的矛盾非常突出。例如,涉及案件的"行为发生地"问题,违法行为主体的服务器可能在美国,银行转账可能在杭州,货物所在地可能是上海,运输公司可能在郑州,多地都有管辖权;再如,北京的某个人使用淘宝网发布了虚假信息,经营者是这个人还是淘宝网?其违法行为发生渠道是无限制的,所有的地方都有发生,全国工商部门都可以管它,同一件事情,各地都可能给这个人和淘宝网开罚单。因此,应该制定相应的规范,明确相应的机制。

网上购物是在一个虚拟的环境中完成交易的整个流程,这种虚拟使传统的有形监管面临重重困难。市场准入制度是市场的入口,也是规范的基础,既关系到市场主体资格的取得、规模的到位,也关系到交易中的支付、债权人利益的保护,是确保交易安全和提高效率的法律制度。无论网络市场业态与传统市场业态有多大差异，都不能背离交易安全、消费者权益保护的核心。

提出问题：怎样改善网上交易环境？

任务一　电子商务物流交易平台的有关法律制度

　　市场经济的运行主要依靠市场规律自动调节，市场经济从而体现出其完美的一面。自由、平等的市场经济必须由相应的法律、法规来规范，使当事人应有的权利不受侵犯，使参与者在平等、明晰、规范的市场中从事经济活动、行使经济权利、履行经济义务，从而规范经济秩序，使经济最终为社会服务，所以说市场经济是法制经济。

　　电子商务物流也是市场经济的一部分，是市场经济的一种实现形式，具有其他经济形式的共同特点：受价值规律的调节，需要相应法律、法规的规范来有效地实施。电子商务物流的规范及法律必然与其他经济模式的规范及法律同等重要，没有法律的支持和保障，电子商务物流不会有更好的发展。

　　同时，电子商务独特的运作方式对物流涉及的法律也提出了更高的要求和挑战。传统的经济往来中经济行为的可验证性，如合同、契约等，使经济行为容易规范，出现问题时容易裁定。电子签名是一串数字、密码或使用精密扫描工具扫描的其他文字或符号，它解决了书面签字带来的一系列问题。电子商务如果仅靠信用体系运作是不可能的。良好的信用体系固然是经济行为中可以信赖的一面，但是它毕竟不能提供最终的保证。信用是经济活动中的一种手段，不能代替法律基础，信用是道德范畴的东西，没有法律的强制性很难提供最根本的保证，电子商务必须同时依靠法律。另一方面，人们担忧网络的安全性。任何系统的安全都是相对的，没有一个网络系统是绝对安全的。无论采用链路加密技术还是采用节点加密技术，或在网络中心及关键之处建立专用的防火墙，但在病毒的入侵和黑客的攻击面前这些安全措施并不是天衣无缝的。对这种方式的违法犯罪的界定及处罚，对出现的不安全责任的追究和责任承担的大小等问题，只有通过相应的立法才能可靠地解决。

9.1.1　电子合同的法律问题

　　与物流相关的商务往来一般都要通过缔结合同达成，传统的合同在达成协议并在纸质合同上签名盖章后才生效，而在虚拟的网络空间里，人们无法通过纸质合同来达成协议，只有采取电子函件等数据电文的方式签订电子合同来达成协议。目前，随着Internet的迅速发展，以电子数据交换订立的电子合同，因为在专有网络上进行，具有安全性高、成本高等特点，这种形式现在正逐渐减少并向Internet的电子合同靠拢。在Internet上订立的电子合同具有成本低、风险大的特点，但它随着Internet的迅速普及和上网人数的迅猛增加而迅速发展，逐渐成为未来经济的主要方式。电子商务正在成为各国新的生产力和经济增长点。电子合同与传统纸质合同的最大不同就是它的内容具有可编辑性。

1. 电子合同的特征

　　电子合同具有可编辑性，可以由人们随意编辑、修改、增加或删除，而没有明显的修改痕迹，传统合同签订后签字人各执一份合同原件，原件一经修改就可以很明显地区分出来。即使通过传真方式签订的合同，发件人仍有一份原件。电子合同的特征给法院认定证据效力方面带来许多困难。签订电子合同的数据文件具有易消失性，数据电文是无形物。电子合同易受侵害，数据电文是通过键盘输入的，用磁性介质保存，容易受到物理灾难的威胁，同时容易受到计算机病毒或黑客的攻击。

2. 电子合同的要约和承诺

合同一般是由要约和承诺构成的。提出订立合同的人是要约人，提出订立合同的意思表示为要约，对要约内容表示完全同意的是承诺，接受要约的人是承诺人。一个合同通常经过不断的要约和承诺才能达成协议，合同一定是当事人的真实意思表示并经过当事人宣布、达成无效或撤销。传统合同通常是缔约人通过人工达成协议并签订书面合同而成立的（除即时传达可成口头合同外），而电子合同是完全自动化的无纸合同，缔约方利用计算机进入 Internet 或专有的网络自动发出要约和承诺，订立合同是非面对面、自动完成的。在这一过程中，由于协议是在网络空间中非当面达成的，合同的要约和承诺可能会被黑客等修改而不能反映当事人的真实意思表示，合同被错误地执行；同时，数据电文的修改可以留痕迹，如何解决这一问题显得相当重要。欧洲共同体委员会在《关于通过电子商务订立合同》的研究报告中提出了解决这一问题的方案：可以把对计算机拥有最后决定权的人看作同意计算机发出的要约人或承诺人，由其对计算机系统所作出的一切决定承担责任。

3. 电子合同生效的时间和地点

电子合同生效的时间和地点相当重要，它不仅确立了当事人权利和义务的开始，还是发生纠纷时确定管辖权和所适用法律的依据之一。不同的法系和国家对合同成立的时间和地点的规定各不相同。大陆法系通常采用"到达生效原则"，承诺的函电一到达要约人，合同就发生法律效力，以承诺到达时间和地点为合同成立的时间和地点。英美法系采用"发出生效原则"或"邮箱规则"，承诺一旦发出，合同就成立，以承诺发出的时间和地点为合同生效的时间和地点。"只要正确写明收件人并加贴邮票，一项采用邮寄方式（或类似方式）的发盘接受，在发送时即可构成一项合同。如果该信件发送不当，则在发盘人收到信件时接受才生效，这就是著名的邮箱原则，它只适用于接受。"（摘自《赛博空间和法律》第 54 页）。电子合同的订立是在不同地点的计算机系统之间完成的。电子合同的签订人，可以在任何地点发出数据电文签订电子合同。在合同成立的时间上不论是"发出生效原则"还是"到达生效原则"，都可以通过不同时区的时间确定合同生效时间再转换成统一的时间，例如通过英国最近提出的格林尼治电子时间可以确定全球统一的电子商务合同生效时间。由此可见，合同成立的时间是容易确定的，但合同生效的地点如果采用"发出生效原则"，在网络空间里将难以确定，采取"到达生效原则"来确定合同生效的地点则较容易，因为数据电文到达要约人总是有一个固定的接受地点，因此用"到达生效原则"确定合同生效的地点成为发展的趋势，既有利于确定合同管辖权和所适用的法律，又有利于当事人预见可能发生纠纷的处理结果。联合国国际贸易法委员会所制定的《电子商务示范法》就是采用承诺到达的地点作为合同生效的地点。

4. 我国《合同法》对电子合同的法律规定

我国原先的《经济合同法》《技术合同法》《涉外经济合同法》并不承认采用数据电文签订形式的非纸质合同，1999 年 10 月 1 日实施的新《合同法》则用功能等同法认可了电子合同属于书面合同。新《合同法》第十一条规定："书面形式是指合同书、信件和数据电文（包括电报、电传、传真、电子数据交换和电子函件）等可以有形地表现所载内容的形式。"

该法第十六条规定："要约到达受要约人时生效。采用数据电文形式订立合同，收交人指定特定系统接收数据电文的，该数据电文进入该特定系统的时间视为到达时间；未指定特定系统的，该数据电文进入收件人的任何系统的首次时间视为到达时间。"第二十六条第二款规定："采用数据电文形式订立合同的，承诺到达的时间适用本法第十六条第二款的规定。"由此可见，我国采用大陆法系的"到达生效原则"，这既与我国通常的做法一致又和国际上的做法接轨，而且符合技术发展的趋势。

新《合同法》第十九条规定："采用格式条款订立合同的，提供格式条款的第一方应当遵循公平原则确定当事人之间的权利和义务，并采取合理的方式提醒对方注意免除或者限制其责任的条款，按照对方的要求，对该条款予以说明。格式条款是当事人为了重复使用而预先拟订，并在订立合同时未与对方协商的条款。"第四十条规定："格式合同具有本法第五十二条和五十三条规定情形的，或者提供格式条款一方免除其责任、加重对方责任、排除对方主要权利的，该条款无效。"第四十一条规定："对格式条款的理解发生争议的，应当按照通常理解予以解释。对格式条款有两种以上解释的，应当作出不利于提供格式条款的一方的解释，对格式条款与非格式条款不一致的，应当采用非格式条款。"新《合同法》之所以这么规定，既考虑到传统法律的规定以及买方没有得到参与合同制定，无讨价还价的余地，也根据网络空间的消费者可能来自世界各地的实际情况加以考虑，这一规定有利于保护消费者。

通过签订电子合同进行电子商务虽然具有方便、快捷、成本低、市场全球化等优点，但也存在一定的风险：电子合同通常是在开放网络中以数据电文这一信息流来传递的，虽然可以采取加密的方式进行传递，在传递过程中仍然会发生信息被他人截获、篡改、被病毒侵蚀等情况，从而导致电子合同的内容变更。为此，新《合同法》第三十三条规定："当事人采用信件、数据电文等形式订立合同的，可以在合同成立之前要求签订确认书。签订确认书时合同成立。"无疑这一规定在网络经济刚刚兴起，电子商务正在迅速发展，而法律严重滞后的情况下是必要的，在防范电子商务下电子合同的风险起到相当大的作用，这也是我国从工业社会向信息社会过渡中的一种暂时的法律措施。

5. 电子合同与相关的证据法问题

传统的书面文件（包括合同和各种单据）因其本身直观、明了，可以长久保存，改动和增删又都会留有痕迹，通常不难察觉，所以各国法律均承认其可以作为证据。电子数据能否作为法律上的证据，直接关系到电子交易中当事人合法权益的保护，关系到电子商务的顺利发展。各国法律专家、技术专家都在努力寻求好的解决方案，以便电子数据被纳入法律中证据的范畴，我国现行立法、司法对计算机数据是否能成为合法证据的态度尚不明朗。目前，比较妥善的办法是通过立法或司法解释的方式，对法定证据之一的书证或视听材料作扩大解释，将计算机数据纳入法定证据的范畴，以促进电子商务在我国有序发展。

9.1.2　电子商务支付的法律问题

随着电子商务的发展，消费者通过 Internet 享受物流服务，通常需要安全、快捷的支付服务。要想达到这一点，最好的方式是采取网上支付。目前，网上的支付手段种类较多，常见的是用信用卡进行的网上支付和数字货币支付。利用现有的信用卡结算体系进行网上支付是目前比较普遍，也是比较成熟的一种。

1. 信用卡网上支付的法律问题

1) 传统信用卡支付方式

信用卡根据资金的来源可以分为贷记卡和借记卡。在利用信用卡进行消费之前，持卡人通常与银行签订一个协议，而银行与商家也就是特约商户之间也有协议。支付过程是，持卡人在选购好商品以后，把信用卡交给商家，商家用压卡机压卡，制作出签购单。持卡人审查签购单，检查没有问题之后，就在签购单上签字。商家拿到这些签购单之后，就向信用卡的发卡银行提交这些单据，要求银行付款。发卡银行向商家付款，并收取一定的手续费。然后，发卡银行再根据业务的规则，向持卡人发出付款通知书，持卡人向银行付清款项。

这是一个比较简单的过程，只涉及消费者、商家和发卡银行。在信用卡使用比较发达的地区，关系会比较复杂，可能会有发卡银行和收单银行，有时发卡银行和收单银行不是一家，因此在信用卡使用的过程中会出现一些问题，例如伪造信用卡、利用信用卡进行欺诈等，有时还会有民事纠纷。这就涉及各个当事人之间责任的分担。比较常见的情况是信用卡遗失或被别人冒用，这时，在无法追究冒用人责任的情况下，如何分担这一损失是关于信用卡的法律中要解决的一个十分重要的问题，并直接涉及信用卡的发展。如果持卡人否认一笔交易，不向发卡银行支付账款，那么发卡银行也不会向收单银行付款，收单银行由于已经付了款，因此所承受的风险较大。

2) 信用卡的网上支付方式

利用信用卡在 Internet 上购物有许多方式，根据当事人在其中所起的作用，大致可以分为两种。一种是商家起主导作用。在这种方式中，商家通过自己的 Internet 网址展示有关商品的信息（价格、型号和品牌等），并提示可以用信用卡进行支付。消费者选择好需要购买的商品之后，根据计算机屏幕上的指示，将自己的信用卡号码、密码等信息通过网络传给商家。在传送信息时，消费者通常对信息进行加密传递给商家。商家收到这些信息之后，送给收单银行的处理器进行处理，确认是否是真实的信用卡，有关信息是否正确，如果正确，商家就确认交易，然后再发货。最后，商家再主动把信息传递给银行确认并获得款项。在上一过程中，商家所起的作用比较大，而在另外一种方式中，消费者所起的作用较大。在这种方式中，选择商品、使用信用卡进行支付同前一种方式都是一样的。唯一不同的是，消费者在传送有关信用卡信息时使用了一种特殊的软件，有人把这种软件称为"电子钱包"。因为这种软件对信用卡信息进行了加密，像一个钱包一样把代表金钱的信息包起来，它实际上是一个数据包。消费者通过 Internet 将经过加密的信用卡数据信息发给商家，商家收到信息后，转送给银行的处理器，银行进行解密，确认信用卡信息是真实的以后，商家再发货，最后进行各个当事人的支付和结算。

3) 信用卡网上支付的法律问题

信用卡是目前消费者经常使用的一种支付工具，规范信用卡发卡、授权、结算和挂失等环节的法律很多，涉及各个当事人的权利和义务。其中最为核心的是未经授权使用信用卡所造成的损失如何分担，是商家承担，消费者承担，还是发卡银行承担？应采取什么样的规则来处理所造成的损失？这种损失分担的机制直接影响各个当事人使用信用卡的积极性，从而使信用卡的发行量、普及率受到影响。因此，以信用卡为基础的网上支付体系必须考虑这种损失的分担问题。

此外，由于人们通过 Internet 传送有关的信用卡信息，而 Internet 是一个开放的网络，如何保护这些信息不被黑客非法利用或受病毒侵蚀是一个新的法律问题。

从现在各国信用卡的法律规定来看，它们虽然内容各不相同，但是基本都偏重于保护消费者，因为消费者承担的责任有限。

以美国为例，调整信用卡使用人和商家、银行之间关系的法律主要是《Z条例》。该条例在几个方面作出了对消费者保护有利的规定。首先，消费者承担的责任有限。对于未经授权而冒用的信用卡，持卡人的责任承担只限于50美元以内。因此，损失大部分由商家和收单银行承担。它们之间的责任分担根据双方之间已经达成的协议规定来处理，例如规定收单银行在发卡银行拒绝付款时，能从商家账户上扣回多少自己的垫款。相对来说，对欺诈产生的损失，商家承担较大的风险。其次，调查责任主要由发卡银行承担。对于未经授权而冒用的信用卡，持卡人在发现之后一定时间内必须报告发卡银行。发卡银行应在规定的时间里通知特约商户拒绝接受此卡。在这个时间内，持卡人可以拒绝支付那些有争议的款项。

这些规定都是调整信用卡在物理空间运作产生的法律关系，而以信用卡为基础的网上支付是否还是适用这一做法，目前还难以下定论。采用SET交易模式所引进的认证中心和数字签名能够很好地保证当事人的身份和交易安全，尤其通过联网，信息传递非常迅速，凡是列入黑名单的人很快就可以被止付，同时电子商务又是商务往来的发展趋势，信用卡支付有各种便利之处，我国所大力发展的信用卡的"金卡工程"就是一个好的证明。法律会朝着同等保护参与者的方向发展。认证中心和数字签名的合法性在很多国家和地区已经得到确认，但是认证中心和商家、银行之间的关系却仍然需要进一步规范。目前，美国正在进一步征求意见，希望《Z条例》能够继续适用于通过信用卡进行的网上支付，但还需要进一步完善和修改。

2. 数字货币的概念、种类和法律问题

1）数字货币的概念

数字货币是以电子化数字形式存在的货币，是由"0"和"1"排列组成的、通过电路在网络上传递的电子信息流。其发行方式包括存储性质的预付卡（电子钱包）和纯电子系统形式的用户号码文件等。

数字货币相比于传统的实际货币有着明显的优点：传统货币有较大的存储风险，除了昂贵的运输费用外，还在安全保卫及防伪造等方面投资较大。数字货币与信用卡不同，它是层次更高、技术含量更高的电子货币，不需要连接银行网络就可以使用，且方便顾客，并具有不可跟踪性。从技术上讲，由于各商家和个人都可以发行数字货币，如果不加以规范控制和统一标准，网上电子交易将不能正常发展。

2）数字货币的主要种类

到目前为止，国际上主要的数字货币有以下3种：

（1）数字现金。数字现金是被誉为"数字货币之父"的乔姆博士发明并发行的数字化现金，他还开发出了支付这种现金的系统和相应的实施软件。用户也可以和使用这种软件的其他用户进行电子现金交易。通常所有交易都通过发行银行实时结算，从而可以把数字现金的序列号与自己花掉的现金的数据库进行比较。通过数字记录、集中控制和管理现金的方法开发的无条件匿名电子现金支付系统，是一种相对安全的电子交易系统。

（2）电子现金（Netcash）。电子现金和相应的可记录匿名电子现金支付系统是由美国南加州大学信息科学研究所的科兰德诺曼和甘那迪玛文斯基发明设计的，这种电子现金具有很强的匿名性。电子现金支付系统的主要特点是设置分级现金服务器来验证和管理电子现金，从而使电子交易的安全性得到保证。

(3) Mondex 系统。Mondex 系统是 1996 年由英国威斯敏斯特银行开发的电子现金，它是一种与信用卡近似的智能卡，有自己的微处理器和稳定的存储器，除可以到传统银行通过计算机下载金额到卡中外，还可以通过 ATM 电话、Internet 等直接从银行（包括网上银行）下载金额到卡中，并通过便携式读取终端机将金额在两卡之间转移。

数字货币的发展虽然已经比较完善，但是仍在不断发展过程中，发展的方向是更加安全、简便、实用和高科技化。

3) 数字货币的法律问题

数字货币通过 Internet 或任何其他的计算机网络系统在线进行交易和支付具有优于信用卡的优点，同时可以使用在从不使用纸币的某种特定目的的花费上，例如可用来发给雇员作为购买小额办公用品的费用等。可以说，虽然它还不是很普及，但它是最便捷的网上支付工具。数字货币的法律问题如下：

(1) 数字货币可以跨国界、脱离银行网络，由个人或国家发行，这样将严重侵害个别国家的货币发行主权和制定货币政策的完整性。

如果数字货币被广泛使用又不受中央银行调控，那么货币的作用将下降，而且相关的借款不受银行最低准备金的限制，新增信贷的规模可能会膨胀，同时数字货币流入一国过多，可以使该国的宏观货币调控机制的活动空间减少甚至失效，将冲击该国的货币市场，对中央银行的货币发行权构成挑战。

(2) 不可重复使用性，即数字货币必须能存储于计算机系统、智能卡等而不被所有者重复使用；可用性，即数字货币的使用必须既快又有效；可靠性，即数字货币的使用者必须对使用过程有信心，确信在任何系统运载情况下都能够正常使用。

(3) 安全性。数字货币必须是难以伪造或假冒的，这包括防止或查明复制机制。应确保存储数字货币的设施，例如智能卡或计算机硬盘不容易被伪造或篡改，并且一旦被篡改，变动的证据将会立即出现。此外，一个数字货币的接受者必须能证明其收到的数字货币是真实的。数字货币的使用依赖于加密技术，安全性主要通过加密和发行单位的在线证明实现。

(4) 消费者保护。必须确保数字货币的使用者不易被欺诈、骗取或在一个诈骗交易中错误地被牵连，他们应受到保护而不受到窃取者和伪造者的侵害，因此刑法应制定打击利用数字货币犯罪的条款。

(5) 犯罪问题。执法人员担心匿名数字货币的广泛使用将极大地妨碍他们处理洗钱、毒品走私等犯罪行为，尤其担心大数量的数字货币通过 Internet 转移，转移的地方易于隐瞒，而传递又是即时的，国家的边界将变得虚无。这样数字货币可以很容易地被大范围地用于洗钱。利用数字货币逃税也是个严重的问题，伪造者可能复制系列数字从而生成数字货币。因此，一国的政策将很难控制无国界的数字货币。虽然数字货币存在许多问题，但从长远来看，随着科技的进步，数字货币是货币发展的必然趋势，也是发展电子商务支付手段的最佳选择。数字货币只有纳入现有的货币、银行发行支付体系，才有可能得到有效的实施，否则将会严重影响一国的金融体制，进而威胁一国的金融主权。鉴于此，我国政府、金融界、科技界及法律界应加大研究力度，尽快使数字货币在我国得到很好的运用。

9.1.3 电子商务下的货物运输保险

1. 货物运输保险

货物运输保险是以运输过程中的各种货物作为保险标的的保险。不论是对外贸易还是国内贸易，一笔交易的货物从卖方到买方都需要经过运输过程，在此过程中货物碰到自然灾害或意外事故而遭受损失是难以避免的。货物运输保险正是对这种货损加以赔偿的一种经济补偿行为。

货物运输保险承保的是运输过程中的货物。现代化的运输要具备道路、运输工具、动力及通信设备四大要素。就运输方式而言，它可根据道路的不同，分为公路运输、铁路运输、水路运输、航空运输及管道运输。这些运输方式各有其特点，在商品经济活动中都十分重要的作用。国际贸易中的绝大多数商品是通过海上运输来实现空间位置的转移的，因此海上运输货物的保险问题也是货物运输保险的起源。

货物运输保险的种类，可以按保险单种类或保险标的的种类划分，也可以按不同的运输方式来划分。按照不同的运输方式，货物运输保险主要有海上运输货物保险、陆上运输货物保险、航空运输货物保险及邮包保险。

货物运输保险的险别是保险人与被保险人考虑双方权利和义务的基础，也是保险公司承保责任大小、被保险人缴付费多少的依据。货物运输保险的险别主要是在海上货物运输保险的基础上发展起来的，根据我国的保险习惯，将货物运输保险的险别分为主要险、附加险、特别附加险和特殊附加险。

在实际业务中，货物运输保险主要分为投保、承保、理赔和追偿四个环节。

1）投保

货物运输保险的投保，主要是确定如何选择险别、要办理哪些手续，同时注意贸易合同中的保险要求以及实施投保有关工作。投保是拟订保险合同的开始，是整个承保工作的基础，做好这项基础工作对保证承保质量很重要。投保工作分为两个方面：一个是投保人的要约，另一个是保险人的承诺，也就是申请投保和接受投保。因此，需要保险与被保险双方共同做好工作。

货物运输保险是任何对外贸易的必要组成部分，因此买卖双方在签订贸易合同时，必须将保险由谁办理、如何办理在合同中加以明确。至于国内贸易，在售货合同中也要将保险条件写清楚，明确买卖双方各自的责任，以免发生损失时由于责任不清引起纠纷。

2）承保

承保工作从广义上讲，是指保险公司将一笔业务承揽下来要做的全部工作，包括争取业务、接受投保、拟订费率、出立保险单、出具批单、结算保险费、危险管理和安排分保等。简单地从形式上看，出立保险单似乎只是一个具体手续，实际上它包括选定险别、费率开价、拟订保险条件和危险控制等重要内容。保险单的缮制是上述各项工作的结果；出单水平的高低反映着承保工作的质量。同时，保险人与被保险人双方签订的保险合同，其主要内容也是通过保险单上的各个项目和条件、条款来表达的，因此保险单又是保险双方权利、义务的依据。

3）理赔

理赔工作是指处理保险赔案的全部过程，包括损失通知、保险索赔、损失确定、责任审定、赔款计算及赔款给付。保险的职能是补偿，被保险人保险的最终目的是在保险货物受损后能及时地得到经济保障。理赔是具体办理经济补偿、处理赔案的工作，直接体现补偿作用。这项工作既涉及被保险人的切身利益，又关系到保险作用的正确发挥，做好这项工作对促进生产、促进贸易、促进对外经济交往和树立保险的对外良好形象有重要作用。

4）追偿

保险责任范围内的损失，有相当一部分是由第三者的责任造成的。对于这类由第三者的责任造成的损失，被保险人可向责任方请求赔偿，也可向保险人请求补偿。如保险人赔偿了这类损失，被保险人就应将向第三方追偿的权利转让给保险人，保险人可以自己的名义或以被保险人的名义向责任方追偿。我国《财产保险合同条例》第十九条规定："保险标的发生保险责任范围内的损失，应由第三者负责赔偿的，投保方应当向第三者要求赔偿。如果投保方向保险方提出赔偿要求时，保险方可以按照保险合同规定，先予赔偿，但投保方必须将向第三者追偿的权利转让给保险方，并协助保险方向第三者追偿。"在货物运输保险中，第三方造成的货损的主要责任人是承运人。

2. 网上货物运输保险

电子商务下的货物运输保险业务可借助网络进行。虽然网上信息都是总体介绍，不能包括所有的情况和保险单，要想获得具体信息、提交保单需要通过电话、电子函件与保险方联系，争取保险方提供帮助。如果对保险单的条件满意，希望投保，只需填好指定内容，如地址、联系方法等。

顾客可以通过网上表格得到货物运输保险的报价，在交易环节中，可以通过该公司的安全交易系统付款，也可以要求进行保险单变更。如果运输途中发生事故或丢失财产，可以随时在网上提出索赔。

1）得到报价

每一笔货物运输保险业务都很复杂，包含很多信息，投保时在网上提供的信息越多，保险方给出的报价就越准确。但是这份报价是基于投保方所提供的信息而确定的同类保险单的价格，最后的价格将由保险方的代理人在核实了所有必要的信息后决定。

2）网上交易

通常在网上交易，可以要求变更保险单或选择交易选项决定付费方式。保险单变更要求对投保人进行重新审查以确定所有要求事项都已填好，保险方会告诉投保人何时进行。若付费过程隔夜完成，将在正常交易日的中午登记到投保方的账户上。

3）网上理赔

该服务提供一个理赔号码，处理客户的索赔，并向客户提供有关的索赔报告的信息。

9.1.4 我国现行的有关物流的主要法律、法规

随着我国法制建设的逐步完善，与物流有关的法律、法规也相继出台。

1. 已经颁布的与物流有关的法律

（1）规定企业主体资格和权利义务的《中华人民共和国公司法》（1993 年）。

（2）规定企业诚信经营、保护消费者利益的《中华人民共和国消费者权益保护法》（1994 年）、《中华人民共和国反不正当竞争法》（1993 年）。

（3）调整市场经济条件下经济主体之间关系的《中华人民共和国合同法》（1999 年）。

（4）规定专项物流业务的《中华人民共和国海商法》（1992年）、《中华人民共和国铁路法》（1990年）。

2. 国务院颁布的、涉及物流的具体行政法规

1）第一类：关于运输业务及其管理

（1）《公路货物运输合同实施细则》《1986年》。
（2）《关于发展联合运输若干问题的暂行规定》（1986年）。
（3）《水路货物运输合同实施细则》（1987年）。
（4）《铁路货物运输合同实施细则》（1987年）。
（5）《航空货物运输合同实施细则》（1987年）。
（6）《国务院关于进一步改革国际海运运输管理工作的通知》（1992年）。

2）第二类：关于流通设施的法规

（1）《中华人民共和国航道管理条例》（1987年）。
（2）《中华人民共和国海港管理暂行条例》（1984年）。
（3）《民用机场管理暂行条例》（1977年）。
（4）《仓储保管合同实施细则》（1984年）。
（5）《中华人民共和国公路管理条例》（1988年）。
（6）《国务院关于搞活农产品流通的通知》（1991年）。
（7）《关于进一步发展国内集装箱运输的通知》（1991年）。

3. 由国务院各部委颁布的涉及物流的规章、通知、条例等更为具体的行政法规

1）关于运输规范化的法规

（1）《铁路和水路货物联运规则》（1967年）。
（2）《中国民用航空国内货物运输规程》（1977年）。
（3）《水路货物运输规程》（1982年）。
（4）《联运工作条例》（1984年）。
（5）《陆运口岸进口货物运输管理暂行办法》（1986年）。
（6）《公路运输管理暂行条例》（1986年）。
（7）《关于改善和加强公路运输管理的暂行规定》（1986年）。
（8）《关于发展联合运输若干问题的暂行规定》（1986年）。
（9）《铁路货物运输规程》（1987年）。
（10）《中华人民共和国水路运输管理条例》（1987年）。
（11）《国家经委、铁道部关于加快发展铁路集装箱运输的通知》（1987年）。
（12）《危险货物运输规则》（1987年）。
（13）《商品运输定额损耗》（1987年）。
（14）《商业运输管理办法》（1988年）。
（15）《中华人民共和国交通部汽车货物运输规则》（1988年）。
（16）《关于运输烟花爆竹的规定》（1992年）。

2）关于仓储、包装等的法规

（1）《国家粮油仓储设施管理办法》（1981年）。
（2）《冷库管理规范》（1981年）。

(3)《棉花储备库管理条例》(1982 年)。
(4)《国家物资储备局仓库设施完好标准》(1985 年)。
(5)《国家粮油仓库管理办法》(1987 年)。
(6)《商业仓库管理办法》(1988 年)。
(7)《关于商品包装的暂行规定》(1986 年)。
(8)《商业部关于进一步做好商品包装工作的通知》(1990 年)。
(9)《商业、供销社系统商品包装工作规定》(1990 年)。

3) 关于货物交付管理、货物运输管理和流通监管的法规

(1)《港口水上过驳作业暂行办法》(1986 年)。
(2)《港口装卸作业办法》(1986 年)。
(3)《关于加强空运进口货物管理的暂行办法》(1987 年)。
(4)《关于港口、车站无法交付货物的处理办法》(1987 年)。
(5)《木材运输监管管理办法》(1990 年)。
(6)《中华人民共和国海上国际集装箱运输管理规定》(1990 年)。
(7)《进口食油接运管理暂行办法》(1990 年)。
(8)《铁路货物集装化运输组织管理办法》(1990 年)。
(9)《商业部、中国人民保险公司关于进一步做好商业部门货物运输保险工作的通知》(1991 年)。
(10)《关于加快发展国际集装箱联运的通知》(1992 年)。

从上面列举的法律法规中可以看到,我国政府是重视物流行业的管理和监督的,相关的法制建设也正在逐步加强和完善,现存的法律和规章等基本上维护了传统物流业的经济秩序,对促进我国物流业的发展起到了重要作用。但是,当代经济发展很快,我国的相关法律常常跟不上形势,有些法律法规和规章已落后于当前经济发展的需要,物流业缺乏专门的法律规定,如对于综合性物流业就缺少相应的法律依据。因此,应当对原有的法律法规进行一定的修订,废止过时的内容,增加符合市场经济要求的新的法律条文,以适应新环境的需要,尽快建立一个专业性强的、有权威性的电子商务物流法律体系,如图 9-1 所示。

在市场经济条件下,法律是国家管理经济活动必不可少的手段,需要依靠法律手段去理顺物流过程中的各种经济关系。随着物流基础设施建设的迅速推进,必须有相应的法律法规与之适应,必须建立一个以市场公平竞争为基础的物流法规体系,按法律规定的程序和原则,对物流业实行干预和监督。

9.1.5 电子商务交易平台运行的法律制度

电子商务交易平台在运行过程中依赖于网络服务,网络服务已成为电子商务不可分割的组成部分,也是支撑网上交易运营环境的基础。所有的电子商务网络主要提供电子商务信息的收集、整理、发布、传递与存储等服务,为此网络信息服务是电子商务交易平台运行基础。我国关于网络信息服务的法律文件主要是国务院于 2000 年颁布的《中华人民共和国电信条例》和《互联网信息服务管理办法》,后者是目前我国对网络信息服务实行管制的主要行政法规。

1. 网络信息服务的含义

网络信息服务是指通过互联网向上网用户提供信息的服务活动。网络信息服务分为经营

图 9-1 电子商务物流法律体系

性和非经营性两类：经营性网络信息服务，是指通过互联网向上网用户有偿提供信息或者网页制作等业务的服务活动；非经营性网络信息服务，是指通过互联网向上网用户无偿提供具有公开性、共享性信息的服务活动。

2. 网络信息服务的市场准入

为了规范网络信息服务活动，促进网络信息服务健康有序地发展，我国加强对网络信息服务的管理，主要是审批与备案制度。

1) **经营性网络信息服务许可制度**

经营性网络信息服务的内容主要是网上广告、代制作网页、有偿提供特定信息内容、电子商务及其他网上应用服务。国家对经营性网络信息服务实行许可制度。根据《中华人民共和国电信条例》和《互联网信息服务管理办法》规定，经营性网站必须办理中华人民共和国增值电信业务经营许可，否则就属于非法经营。

2) **非经营性网络信息服务备案**

非经营性网络信息服务是经国家主管部门批准的正式运营企业，享受国家法律保护。其主要是互联网接入服务，即通过电话线把计算机或其他终端设备连入话联网。非经营性网络信息服务提供者在提供互联网信息服务之前，应当向为其接入互联网网络服务的互联网服务供应商提交相关备案信息。

3. 电子商务交易参与方的规范行为

根据商务部发布的《关于网上交易的指导意见》，电子商务交易参与方应遵循从如下行为规范：

（1）认识网上交易的特点。网上交易通过现代信息技术和互联网进行信息交流、洽谈、合同签订乃至履行，效率高，成本低。但交易方在了解对方的真实信息、履行能力等方面有一定难度，存在一定的违约和欺诈风险。

（2）了解交易相对方的真实身份。交易各方在交易前要尽可能多地了解对方的真实身份、信用状况、履行能力等交易信息，可以要求对方告知或向交易服务提供者询问，必要时也可以向有关管理、服务机构查询。

(3) 遵守合同订立的各项要求。交易各方采用电子邮件、网上交流等方式订立合同，应当遵守合同法、电子签名法的有关规定。

(4) 依法使用电子签名。交易各方通过电子签名签订合同的，遵守电子签名法的有关规定，使用可靠的电子签名，选择依法设立的电子认证服务提供者的认证服务。

(5) 注意支付安全。交易各方选择网上支付方式的，要通过安全可靠的支付平台进行，及时保存支付信息，增强网上支付的安全意识。

(6) 依法发布广告，防范违法广告。交易各方发布的网络广告要真实合法。浏览广告的一方要增强警惕性和鉴别能力，注意识别并防范以新闻或论坛等形式出现的虚假违法广告。

(7) 注意保护知识产权。交易各方要尊重知识产权，依法交易含有知识产权的商品或服务，不得利用网上交易侵犯他人的知识产权。

(8) 保存网上交易记录。交易各方可以自行保存各类交易记录，以作为纠纷处理时的证据。对于大宗商品、贵重商品与重要服务的交易，可以生成必要的书面文件或采取其他合理措施留存交易记录。

任务二　电子商务物流中存在的问题及解决措施

1. 电子商务物流中存在的问题

(1) 适用于电子商务的物流配送基础设施不配套，管理手段落后，物流技术不完善。经过多年的发展，我国在交通运输、仓储设施、信息通信和货物包装等物流基础设施方面有了一定的发展，但总体上来说，物流基础设施还比较落后，各种物流基础设施的规划和建设缺乏必要的协调性，因此物流基础设施的配套性和兼容性差，缺乏系统功能。配送中心的管理、物流管理模式和经营方式的优化等问题也都亟须解决，加之网络服务和信息系统也不健全，严重影响物流配送服务的准确性与时效性，从而阻碍了电子商务物流的发展。

(2) 物流和配送方面的人才严重缺乏。物流从业人员是否具有一定的物流知识水平和实践经验，会直接影响企业的生存与发展。由于我国在物流方面的起步较晚，所以在物流和配送方面的教育还相当落后，开设物流课程和专业的高校仅有十几所，与物流相关的职业教育也十分匮乏，尚未建立完善的物流教育体系和人才培训体系，物流人才的缺乏已经成为阻碍物流业发展的一项重要因素。

(3) 与物流配送相关的制度、政策法规及物流管理体制尚不完善。

2. 电子商务物流中所存在问题的解决措施

(1) 积极发挥政府对物流发展的促进作用。首先，针对当前我国物流产业管理分散的现状，从明确管理部门入手，建立统一管理全国物流的机构或权威性的组织协调机构，由其承担组织协调职能。其次，要制定规范的物流产业发展政策，确立物流业发展总目标，以政府为主导并引导企业共同加大对物流业的投资力度，统一进行物流发展规划，重点建设和分布物流基础设施，以改变当前物流业不合理的布局状态，并以此为基础，建立起我国物流实体网络，为物流产业整体发展水平的提高奠定基础。最后，要在高速公路和铁路、航空、水运和信息网络等方面投入大量资金，以保证交通流和信息流的通畅，形成覆盖全的交通网络和信息网络，为发展电子商务网络配送提供良好的社会环境。

（2）实现物流配送体系的社会化和产业化。物流配送的社会化和产业化是指流通代理制与配送制相结合，通过合理化布局的社会物流网将分散的物流集中起来，形成产业，实现物流的规模效益和零库存生产。要实现物流配送体系的社会化和产业化，关键是建立适合商务的物流中心。目前，适宜的方法是联建或代建物流中心，代建物流中心又称为第三方物流，是指电子商务企业委托供应商或物流中心代其完成物流服务的运作方式。这样电子商务企业可以把主要精力集中在核心业务上，而与物流相关的业务环节则交给专业化的物流企业操作，以求节约和高效。

（3）实现物流配送体系化。首先，实现物流配送手段的机械化、自动化和现代化。物流配送采用机械化、自动化、现代化的储运设备和运载工具，如立体仓库、旋转货架、自动分拣输送系统、悬挂式输送机等高效、多功能的物流机械。其次，实现物流配送管理的现代化、规范化和制度化。采用现代化的管理理念、管理技术和管理手段，改革和优化物流企业现有的组织结构。物流配送企业制定规范的操作规程和管理制度，建立健全科学的管理体制，从而提高物流的管理水平、服务水平以及物流从业人员的素质和技术水平。最后，实现物流配送的信息化。物流配送的信息化表现为：物流信息收集的数据库化和代码化、物流信息处理的电子化和机械化、物流信息传递的标准化和实时化、物流信息存储的数字化等。

（4）培养高素质的物流经营管理人才。在物流人才培养上，首先，应由政府管理部门牵头，建立包括高校学历教育、物流职业教育、企业岗位教育、社会培训机构继续教育互相结合，多种层次，互为补充的人才培养体系，加快启动我国物流人才教育工程；其次，应加快我国高校的物流教育工程，政府主管教育的部门，应当积极鼓励各高校结合本身的特点探索物流专业的课程设置和学生的培养，以各种形式推动我国的物流学历教育，扩大物流管理专业的教育规模。

发展电子商务物流的对策如下：

（1）提高全社会对电子商务物流的认识。要把电子商务与电子商务物流放在一起进行宣传，电子商务是商业领域内的一次革命，而电子商务物流则是物流领域内的一次革命。要改变过去重商流、轻物流的思想，把物流提升到竞争战略的地位，把发展电子商务物流系统安排到日程上来。

（2）国家与企业共同参与，共建电子化物流系统。形成全社会的电子化物流系统，需要政府与企业共同出资，物流企业要立足于现代物流技术，通过信息网络和物流网络为客户提供快捷的服务，从而提高竞争力。

有关电子商务物流的发展趋势见项目一。

项目小结

本项目首先介绍了与电子商务物流有关的法律问题，主要从电子合同、电子支付、电子商务下的货物运输保险、相关的物流法律几个方面进行了阐述；其次介绍了电子商务物流存在的主要问题及解决措施。

教学建议：建议本项目讲授4时。

【推荐研究网址】
1. www.633.biz   中国物流网官网
2. www.56net.com   美泰物流网
3. www.56888.com   深圳全程物流服务有限公司官网

习题与思考

一、思考题

1. 电子合同有什么特点？
2. 电子合同如何生效？
3. 电子支付有什么优、缺点？
4. 电子支付的形式有哪些？

二、上机实训题

1. 电子商务法律如何影响跨境电商？
2. 上网搜索电子商务法律的相关知识，浅谈电子商务物流从业者应当如何遵守电子商务物流法律。

电子商务物流上机实验

实验一 浏览知名电子商务网站

一、实验目的

指导学生浏览知名电子商务网站。

二、实验内容

指导学生浏览几个具有较高知名度的电子商务网站,如:
(1) B2C 类型网站:亚马逊网上书店、中商网、凡客诚品网站、当当网。
(2) C2C 类型网站:淘宝网、雅宝网。
(3) B2B 类型网站:阿里巴巴(水平类型)、海创汇(垂直类型)。
了解电子商务模式与传统商务模式的区别、电子商务网站与非电子商务网站的区别。

三、实验步骤

打开 IE 浏览器,登录如下网站:
亚马逊网上书店:www.amazon.cn
当当网:www.dangdang.com
京东商城:www.jd.com/
阿里巴巴:china.alibaba.com/
海创汇:www.ihaier.com
物通网:www.chinawutong.com/

四、实验报告

记录实验过程,并写出自己的体会。

实验二 电子商务网站建设

一、实验目的

指导学生掌握电子商务网站建设的基本步骤和过程。

二、实验内容

利用网络学习申请域名、建立网站、在网络上申请使用虚拟主机的过程和方法以及将网站发布到 Internet 的途径。

三、实验步骤

打开 IE 浏览器，登录如下网站：

万网：www.net.cn/

新网：www.xinnet.com/

分别注册会员、申请域名、申请虚拟主机、发布网站。

四、实验报告

记录实验过程和结果，并写出自己的体会。

实验三 网店的搭建

一、实验目的

掌握搭建一个简易电子商务网店的流程和方法，例如在淘宝网、京东商城上开店。

二、实验内容

网店信息管理、店面设计、网店后台管理、网店发布管理和预览网店。

三、实验步骤

步骤 1：选择一套网店系统。

如果系统不灵活、不健壮，则功能无法有效表现，不会吸引消费者。消费者对网店总体来说还是比较挑剔的，除了货品本身外，还希望网站做得美观漂亮，使用方便，一套不好用的网店系统，相当于实体店铺没选好址，这在商业领域是一个大忌。市面上主流的网店系统就那么几款，如 Hishop 网店系统，可直接去其官网免费下载，无使用时间限制，也无任何功能限制。

步骤 2：解决物流配送问题。

如果网店交易量不大，物流配送问题还不太明显，但交易量一大，物流配送问题就显得尤其重要。建议网店店主选择第三方物流公司进行配送。目前市场上有一些公司专门负责给电子商务公司配送，费用比较低廉，而且服务质量及信誉都还不错。

步骤 3：解决资金结算问题。

目前的电子商务平台大多提供传统的资金结算渠道，如邮局汇款、银行汇款等，但有一些电子商务平台已经和网上支付系统做好接口，可以进行网上转账。其实网上支付系统并不是网店系统自己开发的，一般都由银行或第三方经过认证的公司提供，因此安全性不存在问题。作为网店店主，应尽可能给消费者多一些支付方式的选择，这样有利于网上交易的完成。

步骤 4：解决网店信誉问题。

这是令许多消费者头疼的问题。目前网络上确实存在许多网上诈骗或货不符实的问题，给部分消费者带来了损失。不过随着国家一系列电子商务支持政策的出台以及国内信用体系的进一步健全，这个问题将逐步得到改善。网店店主一定要注重自己的信誉，注重商品质量及退换货等服务。

步骤 5：解决网店定位问题。

有的网店店主对货品一味贪全贪大，致使网店很难形成自己的特色，因此交易额一直上不去。Hishop 建议网店新手尽可能开一些专卖店或精品店，只要将这个店铺做精做实，一样可以拥有比较大的交易量。物美价廉，是亘古不变的商业法则，谁能组织到好的货源，谁能够拿到最低的进货价，谁就会有较好的利润。建议网店店主可以和一些实体店铺结合，有些实体店铺的负责人并不熟悉网上营销，这就给了网店店主一个机会。这样做的另一个好处是可以顺畅地解决进货和物流的问题。

步骤 6：选择项目。

（1）行业选择：首先选择货品的类别，货品应是非常适合在网上销售的，如电子产品、女性服饰和化妆品等。当然，选择冷门类别也不是没有优势，因为其竞争小、利润空间大。

（2）产品选择：选择热销的产品，不要怕竞争大，只要整合好资源，确立自己的核心竞争力，就可以做对应的策划方案，在众多的店铺里脱颖而出。

步骤 7：分析客源。

理论上网上的每个人都可以成为客户。

销售界中有两个经典故事，一个是把梳子卖给和尚，另一个是把斧头卖给总统。一定要针对自己经营的产品，找出客户，然后进行市场细分，根据不同的客户实施不同的销售策略和技巧。

步骤 8：建设渠道。

渠道是指进货、运输、客服、销售等渠道。

（1）进货渠道：找到进货渠道很重要，这是前提。客户下订单结果无法及时拿到货，供货方的某款产品在某个阶段促销了却没有及时得到相关信息，这些对一个超级店来说是很不利的。超级店的出货量很大，一般靠低价跑量，靠和厂家同步的促销信息来拉拢客户，因此一定要重视渠道建设。

（2）运输渠道：其包括进货运输渠道和出货运输渠道。渠道的重要性不言而喻。不少网店店主无法确定一家合适的快递公司，这非常不利于打造超级店。良好的渠道可以带来巨大的服务优势和隐性利润。

四、实验报告

记录实验过程和结果，并写出自己的体会。

实验四　网上信息发布

一、实验目的

学习使用电子邮件、BBS、微信等工具进行网上信息发布，学习二维码制作技术与应用。

二、实验内容

（1）使用电子邮件发布产品和服务信息。
（2）登录 BBS 发布产品和服务信息。
（3）查看微信公众号发布的产品和服务信息。
（4）打开网址"http://www.liantu.com/"，制作带文本功能、名片功能、短信功能、电话功能、邮箱功能、地图功能、WiFi 功能和 logo 的二维码。

三、实验步骤

（1）登录已申请的邮箱系统，如 www.126.com。
（2）制作一则小型的产品/服务的广告，并选择一些目标邮件地址（学生之间可以互相发送）。
（3）登录天涯论坛的物流板块（http://bbs.tianya.cn/list-54-1.shtml），单击"注册"按钮，进行会员注册。
（4）查看论坛中的栏目，制作一则小型的产品/服务的广告进行发布。
（5）查看微信公众号发布的产品和服务信息。
（6）掌握二维码的编辑方法并进行移动营销。

四、实验报告

记录实验过程和结果，并写出自己的体会。

实验五 B2C、B2B、C2C 模式体验

一、实验目的

熟练掌握电子商务的主要模式和流程。学习在 B2C 电子商务网站上进行购物的流程和操作方法；学习在 B2B 电子商务网站上进行购物的流程和操作方法；掌握 C2C 电子商务网站的商品拍卖流程。

二、实验内容

（1）登录当当网进行购物。
（2）以企业的身份登录 B2B 网上交易系统，进行销售与采购的业务处理。
（3）登录易趣网进行商品拍卖。

三、实验步骤

1. B2C 网上购物

（1）打开浏览器，登录当当网（www.dangdang.com），注册会员。
（2）选择要购买的商品后，单击"购物车"按钮，并按照操作提示填写订单。

（3）填写付款方式。

（4）等待商家发来确认订单的信息。

2. B2B 网上购销

（1）打开浏览器，登录 1688 网站（www.1688.com），单击"免费注册"按钮，进行会员注册。

（2）单击"我要采购"→"按行业与产品分类"按钮，查看供应信息下的栏目，例如"传媒"→"摄影器材"→"数码相机"。

（3）单击具体产品栏目查看该产品的详细资料，如"奥林巴斯数码相机"。

（4）如卖方正在线上，单击"我正在网上马上和我洽谈"按钮与其进行洽谈，如果卖方不在线上则单击"留言询价"按钮。

3. C2C 商品拍卖

（1）打开浏览器，登录易趣网（www.ebay.com），注册会员。

（2）单击"我要拍卖"按钮，输入商品图片、价格等介绍信息并发布。

（3）等待买方竞价，确定买方，进行拍卖。

四、实验报告

记录实验过程和结果，并写出自己的体会。

实验六　电子合同的签订

一、实验目的

掌握电子合同洽谈和签订和流程，了解电子合同的特点。

二、实验内容

网上询价、网上报价、电子合同洽谈、电子合同签订、历史记录查询、注册信息修改等。

三、实验步骤

（1）甲方询价。

（2）乙方报价。

（3）甲方进入洽谈室。

（4）乙方进入洽谈室。

（5）甲、乙双方开始洽谈质量要求及验收方法、交货地点、运输方式及费用、合同履行期限、违约责任等各条款。

（6）甲、乙双方签订电子合同。

四、实验报告

记录实验过程和结果，并写出自己的体会。

实验七 数字证书的使用

一、实验目的

学习数字证书的下载和安装方法，查看数字证书的基本信息。

二、实验内容

(1) 登录进入 CA 认证中心页面注册，取得根证书。
(2) 下载并安装数字证书。
(3) 查看数字证书的基本信息。

三、实验步骤

(1) 打开 IE 浏览器，登录中国数字认证网（www.ca365.com），单击免费数字证书栏中的"下载根证书"选项。
(2) 打开已下载的根证书进行安装，把根证书存放在"受信任的根证书颁发机构"文件夹中。
(3) 选择"工具"→"Internet 选项"→"内容"→"证书"→"受信任的根证书颁发机构"选项。
(4) 找到已安装的根证书，并查看其基本信息。

四、实验报告

记录实验过程和结果，并写出自己的体会。

实验八 网 上 银 行

一、实验目的

掌握网上银行的基本操作，申请个人银行账号，并进行相应银行账户的管理。

二、实验内容

(1) 掌握网上银行的基本操作。
(2) 开户审批，查询储户资料，网上存款。

三、实验步骤

(1) 申请个人银行服务。
(2) 开户审批。
(3) 查询储户资料。
(4) 网上存款。

四、实验报告

记录实验过程和结果，并写出自己的体会。

实验九　物流配送

一、实验目的

掌握物流配送中心的货物发送与接收的业务流程，了解物流中心处理货物的工作流程及特点。

二、实验内容

出货系统查询浏览、发货单处理、备货处理、发货处理、收货情况查询、收货单处理等。

三、实验步骤

在物流管理系统上进行以下实验：

1. **物流中心出货业务管理**

单击首页中的"物流配送"按钮，选择"后台"选项，输入账号和密码，进入"配送点管理区"，单击"出货处理"按钮，进入"出货处理"模块。

2. **物流中心发货业务管理**

单击页面中"备货单完成情况"为"可备货"的"备货单号"。

物流配送中心备货完成后，单击该备货单下方的"备货完成确认"按钮。

物流配送中心根据规定的发货时间向经销商发货。单击"备货单明细"页面下方的"出货确认"按钮，进行发货处理。至此完成整个发货业务流程。

3. **物流中心收货业务管理**

进入物流中心的"收货处理模块"。

单击"货场收货处理"页面中的"全部收货单"按钮，查询已经接收到的全部收货单。

单击"货场收货处理"页面中的"未完成收货单"按钮，查询未处理的收货单。

单击"收货确认"按钮，完成收货单的处理。此时货物进入仓库。

4. **物流中心买家需求处理**

单击经销商名称为"学生真实姓名＋××××＋贸易公司"的需求，单击"通知分公司"链接，单击"返回经销商需求信息"→"返回配送点管理区"→"注销身份"按钮。

四、实验报告

记录实验过程和结果，并写出自己的体会。

电子商务物流实训

实训一　电子商务物流应用调研

一、实训任务

(1) 撰写物流调查报告,写出调研的目的和内容。
(2) 调研电子商务物流信息采集中常用的几种方法。
(3) 选择 2~3 家第三方物流企业进行走访,并记录它们的规模和电子商务信息化的程度。
(4) 调研企业采用物流信息系统或者物流信息技术的情况。
(5) 从调研材料上区分宏观物流和微观物流以及二者之间的联系。

二、实训分析

该实训主要是通过调查的形式来进行的,可以走访被调查企业,结合网上收集的信息进行调研。理解信息、物流信息、电子商务物流信息技术、物流信息系统的概念,掌握相关技术在企业中的应用情况。

三、实训准备

实训前需要准备以下内容:
(1) 确定调研的内容。主要调研企业物流信息化建设、当地物流信息化的现状及发展趋势、物流信息技术在物流企业中的应用、物流信息采集的常用方法,可以根据具体情况进行选择。
(2) 制定调研计划。围绕调研目标,明确调研主题,确定调研的对象、地点、时间和方式,并确定要收集哪些相关资料。
(3) 调研以小组为单位:根据班级情况,每组 5~10 人,设 1 名组长,并带上调研工具,如笔记本和笔,情况允许的话可以带上照相机和录音笔。
(4) 调研之前,进行相关资料的收集并作好知识准备。
(5) 本实训的时间安排:网络上收集材料 2~4 课时,企业现场调研根据实际情况自行安排。

四、注意事项

(1) 调研的企业要有一定的代表性,在分组及项目安排中要予以体现,避免得出的结论以偏概全。调研的内容要尽量具体，注意所得材料的真实性、可靠性和实效性。

（2）尊重调研对象，遵守相关纪律，听从安排，体现大学生的文明素质，表现出良好的综合素质。

（3）调研报告的写作格式要符合行业规范。

（4）每个小组的调研结果，可以适当灵活地体现成果，形式上不一定局限于调研报告，也可以是小作品、方案等多种形式。

五、思考题

（1）什么是物流信息？
（2）"一体四流"中"四流"指什么？
（3）什么是商流和资金流？
（4）物流信息电子化的主要手段是什么？
（5）电子商务物流信息的特点是什么？
（6）至少说出 4 种电子商务物流信息技术。

实训二　电子商务网站分析

（1）进入当当网。
①搜索并打印一份电子商务书籍的清单。
②找到对其中一本书的评论。
③总结从当当网所得到的服务。
（2）进入易趣网。
①注册成为该网站的会员。
②上传一件商品，参加竞拍。
③总结在该网站的拍卖过程，分析该网站的盈利点。
（3）进入招商银行网站。
①了解招商银行卡的开设流程。
②了解个人银行账户管理功能。
（4）进入湘财证券网站（http://www.xcsc.com）。
①了解开户流程。
②下载网上股市软件，了解股票操作规则。
（5）使用电子商务模拟软件分析电子商务网站的实施策略与计划。

实训三　利用 IE 浏览器进行信息检索

一、实训任务

（1）设置 IE 浏览器并访问 Internet。
（2）浏览网站，保存网页以及图片文件至本地硬盘。

(3) 根据关键词进行信息检索。
(4) 搜索提供 Winzip 软件的网站，并下载和使用该软件。
(5) 搜索 FTP 软件服务器，下载有关软件并安装使用。
(6) 使用 Internet 的服务。

二、实训分析

该项目主要是通过设置和使用 IE 浏览器，来掌握信息浏览的方法，并通过下载、安装一些常用软件掌握如何在 Internet 上获取并利用资源。

三、实训准备

(1) 提供可以上网的网络教室。
(2) 提供可以登录的 FTP 站点。
(3) 以小组为单位：根据班级情况，每组 3~5 人，设 1 名组长。
(4) 本实训的时间安排为 2 课时。

四、注意事项

(1) 正确使用 Internet。
(2) 软件安装过程中的问题。

五、思考题

(1) 什么是 WWW？WWW 的特点是什么？
(2) 什么是超级链接？Internet 的服务可分为哪几种？
(3) 什么是电子邮件？访问 FTP 服务器有哪两种方式？
(4) BBS 的作用是什么？什么是搜索引擎？

实训四　Internet 信息服务软件的应用

一、实训任务

(1) 根据要求设置 Internet 信息服务软件。
(2) 根据要求把企业信息平台安装在服务器端。
(3) 在服务器端设置企业信息平台。
(4) 在浏览器中运行企业信息平台。
(5) 进入企业信息平台的后台，然后添加相关企业信息。

二、实训分析

互联网信息服务（Internet Information Server，IIS）是一种 Web（网页）服务组件，其中包括 Web 服务器、FTP 服务器、NNTP 服务器和 SMTP 服务器，分别用于网页浏览、文件传输、新闻服务和邮件发送，它使在网络（包括互联网和局域网）上发布信息成了一件很容易的事。该实训主要是通过 IIS 5.0 的配置以及实例的操作来掌握它的配置和管理的方法。

三、实训准备

（1）将全班学生分组，每组 3~4 人。
（2）实训小组在进行实训之前，查阅或学习相关的理论知识点。
（3）教师准备好 IIS 软件和企业信息平台软件。

四、实训步骤

（1）安装 IIS。
（2）创建虚拟 Web 站点。
（3）建立虚拟目录。
（4）备份与还原配置。
（5）创建虚拟 FTP 服务器。
（6）设置企业信息平台站点。

五、注意事项

（1）教师可以提供 IIS 安装软件让学生安装，也可以提供已经安装好 IIS 的系统供学生上机使用。
（2）本实训只是说明信息服务平台的使用。
（3）实训实施过程中可以根据学校的实际情况安排内容，本书提供了内容相关的源码供学习使用。
（4）教师可以根据实际情况进行调整。

六、思考题

什么是 IIS？Web 服务器的工作过程是怎样的？

实训五　数据库技术的使用

一、实训任务

（1）创建数据库和数据表。
（2）修改数据表结构和数据表数据。
（3）创建数据查询。
（4）创建报表。

二、实训分析

该项目主要通过 SQL Server 的使用了解利用关系型数据库管理系统管理数据的一般原理，为以后物流信息系统的学习打下基础。

三、实训准备

(1) 预习数据库的知识,了解常用的关系型数据库管理系统软件。
(2) 本实训时间安排为 2 课时。

四、实训步骤

(1) 创建 SQL Server 数据库和数据表。
(2) 修改 SQL Server 数据表结构。
(3) 输入和修改 SQL Server 数据表数据。
(4) 创建和修改 SQL Server 数据表之间的关系。
(5) 创建 SQL Server 查询。
(6) 对数据进行排序。
(7) 创建 SQL Server 报表。

五、注意事项

(1) 可以根据自己的需求建立相关数据库和数据表。
(2) 在建立数据库时,要清楚什么是数据库结构以及数据元素。
(3) 在建立数据表时,要清楚什么是表结构和表内容。
(4) 输入数据库记录,要逐条输入,输入完毕后保存,主键不能为空。

六、思考题

(1) 数据库的分类方法有很多,按数据库的数据结构模型来分类可分为哪 4 种?
(2) 什么是关系型数据库?什么是面向对象型数据库?
(3) SQL 就是一种什么语言?

实训六 ERP 系统

一、实训任务

(1) 根据要求安装 ERP 软件并进行设置。
(2) 了解 ERP 的概念和 ERP 的发展。
(3) 通过实验了解 ERP 的操作方法。
(4) 通过实验了解 ERP 在库存管理中的一般方法。
(5) 完成期末记账、转账和结账操作,并备份到相应的文件夹中。

二、实训分析

本实训通过操作来理解 ERP 系统在企业管理中的作用,掌握一定的操作方法,完成建账操作、供应链采购环节操作、销售环节操作和库存环节操作,并完成期末记账、转账和结账等操作,以熟悉 ERP 在供应链管理中的一般操作流程以及账务管理操作。

三、实训准备

（1）将全班学生分成若干组，每组 3~4 人。
（2）实训小组在进行实训之前，查阅或学习相关的理论知识点。
（3）教师准备好计算机，安装 ERP 相关软件。
（4）本实训使用用友软件公司出品的 U8 等系统训练。

四、实训内容

本实训结合单位实际业务和所使用的 ERP 及财务软件共设有如下 6 个实验。

实验 6.1　系统初始化

（一）目的与要求

掌握企业在进行期初建账时如何进行核算体系的建立及各项基础档案的设置，以业务时间 2019-02-01 进入系统，可根据具体情况调整。

（二）实验内容

（1）启动系统管理，以"admin"的身份进行注册。
（2）增设 3 位操作员：001 黄红、002 张晶、003 王平。
（3）建立信息：
①账套信息：账套号自选，账套名称为"供应链练习"，起用日期为 2019-02-1。
②单位信息：单位名称为"用友软件公司"，单位简称为"用友"，税号为 3102256437218。核算类型——企业类型为"工业"，行业性质为"新会计制度科目"并预置科目，账套主管选"黄红"。
③基础信息：存货、客户及供应商均分类，有外币核算。
（4）编码方案：
A 客户分类和供应商分类的编码方案为 2；
B 部门的编码方案为 22；
C 存货分类的编码方案为 2233；
D 收发类别的编码方案为 22；
E 结算方式的编码方案为 2；
F 其他编码项目保持不变。
说明：设置编码方案主要是为以后分级核算、统计和管理打下基础。
（5）数据精度：保持系统默认设置。
说明：设置数据精度主要是为了核算更精确。
（6）分配操作员权限：
操作员张晶：拥有"公共单据""公共目录设置""采购管理""销售管理""库存管理""存货核算"中的所有权限。
操作员王平：拥有"公共单据""公共目录设置""库存管理""存货核算"中的所有权限。

(三) 各系统的启用

（1）启用企业应用平台，以账套主管身份进行注册。

启用"总账""应收""应付""采购管理""销售管理""存货核算"。启用日期为 2019-02-01（进入"设置"页签，单击"基本信息"→"基本启用"按钮可查看或修改启用信息。）

（2）定义各项基础档案。

可通过企业应用平台中的"设置"页签，选择"基础档案"选项来增设下列档案：

定义部门档案：制造中心、营业中心、管理中心。

制造中心下分：一车间、二车间。

营业中心下分：业务一部、业务二部。

管理中心下分：财务部、人事部。

定义职员档案：李平（业务一部，在职人员，男，业务员）、王丽（业务二部，在职人员，女）。

（3）定义客户分类：批发、零售、代销和专柜。

（4）定义客户档案：见实训表1。

实训表1

客户编码	客户简称	所属分类	税号	开户银行	账号	信用额度	信用期限
HHGS	华宏公司	批发	310003154	中国工商银行	112		
CXMYGS	昌新贸易公司	批发	310108777	中国银行	567		
JYGS	精益公司	专柜	315000123	中国建设银行	158		
LSGS	利氏公司	代销	315452453	招商银行	763		

（5）定义供应商分类：原料供应商、成品供应商。

（6）供应商档案：见实训表2。

实训表2

供应商编码	供应商简称	所属分类	税号	供应商属性
XHGS	兴华公司	原料供应商	310821385	存货
JCGS	建昌公司	原料供应商	314825705	存货、服务
FMSH	泛美商行	成品供应商	318478228	存货
ADGS	艾德公司	成品供应商	310488008	存货

（7）存货分类。

01 原材料——0101 主机——0101001 芯片

——0101002 硬盘

——0102 显示器

——0103 键盘

　　　　　　——0104 鼠标
02 产成品——0201 计算机
03 外购商品——0301 打印机
　　　　　　——0302 传真机
04 应税劳务

（8）计量单位：见实训表3。

实训表3

计量单位编号	计量单位名称	所属计量单位组	计量单位组类别
01	盒	无换算单位	无换算
02	台	无换算单位	无换算
03	只	无换算单位	无换算
04	千米	无换算单位	无换算

（9）存货档案：见实训表4。

实训表4

存货编码	存货名称	所属类别	计量单位	税率/%	存货属性
001	PⅢ芯片	芯片	盒	17	外购，生产耗用
002	40 GB 硬盘	硬盘	盒	17	外购，生产耗用，销售
003	17 in① 显示器	显示器	台	17	外购，生产耗用，销售
004	键盘	键盘	只	17	外购，生产耗用，销售
005	鼠标	鼠标	只	17	外购，生产耗用，销售
006	计算机	计算机	台	17	自制，销售
007	1 600 KB 打印机	打印机	台	17	外购，销售
008	运输费	应税劳务	km	7	外购，销售，应税劳务

（10）会计科目。

应收账款，预收账款设为"客户往来"；应付账款，预付账款设为"供应商往来"。

（11）选择凭证类别为"记账凭证"。

（12）定义结算方式：现金结算、支票结算、汇票结算。

（13）定义本企业开户银行。账户名称：用友软件公司；开户行：中国工商银行淮海路分理处；账号：765848981258；所属银行：中国工商银行。

（14）定义仓库档案：见实训表5。

---

① 1 in = 0.025 4 m。

实训表 5

仓库编码	仓库名称	计价方式
001	原料仓库	移动平均
002	成品仓库	移动平均
003	外购品仓库	全月平均

（15）定义出入库类别。

收 01 正常入库　　——0101 采购入库
　　　　　　　　　——0102 产成品入库
　　　　　　　　　——0103 调拨入库
收 02 非正常入库——0201 盘盈入库
　　　　　　　　　——0202 其他入库
发 03 正常出库　　——0301 销售出库
　　　　　　　　　——0302 生产领用
　　　　　　　　　——0303 调拨出库
发 04 非正常出库——0401 盘亏出库
　　　　　　　　　——0402 其他出库

（16）定义采购类型：普通采购，入库类别为"采购入库"。

（17）定义销售类型：经销、代销，出库类别均为"销售出库"，默认销售类型为"经销"。

（18）定义单据编码设置中采购、销售专用发票，采购运费发票编号为"完全手工"。

实验 6.2　期初设置及余额录入

（一）目的与要求

实验目的是使企业在将来的业务处理中能够由系统自动生成有关凭证。实验要求是学习在进行期初建账时如何设置相关业务的入账科目，以及如何把原来手工做账时所涉及的各业务的期末余额录入系统中。

（二）实验内容

根据存货大类分别设置存货科目：见实训表 6（在存货系统中进入科目设置，选择存货科目）。

实训表 6

存货分类	对应科目
原材料	原材料（1211）
产成品	库存商品（1243）
外购商品	库存商品（1243）

根据收发类别确定各存货的对方科目：见实训表 7（在存货系统中进入科目设置，选择

对方科目)。

实训表 7

收发类别	对应科目	暂估科目
采购入库	物资采购（1201）	物资采购（1201）
产成品入库	基本生产成本（410101）	—
盘盈入库	待处理流动财产损益（191101）	—
销售出库	主营业务成本（5401）	—

（三）期初余额的整理录入

（1）期初货到票未到数的录入。

2019-01-28 收到兴华公司提供的 40 GB 硬盘 100 盒，单价为 800 元，商品已检收入原料仓库，至今尚未收到发票。

操作向导：启动采购系统，录入采购入库单；进行期初记账。

（2）期初发货单的录入。

2019-01-28 业务一部向昌新贸易公司出售计算机 10 台，报价为 6 500 元，由成品仓库发货。该发货单尚未开票。

操作向导：启动销售系统，录入并审核期初发货单。

（3）进入存货核算系统，录入各仓库期初余额：见实训表 8。

实训表 8

仓库名称	存货名称	数量	结存单价/元
原料仓库	PⅢ芯片	700	1 200
	40 GB 硬盘	200	820
成品仓库	计算机	380	4 800
外购品仓库	1 600 KB 打印机	400	1 800

操作向导：启动存货系统，录入期初余额，进行期初记账。

（4）进入库存管理系统，录入各仓库期初库存：见实训表 9。

实训表 9

仓库名称	存货名称	数量
原料仓库	PⅢ芯片	700
	40 GB 硬盘	200
成品仓库	计算机	380
外购品仓库	1 600 KB 打印机	400

操作向导：启动库存系统，录入并审核期初库存（可通过取数功能录入）。

实验 6.3　销售业务练习

（一）目的与要求

掌握企业在日常业务中如何通过软件处理销售出库业务及相关账表查询，以业务时间 2019 - 02 - 2 日进入系统。

（二）实验内容

业务一（普通销售）：

（1）2019 - 02 - 4 先行公司想购买 10 台计算机，向业务一部了解价格。业务一部报价为 6 000 元/台（含税）。该客户了解情况后，要求订购 10 台，要求发货日期为 2019 - 02 - 6。填制并审核销售订单。

（2）2019 - 02 - 6 业务一部从成品仓库向先行公司发出其所订货物，并据此开具专用销售发票一张，票号为 38275。业务部门将销售发票交给财务部门，财务部门结转此业务的收入及成本。

操作向导：设置销售选项（报价是否含税）；在销售系统中填制并审核报价表。

①增加客户档案（在"批发"大类下，客户编码：XXGS；客户简称：先行公司；税号：310003156；开户银行：中国银行；银行账号：138）

在销售系统中，参照报价单生成并审核销售订单。

②增加销售类型：

在销售系统中，参照销售订单生成并审核销售发货单。

在销售系统中，调整选项进入"其他控制"（新增发票默认"参照发货单生成"）。

在销售系统中，根据发货单填制并复核销售发票。

（三）账表查询

在销售系统中，查询销售订单执行情况统计表。

在销售系统中，查询发货统计表。

在销售系统中，查询销售统计表。

业务二（多次发货一次开票）：

（1）2019 - 02 - 7 业务一部向昌新贸易公司出售计算机 10 台，报价为 6 400 元/台，货物从成品仓库发出。

（2）2019 - 02 - 7 业务二部向昌新贸易公司出售打印机 5 台，报价为 2 300 元/台，货物从外购品仓库发出。

（3）2019 - 02 - 7 根据上述两张发货单开具专用发票一张，票号为 38375。

操作向导：在销售系统中，填制并审核两张销售发货单。

在销售系统中，根据上述两张发货单填制并复核销售发票。

业务三（一次发货多次开票）：

（1）2019 - 02 - 8 业务二部向华宏公司出售打印机 20 台，报价为 2 300 元/台，货物从外购品仓库发出。

（2）2019 - 02 - 9 应客户要求，对上述所发出的商品开具两张专用销售发票，第一张发票中所列示的数量为15台,票号为38381;第二张发票中所列示的数量为5台,票号为38384。

操作向导:在销售系统中,填制并审核销售发货单;在销售系统中,分别根据发货单填制并复核两张销售发票(考虑一下,在填制第二张发票时,系统自动显示的开票量是否为5台?)。

业务四(开票直接发货):

(3) 2019-02-9 业务二部向昌新贸易公司出售打印机5台,报价为2 300元/台,成交价为报价的90%,开具专用发票一张,票号为38385,货物从外购品仓库发出。

操作向导:在销售系统中,填制并复核销售发票。

实验6.4 采购业务练习

(一) 目的与要求

掌握企业在日常业务中如何通过软件处理采购入库业务及相关账表查询。

(二) 实验内容

业务一(普通采购业务):

(1) 2019-02-01 业务三部王新向创新公司询问P4 2.4 GB的价格(1 000元/盒),觉得价格合适,随后向公司上级主管提出请购要求,请购数量为300盒,需求日期为2019-02-03。业务员据此填制请购单。

(2) 2019-02-02 上级主管同意向创新公司订购P4 2.4 GB 300盒,单价为1 000元,要求到货日期为2019-02-03。

(3) 2019-02-03 收到所订购的P4 2.4 GB 300盒,填制到货单。

(4) 2019-02-03 将所收到的货物验收入原材料仓库,填制采购入库单。

(5) 当天收到该笔货物的专用发票一张,票号为85010。

操作向导:

(1) 在采购系统中,填制并审核请购单。

(2) 增加部门档案(部门编码:203;部门名称:业务三部)。

(3) 增加职员档案(职员编码:20301;职员姓名:王新;所属部门:业务三部)。

(4) 增加存货档案(属"芯片"大类,存货编码:009;存货名称:P4 2.4 GB;存货属性:外购、销售)。

(5) 在采购系统中,填制并审核采购订单(先增加,然后用鼠标右键复制采购订单)。

①增加供应商档案(属"原料供应商"大类,供应商编码:CXGS;供应商名称:创新公司;税号:314835920);

②增加采购类型(02,基本采购)。

(6) 在采购系统中,填制到货单(先增加,再用鼠标右键复制采购订单)。

(7) 启动库存系统,生成并审核采购入库单(进入库存系统采购入库单界面后选择"生单"→"到货单"→"过滤"→"显示表体"选项,录入入库日期和仓库)。

(8) 在采购系统中,填制采购发票(先增加,然后用鼠标右键复制入库单)。

(9) 在采购系统中,进行采购结算(自动结算)。

(三) 账表查询

在采购系统中，查询订单执行情况统计表。

在采购系统中，查询到货明细表。

在采购系统中，查询入库统计表。

在采购系统中，查询采购明细表。

业务二（费用发票结算）：

2019-02-04 向昌新贸易公司购买硬盘 200 只，单价为 800 元/盒，到货并验收入原料仓库。同时收到专用发票一张，票号为 85012。另外，在采购的过程中，发生了一笔运输费 200 元，税率为 7%，收到相应的运费发票一张，票号为 5678。

操作向导：

(1) 在采购系统中，填制到货单。

(2) 启动库存系统，生成并审核采购入库单。

(3) 在采购系统中，填制采购专用发票。

(4) 在采购系统中，填制运费发票。

(5) 在采购系统中，进行采购结算（手工结算）。

采购结算——手工结算——选单——过滤——刷票——选择对应入库单和发票——分摊——结算。

实验 6.5　库存业务练习

(一) 目的与要求

掌握企业在日常业务中如何通过软件处理库存管理业务及查询相关账表。

(二) 实验内容

业务一（采购入库）：

2019-02-17 收到所订购的键盘 200 只，货物验收入原料库。

2019-02-18 收到所订购的键盘 100 只，货物验收入原料库。

2019-02-19 发现 2019-01-18 验收入库的货物中 2 只有质量问题，退回。

操作向导：

(1) 在库存系统中，填制并审核采购入库单。

(2) 在库存系统中，复制并审核采购入库单。

(3) 在库存系统中，红冲采购入库单并审核红字采购入库单。

(4) 在库存系统中，查询库存台账。

业务二（销售分批出库）：

2019-02-17 业务二部向精益公司出售显示器 20 台，由原料仓库发货，报价为 1 500 元/台，同时开具专用发票一张。

2019-02-17 客户根据发货单从原料仓库领出 15 台显示器。

2019-02-18 客户根据发货单再从原料仓库领出 5 台显示器。

操作向导：

（1）在销售系统中，调整有关选项（取消勾选"是否销售生单"选项）。
（2）在销售系统中，填制并审核发货单。
（3）在销售系统中，根据发货单填制并复核销售发票。
（4）在库存系统中，分次填制销售出库单（根据发货单生成销售出库单）。

业务三（单据记账）：

对上述各出入库业务所涉及的入库单、出库单进行记账。

正常单据记账：对采购、销售业务所涉及的入库单、出库单进行记账。

操作向导：

（1）在存货系统中，进行业务核算和正常单据记账。
（2）在存货系统中，查询存货明细账。

实验6.6　期末处理

（一）目的与要求

掌握企业在日常业务中如何通过软件进行各出入库成本的计算及如何做好月末结账工作。

（二）实验内容

（1）采购系统的月末结账。

操作向导：在采购系统中，进入"业务"→"月末结账"界面。

（2）销售系统的月末结账。

操作向导：在销售系统中，进入"业务"→"销售月末结账"界面。

（3）库存系统的月末结账。

操作向导：在库存系统中，进入"业务处理"→"月末结账"界面。

（4）存货系统的月末处理，各仓库的期末处理。

操作向导：在存货系统中，进入"业务核算"→"期末处理"界面。

（5）生成结转销售成本的凭证（如果计价方式为"全月平均"）。

操作向导：在存货系统中，进入"财务核算"→"生成凭证"界面，选择"销售出库单"选项。

（6）存货系统的月末结账。

操作向导：在存货系统中，进入"业务核算"→"月末结账"界面。

实训七　电子商务与物流的关系调研

一、实训任务

（1）组织学生参观物流企业。
（2）确定进行调研的参考题目，比如电子商务下的物流业务流程、物流对电子商务的影响、电子商务下的快递模式、电子商务与物流的关系等，根据情况进行选题。
（3）根据选题制订调研计划，收集资料，明确调研的地点、对象、范围、日期和方法。

(4) 撰写调研报告或者调研总结。

二、实训分析

该实训主要了解电子商务下的物流业务流程、物流对电子商务的影响、电子商务下的快递模式、电子商务与物流的关系等。

三、实训准备

(1) 将全班学生分成若干组，每组 3~4 人。
(2) 实训小组在进行实训之前，查阅或学习相关的理论知识点。
(3) 教师联络好调研单位或者按照组织落实调研单位。
(4) 根据实际情况做好准备工作。

四、实训步骤

(1) 在教师的组织下，到某家物流企业参观，也可以通过 Internet、报纸或期刊搜集资料。
(2) 确定调研的计划、步骤和方法等内容。
(3) 各实训小组分头展开实际调研，查阅资料，做好知识准备。
(4) 各实训小组进行分析研究资料，并以方案、调研报告、小论文等形式完成作业。
各个小组之间要进行交流。

五、注意事项

(1) 要以在课堂上学到的相关理论知识为基本开展调研，注重理论联系实际。
(2) 注重培养物流业务操作能力，以提高综合业务素质为目标。
(3) 在调研过程中，调研对象应尽可能多，包括不同水平的企业，避免得出的结论以偏概全。
(4) 调研的内容应尽量具体，认真做好总结。
(5) 注意所得资料的真实性、可靠性和时效性。
(6) 对参加调研的学生要进行必要的训练，要求听从指挥，注意安全，避免出现失误。

六、思考题

(1) 简述电子商务物流业务流程与物流作业的特点。
(2) 简述电子商务下的物流作业系统。

实训八　电子商务的应用

一、实训任务

(1) 掌握网上购物的一般步骤。

（2）通过 C2C 网站来掌握个人对个人交易实现的一般步骤。

（3）通过 B2B 企业信息平台的应用来了解企业间的交易流程。

二、实训分析

通过本实训让学生掌握网上商店的基本结构、功能，掌握网上购物、网上交易的一般步骤和基本的运作流程，从而掌握电子商务的基本知识。

三、实训准备

（1）将全班学生分成若干组，每组 3~4 人。

（2）提供能够上网的机房。

四、实训内容

1. 模拟 C2C 业务作业

（1）熟悉网上购物的一般步骤，并进行网上购物。

（2）模拟银行卡账户的申请及使用。

（3）模拟支付宝账户的使用。

2. 模拟 B2B 业务作业

（1）熟悉阿里巴巴业务流程。

（2）模拟阿里巴巴订单业务。

时间：2~4 课时。教师根据实际情况安排调整。

实训九　画出便利店或大型综合超市的流通途径和指定类别商品的流通渠道

一、实训任务

掌握主要业态的流通途径和主要商品的流通渠道。为了完成本实训，需要调查一家大型综合超市的采购人员和一家便利店的采购人员，了解有关的流通渠道，并对这些渠道作出分析，提出改进渠道的建议。

二、实训分析

背景：某公司需要采购某类商品，要求去调查目前该商品的主要流通渠道，并分析调查的结果。根据调查，对该商品的流通渠道进行总体评估，尽可能提出具有可操作性的建议，并提交结果。

（1）收集有关流通渠道的资料。

（2）分析有关渠道的合理性。

（3）完成对实训的评估。

三、实训准备

（1）分组，每组至少负责 4 个品种的商品。

(2) 确定调研的对象。

业态有两种可选择：便利店、大型综合超市。

商品分为食品与非食品。食品包括：生稻米、牛奶、饮料、水产品、冰激凌、糕点、酒类、农产品。非食品包括：医药品、日化用品、家用电器。在以上商品中任选4种。

四、实训步骤

(1) 起草调查流通渠道的计划（包括调查的目的、范围、目标、内容和方法）。
(2) 起草会谈和调查的大纲。
(3) 上网查找第二手资料。
(4) 准备一份调查原始记录的复印件。
(5) 完成详细报告（报告不准超过1页，有关资料可放入附件）。
(6) 陈述。

实训十　购买商品的物流活动对交通运输的影响

一、实训任务

了解购买商品的物流活动对交通运输的影响。需要进行实地调查，了解居民购买商品时所使用的交通工具和购买这些商品的频率，并对有关数据进行分析；了解在购买商品时的物流活动对交通运输的作用。

二、实训分析

背景：在国外物流被指责为交通混乱的主要责任者，其中居民出行购买商品的物流活动是主要因素。通过调查来研究购买商品的物流活动对交通运输的影响，并与国外的情况进行比较。

(1) 收集有关商品购买的交通方式与购买频率的资料。
(2) 分析购买商品的物流活动对交通运输的影响。
(3) 完成对实训的评估。

三、实训准备

(1) 确定调查方向。
(2) 设定调查动机与目的。
(3) 分组，每组大约4个人。

四、实训步骤

(1) 设计调查问卷与抽样方法，以一般居民为调查对象，每个同学负责调查两户人家。
(2) 实地访谈。
(3) 回收与整理问卷。
(4) 分析资料。

(5) 完成报告（报告不准超过 1 页，有关资料可放入附件）。
(6) 小组陈述。

实训十一　超市配送中心的设计

一、实训任务

了解超市配送中心的设计步骤及方法。

二、实训分析

某超市需要建立一个配送中心，要求去调查该超市的基本情况，并根据给定的资料，按照操作步骤确定配送中心的运作目标和功能，并初步设计配送中心的内部布局，计算配送中心的成本。

三、实训准备

1. 某地区超市实例

企业形态：食品超市。

年营业额：2 850 万元。

店铺数：23 家。

企业发展的总目标：事业规模的进一步扩大→企业价值的提高。

2. 物流量资料

现有物流量：1 天约 21 000 箱（1 300 辆货筐车）

计划每年发展 3 家，填写发展情况表（实训表 10）。

实训表 10

	2015 年	2016 年	2017 年	2018 年
A 区	16 家	16 家		
B 区	6 家	9 家		
门店数	22 家	25 家		

在确定好设计年度后，填写物流量表（实训表 11）。

实训表 11

	2015 年	2016 年	2017 年	2018 年
门店数	22 家	25 家		
销售额	2 900 万元			
日物流量	1 200 车 19 000 箱			

3. 经营的主要品种

糕点、一般包装食品、饮料、加工食品、咸菜、熟食、乳制品、日用品。

4. 分组

由组长安排具体工作，这一项很重要，直接影响到最后工作完成的质量与效率。

四、实训步骤

(1) 收集超市的基本资料，了解配送中心建设的步骤，根据资料确定建设配送中心的基本目标。

(2) 根据资料确定设计年度并估计配送中心未来的物流量，画出草图，纵坐标是销售额，横坐标是年度的门店数，并在每一点上标出日物流量是多少车、多少箱。

(3) 根据资料确定配送中心的功能，包括配送中心配送的商品类别，以及各类商品的配送频率，并说明理由。

(4) 了解配送中心内部的主要设施区域，根据资料列出配送中心的主要区域，分析各设施之间的相关性，画出商品流程与设施配置相关的线路图，可参考商品流程与设施配置相关的线路图。

(5) 根据配送中心设计的原则以及给定的资料绘制配送中心平面图。

(6) 每小组提交包括基本目标、物流量预算图、配送中心设施相关线路图、配送中心平面设计图在内的实训报告，报告不准超过1页，有关资料可放入附件。

(7) 陈述。

实训十二　供应链各环节物流策略比较研究

一、实训任务

掌握供应链上主要环节（制造企业、批发企业、零售企业和物流企业）的物流策略取向，通过实际调研、案例分析和网上信息查询等手段了解这些企业的主要物流策略及各企业间在策略上的不同之处。

为了完成本实训，需要收集第二手资料，并对选定的企业进行调研，了解企业的具体物流策略，并作出评价和建议。

二、实训分析

背景：某公司正处于重塑物流系统阶段，要求去调查目前该公司的物流策略，并分析调查结果。根据调查，记录该公司的物流策略，完成对该公司物流策略的总体评估，尽可能提出具有可操作性的建议，并将结果交给总经理。

三、实训准备

了解实训目的，收集有关供应链各环节的物流策略资料，分析实际调研的资料。

四、实训步骤

(1) 分组，每组负责某一环节企业的物流策略的调研与分析。

(2) 确定调研的对象。参与物流活动的供应链上的企业可以分成4种类型：制造企业、批发企业、零售企业和物流企业。每种类型各选择 1 家企业进行调研。

(3) 起草调查物流策略的计划（包括调查的目的、范围、目标、内容和方法）。

(4) 起草会谈和调查的大纲。

(5) 上网查找第二手资料。

(6) 实地调查。

(7) 准备一份调查原始记录的复印件。

(8) 完成详细报告（报告不准超过 1 页，有关资料可放入附件）。

(9) 陈述。

实训十三　物流运输合理化

一、实训任务

通过对物流运输合理化知识的技能训练，了解不合理运输的含义和不合理运输的表现形式。清楚运输合理化的含义及影响因素，掌握实现运输合理化的一般途径。

二、实训准备

(1) 将学生分成 5 人一组，每组调查所在地区不合理运输的表现形式。

(2) 每组准备一张全国交通地图。

(3) 根据每组的情况，通过网络或图书查阅相关资料：

①不合理运输的概念及表现形式；

②运输合理化的概念；

③影响运输合理化的因素；

④实现运输合理化的途径。

三、实训步骤

(1) 通过资料的查询，总结下列问题：

①不合理运输的特征及表现形式。

②不合理运输的危害。

③运输不合理的原因。

④改变哪些宏观条件可以使运输更合理？

(2) 分析下列运输业务，讨论运输过程是否合理：

①小王从温州购买了 100 箱鞋子，准备运往乌鲁木齐销售。他雇了一辆 15 t 的载货汽车运输。

②辛雨从重庆运送 200 t 土产杂品到上海，采用铁路运输方式。

③王新从南昌运 50 头生猪到南京，选择公路运输，走"南昌—鹰潭—杭州—南京"线。

④从浙江长兴运到上海的建筑材料都采用内河航运，走"长—湖—申"线。

(3) 注意事项：

①资料的查阅范围要广泛，内容要全面。
②多收集一些当地货物运输的资料进行讨论。
（4）物流运输合理化技能训练评价表见实训表 12。

实训表 12

被考评人				
考评地点				
考评内容	物流运输合理化			
考评标准	内容	自我评价	教师评价	综合评价
	调查内容完整			
	查阅资料的内容正确、完整			
	参与讨论积极			
	有团队合作精神			
	该项技能能级			

备注：
（1）综合评价：以教师评价为主，自我评价作为教师对学生初期能力的参考条件。
（2）能级标准：
1 级标准：在教师指导下，能部分完成某项实训作业或项目。
2 级标准：在教师指导下，能全部完成某项实训作业或项目。
3 级标准：能独立地完成某项实训作业或项目。
4 级标准：能独立地、又快又好地完成某项实训作业或项目。
5 级标准：能独立地、又快又好地完成某项实训作业或项目，并能指导其他人。

（5）实训建议：
收集资料时，可以查阅物流运输业务管理、运输与配送管理、物流管理与实务等方面的内容。

实训十四　电子商务技能实训

电子商务技能实训包含售前客户服务与管理、电子商务物流推广、携程网客户服务、售后客户服务与管理、联盟广告推广、网站内容策划与信息编辑等实验。

实验 14.1　售前客户服务与管理

背景资料：
麦德龙超市于 1964 年在德国以 1.4 万 m^2 的仓储式商店开始了其发展历程。麦德龙超市以"现购自运"（现金交易，自选自运）营销新理念在市场上引人注目。经过 50 多年的发展，现在麦德龙超市已经成为欧洲最大的商业连锁企业之一，并自 1999 年开始排名世界零售百强第 3 位。目前，麦德龙超市在全球 20 多个国家和地区建立了 3 000 多家分店，拥有约 20 万员工，年销售额超过 1 000 亿德国马克。
麦德龙超市提出"我们是顾客的仓库"的概念，这意味着每个商店不另设仓库，超市本身就是仓库。通常，麦德龙标准超市的规格为140 m（长）×（90 m+28 m）（宽），其中90 m为超市宽度，28 m为超市自身仓储空间的宽度。麦德龙超市习惯于独立运营的商业空间，拥有单层建筑和独立的停车场，很少开在大型购物中心里面。2002年，麦德龙超市在中国北部、东部、南部和中部建立了4个销售区域。麦德龙超市通过其全国性分销系统将当地产品投入中国市场的同时吸引着各地顾客。同时麦德龙超市国际分销系统将中国商品推向国际市场。

目前，麦德龙超市在中国的店铺一般都超过1万 m^2，加上建筑面积和与建筑面积基本等同的停车场面积，有的甚至达到3万~5万 m^2。与大型综合超市如家乐福与沃尔玛相比，麦德龙超市对地点、面积的要求更严格，所以自建超市成为麦德龙超市的一贯选择。

麦德龙超市的客户很"有限"，因为它只对工商领域的经营者、群体消费层实行仓储式会员制，会员必须是具有法人资格的企事业单位。只有申请加入并拥有会员卡的顾客才能进场消费。

值得注意的是，如果客户带着小孩，则客户只能自己带着会员卡进超市消费，因为麦德龙超市禁止1.2 m以下的儿童进入卖场，理由很简单：作为一家大型仓储式超市，需要进行叉车作业，补充货品，而1.2 m以下的儿童恰恰处于叉车驾驶员的视觉盲区。

购物完成后，客户的名字将重复出现在每一张收银单上。"透明"收银单上面详尽地排列着客户所购商品的名称、单价、数量、金额、日期和顾客姓名等，甚至连每包卫生纸的卷数都有说明，绝无半点含糊。在欧洲，这种透明方式很受欢迎，可是在中国市场推行起来却有了问题。截至2003年年初，麦德龙超市为此已经遭遇金额高达上百万元的退货。

麦德龙超市内部根据客户规模和购买量将客户分为A、B、C三类，其专门成立的"客户顾问组"，对客户的消费结构进行分析，向客户提供专业咨询服务，帮助他们用最少的钱，买到最合适的货，例如为小型装修队选配所需电动工具和手动工具提供的商品建议清单；为小型餐饮业准备的各种套餐餐具、为企事业单位准备的福利套餐商品建议目录等。这种专业性的服务不仅帮助客户降低采购成本，还让麦德龙超市拥有了大批稳定的客户，并能及时掌握市场需求动态，提高商品管理的主动性和灵活性。

本实验任务如下：

（1）客户服务前的准备（提炼企业产品服务特色及优势）。

根据背景材料的第2~5段，简单概括出麦德龙超市不同于其他竞争对手的4个服务特色（不超过100个字），将概括的各特色填入实训表13。

实训表 13

服务特色概述：
参考要点：

（2）分析目标客户，进行客户开发，掌握客户沟通技巧。

根据材料，麦德龙超市定位的是哪一类目标客户？如果你是售前营销人员，你会怎样争取其成为麦德龙超市的会员？试着用文字表述出来，填入实训表14。

实训表 14

目标客户有哪些？
售前沟通模拟测试（参照淘宝网店等售前客服沟通7步法）：

（3）客户终生价值计算。

假定一个客户在麦德龙超市的保留时间为10年，吸引、营销、维系一个客户10年所用的成本是2 000元。该客户每个星期去麦德龙超市消费一次，平均每次交易发生额为5 000元，平均每次交易中麦德龙超市的人员、服务和铺面等成本是4 300元，请计算该客户的终生价值，并简述客户终生价值的作用，填入实训表15。

实训表 15

计算客户的终生价值：
简述客户终生价值的作用：

（4）客户分级管理。

材料中提到了麦德龙超市分类管理客户的方法，其实还可以对客户进行分级管理，实训表16是麦德龙超市某门店的客户分级管理利润表，回答表后的问题。

实训表 16

客户等级	客户比例/%	交易总金额/万元	按10%利润率计算利润/万元
重要客户	20	800	80
普通客户	30	112	11.2
中小客户	50	88	8.8

分析实训表 16 中的数据，回答实训表 17 中的问题。

实训表 17

实训表 16 反映了什么现象？如何看待该现象？	
为什么要对客户分级管理？对于重要客户，要做好哪些方面的工作？	

实验 14.2　电子商务物流推广

背景资料：

山西杏花村汾酒集团有限责任公司为国有独资公司，以生产经营中国名酒——汾酒、竹叶青酒为主营业务，年产名优白酒 5 万 t，是全国最大的名优白酒生产基地之一。集团公司下设 22 个子、分公司，有员工 8 000 人，占地面积为 230 万 m^2，建筑面积为 76 万 m^2。核心企业汾酒厂股份有限公司为集团公司最大的子公司，1993 年在上海证券交易所挂牌上市，为中国白酒第一股、山西第一股。集团公司拥有"杏花村""竹叶青"两个中国驰名商标，主导产品有汾酒、竹叶青酒、玫瑰汾酒、白玉汾酒、葡萄酒、啤酒六大系列。汾酒文化源远流长，是晋商文化的重要一支，与黄河文化一脉相承。2007 年，汾酒继续蝉联国家名酒，竹叶青酒成为中国名牌产品。

近年来，集团公司倾力打造名白酒基地、保健酒基地和酒文化旅游基地，为了扩大公司和公司网站的知名度，集团公司打算采用搜索引擎进行公司网站推广。

请帮助其完成搜索引擎推广过程中相关任务的实施。

实验任务如下：

（1）将集团公司网址提交到搜索引擎。为了利用搜索引擎进行推广，必须首先将集团公司网址（http://www.fenjiu.com.cn/）提交给各大搜索引擎。请写出百度提交网站的入口地址，将公司地址提交到百度，并将提交成功的截图填入实训表 18。

实训表 18

百度提交入口网址	
提交到百度成功界面截图	

（2）检查搜录情况。检查百度是否成功收录了集团公司的网址，并将检查结果通过截图的方式填入实训表 19。

实训表 19

检查方式	
检查结果	
检查结果截图	

（3）集团公司网址目前被搜索引擎收录的基本情况调查。为了了解集团公司网址目前在各大搜索引擎中的搜录情况，以便今后进行网站优化推广，请完成实训表 20，并根据实训表 20 将操作的步骤进行截图，填入实训表 21。

实训表 20

网址	百度（收录情况）	百度（反向链接数）	PR 值	Alexa 排名
http://www.fenjiu.com.cn/				

实训表 21

集团公司网址被百度收录的情况截图	
PR 值截图	
Alexa 排名截图	

（4）SEO 搜索引擎优化。为了让集团公司网址在搜索引擎中的排名靠前，集团公司打算进行 SEO。请了解网站首页的搜索引擎优化情况，并对不妥的地方加以改进，请填写实训表 22。

实训表 22

编号	项目名称	集团公司网页情况	是否需改进	改进后
1	标题（title）			
2	关键词（keyword）			
3	描述（description）			
4	关键词密度基本情况			
5	网页用户体验整体评价（网页打开速度、导航栏是否清晰、是否有网站地图、内容更新是否及时等）			

（5）关键词的设计。为了打开湖南市场，请根据湖南地区的方言特点、产品特点、用户搜索习惯设计 4 个关键词，并说明理由，完成实训表 23。

实训表 23

序号	设计的关键词	设计的理由
1	湖南汾酒	
2	湖南汾酒价格表	
3	湖南老白干汾酒	
4	湖南汾酒总代理	

（6）撰写百度创意。百度创意是指网民搜索触发百度竞价排名推广结果时，展现在网民面前的推广内容，包括标题、描述，以及访问 URL 和显示 URL 等。为集团公司撰写一则百度创意。创意标题最长不能超过 50 个字符，每行描述最长不能超过 80 个字符，且总字数控制在 300 字以内，填入实训表 24。

实训表 24

标题：汾酒集团官方网站
描述：
URL：www.fenjiu.com.cn

（7）数据分析与推广优化。集团公司经过一段时间的网络推广后，进行了推广效果的分析。数据统计报表见实训表 25，请根据报表统计的数据，按表中的要求进行回答。

实训表 25

解释转化率的含义。
计算 CPM、CPC、CPA、转化率。
该行业的平均转化率大约是 4%。分析该网站的转化率是偏高还是偏低，并提出改进建议。

一个月内该企业在某网站上投入广告，总费用是 6 000 元。经过统计，这则广告的曝光次数是 600 000，点击次数是 60 000 次，广告后转换购买次数是 1 200。

实验 14.3　携程网客户服务

（1）客户服务前的准备（提炼企业产品服务特色及优势，填入实训表 26）。

实训表 26

用 3 句话描述网站的特色和优势（平台所提供的服务盈利模式）

(2) 沟通客户需求，填入实训表 27。

实训表 27

目标客户群
差旅人士、旅游者、星级的店家、各地机场、中高档成功人士、具有经济实力的年轻一族、自驾游爱好者
售前沟通模拟测试（销售七步曲）：

(3) 客户分级管理。根据实训表 28 填写实训表 29。

实训表 28

得分	点击频率 /(次·月$^{-1}$)	迄今成交总金额/元	平均成交频率 /(次·月$^{-1}$)	半年共旅行次数	旅行线路
客户1	3	2 000	1/2	3	长沙一日游
客户2	17	6 000	3/2	9	橘子洲头游玩
客户3	1	150 000	1/2	3	昆明、大连、北京
客户4	1	5 000	1	6	宁乡、浏阳、望城等周边景区
客户5	4	7 000	1/3	2	北京、西安
客户6	10	50 000	1/2	3	普吉岛、海南、厦门
客户7	27	370 000	1	6	日本、韩国、挪威、瑞典、澳大利亚、新西兰
客户8	1/6	2 000	1/6	1	庐山
客户9	1/6	900	1/6	1	城市周边泡温泉
客户10	1/6	40 000	1/6	1	美国、墨西哥

实训表 29

A 类客户有：	
B 类客户有：	
C 类客户有：	
D 类客户有：	
阐述客户分类管理的意义以及如何针对上述结果对客户进行高效管理。	

实验 14.4　售后客户服务与管理

背景资料：

湖南竞网科技有限公司是湖南最具竞争实力的互联网综合服务提供商之一。作为百度湖南地区总代理和百度（湖南）客户服务中心，该公司一直秉承"服务创造价值"的经营理念，在业内赢得了良好声誉。尽管如此，对于一家服务数千家中小企业的公司而言，让客户满意仍不是一件容易的事情。以下是该公司客服部客服经理处理的一个客户投诉案例：

一天，公司的客户——某家纺品厂老板万先生怒气冲冲地通过客服平台反映：

（1）目前，客户的网站已经将近两个星期无法打开，客户在百度的广告投放也停止了将近两个星期；

（2）因为临近年底，正是客户公司的销售旺季，所以损失非常大，要求赔偿在这段时间的损失；

（3）在此之前，客户已经提供相关资料，并早已传真给竞网的客服人员，但问题一直没有得到解决；

（4）要求网站马上开通。

实验任务如下：

（1）客户异议分析。

按投诉的原因划分，客户投诉有产品质量投诉、服务投诉、价格投诉、诚信投诉。本案例属于哪种类型的投诉？针对这种投诉，客服处理客户异议的思路是什么？要求字数在 200 字以内，将内容填入实训表 30。

实训表 30

本案例属于哪种类型的投诉？
针对这种投诉，客服处理客户异议的思路是什么？

（2）客户异议处理。

通过了解查证后，客户投诉原因为：

①客户的网站因为前期没有备案，有关部门对网站进行了关闭。

②客户目前已经提交了营业执照、身份证复印件等，但因客户对网络操作不熟练，并且不知道备案流程，竞网的技术人员负责协助其进行备案工作，目前正在审核过程中。

③有关部门的答复是在 20 个工作日内完成处理。

如果你是本案例中负责受理该投诉的客服代表，请拟定解决投诉的基本步骤，撰写相应的应答话术，填入实训表 31。

实训表 31

步骤 1	
话术 1	

续表

步骤 2	
话术 2	
步骤 3	
话术 3	
步骤 4	
话术 4	

(3) 客户回访和关怀。

通过两个星期的跟踪处理，该客户的异议已得到解决，请你通过电子邮件的方式编写一封针对此次异议处理的回访邮件。邮件内容包括客户对此次异议处理是否满意、是否有新的问题需要得到帮助等，要求字数在 200 字左右，将邮件内容填入实训表 32。

实训表 32

邮件标题	
邮件内容	

(4) 客户维权帮助。

在客户回访中，万先生反映，一次公司通过百度搜索，在一家名为"梦雅家纺"的网站上批发了一批枕头。可是当收到货物时，发现这批货的颜色和型号都不对。应该是"梦雅家纺"发错货物了。通过与"梦雅家纺"多次沟通，"梦雅家纺"承诺重新发货，但是要求将已收到的货物先邮寄到公司，公司才同意换货，并且不承担运费。万先生要求退货，因为再发货过来，这种枕头的销售时间已经过了大半，担心卖不掉形成积压。可是"梦雅家纺"不同意。万先生想咨询应该如何进行维权。分析以上内容，请你帮助他进行维权，将内容填入实训表 33。

实训表 33

维权方式	
维权前的准备	
实施思路简述	

实验 14.5 联盟广告推广

背景资料：

多喜爱家饰织用品有限公司（网址：http://www.dohia.com/；电话：400-600-7577）以专业设计生产和销售床上用品为主，产品涉及被套、床笠、床单、床裙、枕套、被芯、枕芯、婚庆产品、垫类产品和床具等。现为强化公司品牌形象和知名度、扩大公司产品的市场占有率，该公司决定采用联盟广告推广。请帮助其完成联盟广告推广过程中相关任务的实施。

实验任务如下：

（1）联盟广告平台的选择。

公司首先对联盟广告平台进行调查，请为其挑选5个最常用的联盟广告平台（网站名称），并分析其计费方式（CPA/CPS/CPC/CPM），填入实训表34。

实训表34

联盟广告平台（网站名称）	主要计费方式
Google Adsense	
百度联盟	
淘宝联盟	
极限广告联盟	
百分百广告联盟	

（2）推广方案的制定。

通过对联盟广告平台的调查和对比分析，公司决定选择百度联盟推广。现假定公司在百度联盟推广中每日预算是500元人民币，请根据自己的分析为其制作相应的推广方案。对网盟广告推广来说，一个健康的账户应至少包括2个推广计划和5个推广组。填写实训表35。

实训表35

推广计划名称	预算/元	推广组名称	推广组类型	推广组类型网站	点击出价/元	创意类型
主推广计划	300	核心优质网站	固定	婚庆类网站 休闲娱乐类网站 新闻媒体	0.5~1.5	文字+图片
		目标人群活跃网站	固定	小说类网站	0.5~1.0	图片
		目标人群活跃网站	悬浮	游戏类网站	0.4~0.6	图片
辅助推广计划	200	核心优质网站	悬浮	网络服务类网站 社交类网站 女性类网站	0.7~1.0	文字
		目标人群活跃网站	固定	游戏类网站 医疗保健类网站	0.3~0.6	图片

（3）投放网站的分析和选择。

为了充分发挥百度联盟推广效果，公司根据自身产品特点，进行投放网络的分析和选择。请按网站分类定向、人群类型定向分别为其选择3个适合公司推广的网站分类填入实训表36和实训表37。

实训表 36

选择投放的网站	网站所属分类	选择该网站的理由

实训表 37

选择投放的网站	人群分类	选择该网站的理由

（4）创意设计。

请利用百度创意专家为其推广做一个 486×60 的图片横幅创意、一个 120×270 的侧栏悬浮创意和一段文字创意。文字创意请直接写在表格中，横幅创意、侧栏悬浮创意制作完成后，请将图片插入实训表 38 的对应区域。

实训表 38

文字创意
文字创意的基本要求
横幅创意
利用百度创意专家
侧栏创意
利用百度创意专家

（5）数据分析与推广优化。

公司经过一段时间的推广后，进行推广效果的分析，分析了连续 5 天的数据，发现在这 5 天展现量充足，达到 108 次，而点击量只有 2 次，请分析其可能出现的原因，并提出一些推广优化措施，填写实训表 39。

实训表 39

影响点击率的原因主要有哪些？
以下是答题要点，在答题时要联系具体素材和文字详细说明：   （1）网站选择不正确；   （2）创意表达不合适。
拟进行推广优化措施：
要点：（1）重新分析，重新选择展现网站。   ①重新思考推广的受众群体；   ②分析受众群体的上网特征；

续表

③根据上网特征重新进行网站定向和人群定向。 （2）重新制作创意： ①主题明确； ②结构合理； ③文字精练； ④图片上要加要点； ⑤颜色要有对比。

实验 14.6　网站内容策划与信息编辑

背景资料：

上海新苑公司成立于 2002 年，是以公装业务为主的设计装饰公司。多年来公司本着"和谐发展，合作共赢"的理念与一些品牌企业建立了长期合作关系。现公司凭借深厚的公装管理和在一线城市成功运作的经验，进军国内二线城市家装市场。公司想建立一个网站，此网站可以作为信息发布、同行信息交流的平台，客户了解公司及装修知识的窗口，公司品牌文化推广的重要渠道。

实验任务如下：

按照下面所列步骤帮助公司完成网站内容的整体策划，以及信息的采集与编辑。

（1）网站模式分析和功能定位。

首先要通过调研和市场分析来全面准确了解用户的需求、建站的目标，进而确定网站的模式、定位网站的功能。根据建站目标的不同，网站一般有信息发布型、服务型、商城购物型、综合型（企业业务综合或行业综合）等几种模式，不同的模式其业务功能需求和设置也不同。请按照实训表 40 中提供的两个网站域名，登录网站，查询判断网站是否具有对应功能，如果有，则在对应单元格中填写"√"，没有则填写"×"，并根据网站功能设置判断网站属于哪一种类型。

实训表 40

网站名称	怡清源官方商城	名城房产
网站域名	http://www.yqy.cn/	http://www.zjmingcheng.com/
用户注册		
企业产品或服务项目展示		
商品或服务在线订购		
在线支付		
站内搜索		
信息发布		
论坛社区		

续表

网站名称	怡清源官方商城	名城房产
客户服务		
网站所属模式类型		

备注：1. 此处网站仅指对应域名的网站，如果此网站自身没有对应功能，而是通过链接的独立官方商城（有独立域名）有此功能，则商城中的功能不归于此网站。

2. 客服包括以下几种形式：（1）网页版的在线客服；（2）基于QQ等即时工具的客服；（3）留言簿；（4）留有客服电话、QQ号或E-mail。如果对应网站有客户服务，则还需选择对应服务方式序号，有的网站可能有多种客服方式，此处可以是多选。

3. 网站所属模式类型，需要选择具体类型名填入对应单元格中。

（2）同类网站比较分析。

在市场需求分析和调研中，一般由于实际操作中时间、经费、能力等所限，可以对同类网站进行比较分析，分析相似网站的性能和运行情况，以构思自身网站的大体架构和模式。按照实训表41中列出的网站和项目进行分析，将分析结果按照备注提示要求填入表中。

实训表41

项目	鸿基伟业装饰	鸿扬家装
网站域名	http://5276.jxhi.com/	http://www.hi-run.com/
网站 logo		
版面布局		
主要栏目		
网站评价		

备注：1. 网站logo需截图填入。

2. 网页版面布局一般可分为同字型、拐角型、标题正文型、封面型、框架型、flash型、变化型等。

3. 此处网站主要栏目指导航条中所列对应网站一级栏目的名称。

4. 网站评价要求从网站目标人群、网站功能、网站布局、色彩搭配、网站风格、信息更新等方面来评价网站的优点和不足之处。

（3）确定网站主题思想和栏目。

根据以上网站分析，按照实训表42所示内容，填写网站策划相关内容。

实训表42

项目	填写内容
网站中文名称	
域名设计	
域名设计简要说明	
域名注册情况查询	

续表

项目	填写内容
拟建网站类型	
网站目标客户	
网站栏目和功能	

序号	栏目名	提供的具体功能
1		
2		
3		
4		
5		

备注：1. 域名注册情况查询：设计的域名假如已注册，也不需重新注册，只需将查询结果截图填入即可。
2. 拟建网站类型：从基本信息发布型、服务型、商城购物型、综合型中选择一种。
3. 网站目标客户：要求说明网站针对的客户类型。
4. 网站栏目和功能：根据主题定位策划至少 5 个主要栏目，并进行具体功能说明，多于 5 个可自行添加。

（4）网站信息内容的编辑发布。

对以下信息内容进行编辑发布，把它放入规划的栏目中。为方便网络稿件的归类、检索，需要对给定稿件设置关键词，进行文稿标题和内容提要的制作。

【材料】随着人们生活水平的提高，人们对家庭装潢的要求也越来越高，但由于多数客户缺乏装潢专业知识，装修完毕后，对其效果不满意，于是便和装修公司产生了纠纷。

具体地讲，产生纠纷的原因有两个：

一是对施工质量不满。由于一些施工队缺乏职业道德，在施工过程中私自调换客户的材料，以次充好，导致整个施工情况不理想；另外，一些工程由"马路游击队"进行施工，其本身缺乏经验和技术，装修后的效果可想而知。

二是对收费价格不满。客户与施工队对于项目增减只有口头约定，补充合同阐述不明，在付款时超出预算，造成了纠纷。

产生纠纷后，首先应根据合同找出矛盾的根源，双方协商解决。无法解决的，可向行业管理部门投诉，请求消费者协会调解。若调解不成，可向仲裁委员会申请仲裁或向人民法院提起诉讼。

裁判标准要由第三方协助鉴定。消费者一旦将装饰公司告上法庭，法院就需请第三方进行评估、鉴定。

装饰诉讼需要准备的材料有：起诉书（一式两份），合同文本（包括补充合同）的复印件和收款凭据复印件，工程预算书、决算书复印件。另外，有雇佣关系的技术服务机构的证明不能作为法庭证据，没有雇佣关系的技术服务机构出具的证明和报告才是有力的佐证。

根据以上信息资料，填写实训表 43。

实训表 43

项目	填写内容
栏目选择	
网络文稿标题制作	
关键词选择	
内链接设置,在文中对选定的关键词,链接到实训表 42 中设定的网站域名	
内容提要	

备注:1. 栏目选择:要求填写此信息发布的栏目,所选择的栏目在实训表 42 的栏目设计中应有此栏目名。
2. 网络文稿标题制作:标题要求不超过 30 个字,符合网络新闻标题的特色和要求。
3. 关键词选择:要求对稿件设置不少于 3 个关键词。
4. 内链接设置:在文中对选定的关键词,链接到实训表 42 中选定的网站域名。
5. 内容提要:字数在 100 字以内、表述清楚、逻辑清晰、内容全面

附　　　录

附录1　参考评分标准举例

（1）物流企业网站核心技能：物流企业网站设计与制作。
（2）评分点如下：

评分项目	评分标准	分值	实得分数
1. 物流企业网站分析访问	浏览、分析实训期间所建立的个人网站（3种状态：普通、HTML、预览分析）	10分	
2. 建立网站的路径	能将网站或网页存放在目标文件夹中	10分	
3. 主页结构设计	能根据物流企业经营业务特点建立相应的物流项目	10分	
4. 文字排版	能进行相应的文字和表格文本处理	10分	
5. 图片处理	能对图片进行插入、属性（如图片大小）等的处理	10分	
6. 背景设计	能插入背景，进行相关属性（如大小变化）等的处理	10分	
7. 超链接	能对自己所做的内容进行超链接设计和预览分析	10分	
8. 活动字幕	能进行组件设置，如活动字幕设计和预览分析	10分	
9. 表单设计（下拉菜单）	能进行表单设置，如表单设计（下拉菜单）和预览分析	10分	
10. 网页风格设置	能进行网站风格设置，如网页色彩设置设计和预览分析	10分	
合计			

附录2 实训作业表格式

实训作业表

专业：____ 班级：____ 学号：____ 姓名：____ 机号（工位号）：_____ 时间：_____

实训时间		地点		人数	
实训内容					
实训内容记录					
实训分析					
心得体会					

附录3 跨境电子商务运营关键技术教学课程大纲

设计课程涉及的理论和实务覆盖实际教学工作中的各个环节，将现阶段跨境电子商务的前沿趋势及校企协同模式构建通过不同形式进行体现，用案例引出关键知识点。

教学困境分析	1. 课堂教学改革的压力与困惑； 2. 实战教学遇到的问题； 3. 教研项目申报瓶颈； 4. 科研提升的跨境电子商务方向分析
互联网+新零售	1. 跨境移动电子商务新零售； 2. 跨境电子商务的发展与演变； 3. 开展跨境电子商务方向课程的注意事项； 4. 跨境店铺 IP 关联解决方法； 5. 跨境电子商务的业务模式与实战教学； 6. 跨境电子商务导论课件分享

续表

跨境选品与供应链管理	1. 店铺定位与选品技巧； 2. 数据纵横获取行业情报； 3. 店铺品类规划与管理； 4. 跨境电子商务供应链管理
跨境物流与通关	1. 国际物流的种类和特点； 2. 国际物流费用计算与运费模板设置； 3. 跨境货物通关及注意事项； 4. 跨境物流课件分享
跨境产品定价与核算	1. 采购成本核算； 2. 费用与利润率； 3. 速卖通/敦煌/Wish 产品价格核算； 4. 跨境产品定价课件分享
不同平台产品发布	1. 如何制作有吸引力的主图； 2. 基本图片处理技术； 3. 标题与关键词设置技巧； 4. 卖点挖掘与产品文案； 5. 店铺及单品优化
深谙平台规则	1. 速卖通平台规则详解； 2. 敦煌网平台规则概要； 3. Wish 平台规则概要； 4. 亚马逊平台规则概要； 5. 跨境电子商务知识产权规则与案例分析
店铺运营技巧	1. 四大店铺营销工具； 2. Facebook/VK 等 SNS 营销； 3. 付费营销与平台活动； 4. 移动购物与跨境网络营销
跨境电子商务客服与纠纷处理	1. 跨境电子商务客服软文； 2. 跨境电子商务纠纷的原因； 3. 纠纷的处理原则与方法； 4. 纠纷处理案例分析
跨境电子商务数据分析	1. 人群购物画像； 2. 转化率与客单价； 3. 流量分析与调整； 4. 跨境电子商务数据分析课程开发

续表

教学改革、信息化教学 与产教融合	1. 跨境电子商务课程体系； 2. 跨境电子商务实务课程演示； 3. 实务课标、教学大纲、授课计划、PPT 等； 4. 基于超星等平台在线开放课程建设分享； 5. 教学项目开发与设计指导； 6. 校企合作、实训项目沙龙
创新创业项目指导	1. 阿米巴经营与裂变式创业； 2. 校企合作人才对接； 3. 异地院校合作、校企合作项目分析
晚间实战技能演练	1. 店铺实操演练（提供实操账号）； 2. 教案资料分享

参 考 文 献

[1] 李逦，马金海. 电子商务基础 [M]. 镇江：江苏大学出版社，2019.
[2] 金锡万. 物流管理信息系统 [M]. 南京：东南大学出版社，2006.
[3] 刘小卉. 物流管理信息系统 [M]. 上海：复旦大学出版社，2006.
[4] 孙秋菊. 现代物流概论 [M]. 北京：高等教育出版社，2003.
[5] 詹姆士·斯托克，莉萨·埃拉姆. 物流管理 [M]. 北京：电子工业出版社，2003.
[6] 彭欣. 现代物流实用教程 [M]. 北京：人民邮电出版社，2004.
[7] 张翠芬. 电子商务 B2B 模式中的虚拟价值链研究 [J]. 中国物流与采购．2010.
[8] 高本河，缪立新，郑力. 仓储与配送管理基础 [M]. 深圳：海天出版社，2004.
[9] 王崇鲁. 如何进行运输与配送管理 [M]. 北京：北京大学出版社，2004.
[10] 赵忠光. 企业物流管理模板与操作流程 [M]. 北京：中国经济出版社，2004.
[11] 彭扬. 物流信息系统 [M]. 北京：中国物资出版社，2006.
[12] 孙丽芳，欧阳文霞. 物流信息技术和信息系统 [M]. 北京：电子工业出版社，2004.
[13] 吉庆彬，刘文广. EDI 实务与操作 [M]. 北京：高等教育出版社，2002.
[14] 徐常凯，郑金忠. 二维条形码技术及其在军事物流中的应用研究 [J]. 物流技术，2002.
[15] 吕延昌. 基于条码技术上的物流及供应链管理 [J]. 交通标准化，2004.
[16] 张铎，林自葵. 电子商务与现代物流 [M]. 北京：北京大学出版社，2002.
[17] 文化. 传统企业的电子商务化 [J]. 广东财经学院院报，2006.
[18] 刘珍. 传统企业发展电子商务的风险分析及对策研究 [D]. 大庆：大庆石油学院，2005.
[19] 杨洪涛. 电子商务对消费者需求的影响与企业营销策略 [J]. 中国科技信息，2005.
[20] 多琦. 基于电子商务的顾客满意信息收集与评价系统设计的研究 [D]. 哈尔滨：哈尔滨理工大学，2003.
[21] 赵冬梅. 电子商务市场价格离散问题研究 [D]. 北京：中国农业大学，2005.
[22] 杨坚. 电子商务网站典型案例评析 [M]. 西安：西安电子科技大学出版社，2005.
[23] 杨晓雁. 供应链管理 [M]. 上海：复旦大学出版社，2005.
[24] 陈文汉. 电子商务物流 [M]. 北京：机械工业出版社，2005.
[25] 曹晓平，曹光四. 电子商务基础 [M]. 成都：西南财经大学出版社，2016.
[26] 方玲玉，李念. 电子商务基础与应用 [M]. 北京：电子工业出版社，2011.
[27] 林自葵，刘建生. 物流信息系统 [M]. 北京：机械工业出版社，2006.